Roland Girtler

Der Strich

Sexualität als Geschäft

Wilhelm Heyne Verlag
München

HEYNE REPORT
Nr. 10/23

Für die Taschenbuchausgabe
vom Autor überarbeitete Fassung
Copyright © 1985 Age d'Homme-Karolinger Verlag Wien
Printed in Germany 1987
Umschlagfoto: Pan-Foto, Hamburg
Umschlaggestaltung: Atelier Ingrid Schütz, München
Satz: Fotosatz Hopfengärtner, München
Druck und Bindung: Ebner Ulm

ISBN: 3-453-43089-1

INHALT

EINLEITUNG

Die Idee zu dieser Studie

Es sind oft persönliche Erlebnisse und tiefgehende Kontakte, die einem Sozial- bzw. Kulturwissenschaftler ein bestimmtes Thema als interessant erscheinen lassen. Allerdings wird diese individuelle Betroffenheit, welche hinter den einzelnen Büchern steht, nur selten deklariert, obwohl sie wesentlich mit den gesamten Arbeiten verknüpft ist.

Ich meine nun, daß es für das Verständnis von sozialwissenschaftlichen Studien wichtig ist, wenn man dem Leser aufdeckt, wie man überhaupt auf die Idee gekommen ist, über ein bestimmtes Thema zu forschen (solche Hinweise mögen bisweilen geradezu notwendig sein, um Vorurteilen des Lesers zu begegnen).

Bestimmend für diese vorliegende Studie war ein schwerer Unfall, den ich mit meinem Motorrad in einem Außenbezirk Wiens hatte. Ich trug dabei erhebliche Verletzungen davon, die mich für vier Monate in die 1. Wiener Universitäts-Unfallklinik brachten. Kaum bewegungsfähig – mein linkes Bein war bis zur Hüfte eingegipst – lag ich in einem ungefähr dreißig Betten fassenden Krankensaal. Mein Bettnachbar war ein heute noch bekannter Wiener Zuhälter, dem ein Kunde seiner Dirne einen Messerstich, der nicht ungefährlich war, verpaßt hatte.

Wir freundeten uns an, und jeden Abend erzählte er mir detailliert aus seinem Leben, welches durch Heim- und Gefängnisaufenthalte geprägt ist. Ich erfuhr so, wie sich seine Dirne am Strich das Geld holt, wie Mädchen dazu kommen, als Prostituierte zu leben, wie man mit unangenehmen Kunden fertig wird, wie die Beziehung der Prostituierten zu ihrem Zuhälter ist und vieles andere mehr. Seine Erzählungen gaben mir interessante Einblicke und ich sah plötzlich, daß diese Welt der Prostitution komplizierter ist, als sie uns Zeitungsmeldungen, Polizeiberichte und andere Darstellungen, die unser Alltagswissen prägen, glauben lassen. Bis dahin »wußte« ich lediglich, daß zwischen Dirne und Zuhälter eine Beziehung der Gewalt besteht, daß also der Zuhälter mit allen Mitteln versucht, Dirnen auf den Strich zu bringen und sie regelmäßig verprügelt. Aus meinen Diskussionen mit dem Zuhälter und aus dem Verhalten seiner Dirne, die ihn täglich im Krankenhaus aufsuchte, und zu der er ungemein liebenswürdig war, ersah ich jedoch, daß ich es hier mit Menschen zu tun hatte, die nicht jenem Schema entsprachen, in das man sie gerne zwängt.

Der Zuhälter und ich hatten als Bettnachbarn, die durch ein gemeinsames Schicksal verbunden waren, Sympathien füreinander gefaßt. Diese Sympathien blieben allerdings nicht auf den Krankenhausaufenthalt beschränkt. Wir trafen uns später hin und wieder, jedoch eher selten, und versicherten uns unserer Freundschaft.

Seine Zuneigung versuchte er mir einmal in einer besonderen Weise zu offerieren. Er nahm mich in ein Nachtlokal, welches zu einem Teil ihm gehörte, mit, zahlte mir ein Getränk und zeigte auf die herumsitzenden Animierdamen, dabei meinte er, ich solle mir eine aussuchen, er würde mich zu ihr als sein Freund »einladen«.

Ich bedankte mich für diese Aufforderung, lehnte aber ab und sah mich in meinem Vorsatz bestärkt, diese Randkultur der Prostitution näher zu erforschen.

Absicht dieser Studie und Gedanken zum Thema

Die Gespräche, die ich mit Dirnen und Zuhältern führte (s. u.), sowie meine »Teilnahme« an deren Leben machten mir nun eine Welt offenbar, die sich in vielem von dem unterschied, was ich so über Prostitution* gehört hatte.

So wurde mir klar, wie ich es in dieser Studie aufzeigen werde, daß die typische Prostituierte sich durch ihren Kunden

---

*) Die vorliegende Studie bezieht sich auf weibliche Prostitution. Die Prostitution von »Strichjungen« u. ä. wird hier also nicht berücksichtigt.

Unter Prostitution verstehe ich im folgenden eine z. T. gesetzlich und z. T. informell geregelte und sozial gebilligte bzw. geduldete Einrichtung, bei der Frauen Geschlechtsverkehr – im engsten und weitesten Sinn – gegen Geld ermöglichen (vgl. Berndorf, 1968).

Die Zahl der Prostituierten in Wien, auf die sich diese Studie bezieht, läßt sich mit ca. 2000 Frauen angeben, von denen ca. 900 als Geheimprostituierte angesehen werden können.

nicht zu einer Ware machen läßt, über die er mehr oder weniger beliebig verfügen kann, daß sie vielmehr alles dransetzt, sich eine gewisse Autonomie und einen spezifischen Selbstwert zu bewahren. Die Dirne unterscheidet nämlich sehr wohl zwischen der reinen Sexualität als Geschäft und der Sexualität als Form der Zuneigung. Sie braucht also die innerliche Distanz zum Kunden, um sich emotional nicht zu binden. Es ist nun ganz und gar unrichtig zu meinen, eine Frau würde aus sexueller Lust o. ä. zu einer Prostituierten werden. Der Kaufakt, bei dem der Kunde Sexualität »erwirbt«, und der durch das Mittel des Geldes ausgedrückt wird, macht die sexuelle Handlung für die Prostituierte zum Geschäft, in das sie ihre Individualität nicht einbringen will und auch nicht darf.

In diesem Sinn ist es für die Prostituierte grundsätzlich der Zuhälter, wie ich es ausführen werde, der ihr jenes Maß an emotionaler Zuwendung, das eng mit Sexualität einhergeht, verschafft. Er akzeptiert sie als Frau und zeigt ihr an, daß er sie »liebt«, obwohl sie ständigen sexuellen Kontakt zu anderen Männern hat.

Der Kunde ist also für die Prostituierte als Objekt sexueller Lust uninteressant, es ist lediglich das Geld, welches die Beziehung zwischen beiden diktiert und die Prostituierte dazu bringt, sich überhaupt mit einem Kunden einzulassen. Anders ist dies beim Zuhälter, zu dem sie eine echte, für sie sexuell befriedigende Zuneigung hat und sie auch zeigt. Es ist demnach auch die Vorstellung zu problematisieren, nach der der Zuhälter als der Gewalttäter par excellence erscheint.

Noch etwas ist nicht uninteressant: da die Dirne das Geld aufbringt, sie also den Zuhälter erhält, kehrt sich das für die Mittelschichtskultur typische Rollenverhältnis von Mann und Frau um. Es ist also in dieser Randkultur der Prostitution nicht der Mann, der die Frau mit dem von ihm verdienten Geld versorgt, sondern eben die Frau, die für den gemeinsamen Unterhalt zu arbeiten hat. Das hat auch entsprechende Konsequenzen. Während die Frau aus der sozialen Mittelschicht zur Repräsentantin ihres Mannes wird, indem sie durch ihren Schmuck, Kleidung usw. aufzeigt, daß ihr Mann finanziell potent ist, ist es im Bereich der Prostitution der Zuhälter, der auch auf Wunsch der Dirne durch ein besonderes Äußeres, durch schnelle Autos u. ä. auf die Tüchtigkeit seiner Dirne verweist. Der Zuhälter wird somit zum Symbolträger der erfolgreichen Prostituierten, die es nicht dulden wird, daß ihr Zuhälter z. B. sich nicht attraktiv kleidet. Hier deutet sich die Komplexität des gestellten Themas bereits an. Es ist daher auch nicht richtig, den Zuhälter mit dem »normalen« Ehemann zu vergleichen, wie es bisweilen geschieht*. »Anständige Frauen« können wohl zu »Nutten« ihres Mannes werden, um für sich irgendwelche Vorteile zu holen, nicht jedoch die Dirnen in Beziehung zu ihren Zuhältern. Hier kehrt sich das Ganze um: dem Zuhälter wird seine sexuelle und emotionale Zuwendung zur Dirne bezahlt: Er wird zur »Hure der Hure«.

Vor dem Hintergrund des Wissens, daß dieser von mir angegangene Bereich ungemein vielfältig ist und daß Prostituierte und ihre Zuhälter in ihrem Handel nicht auf irgendwelche primitiven Mechanismen reduzierbar, sondern Menschen sind, die bestimmten Bedürfnissen unserer Gesellschaft entgegenkommen, versteht sich diese Arbeit.

Demnach bezieht sich diese Studie nicht bloß auf die Prostituierte und ihren Zuhälter, sondern auch auf die Kunden, also auf die »braven« Bürger, die die Prostitution überhaupt erst möglich und attraktiv machen.

Von anderen Studien zur Prostitution unterscheidet sich die vorliegende vor allem dadurch, daß sie sehr intensiv den Bereich des Kunden und des Handelns des Zuhälters miteinbezieht, zwei Betrachtungsebenen, die in der mir bekannten Literatur kaum oder gar nicht behandelt werden.

Wohl wurde über Prostitution eine Menge geschrieben, doch vorrangig sind es die Prostituierten, also die Frauen in diesem Geschäft, die den wesentlichen Gegenstand der Prostitutionsliteratur bilden. Der Zuhälter und der Kunde bleiben aber meist außerhalb der Untersuchungen. Dem wird mit dieser Arbeit nun grundsätzlich abgeholfen.

Wichtig erscheint mir schließlich, die Zusammenhänge und eben die Komplexität dieses Themas deutlich zu machen, womit ich auch einen aufklärerischen Zweck verbinde.

---

*) So bei Biermann, 1980, S. 14.

Jedwede Unterstellung, daß ich »befangen« sei (als Mann), daß ich diese Arbeit nur geschrieben habe, um Prostituierte und ihre Zuhälter besser »kontrollieren« zu können, oder daß es schlicht sexuelle Neugierde sei, weise ich mit Entschiedenheit zurück. Mir erscheint dieser Hinweis notwendig, da ich solche und ähnliche Vorwürfe oft höre. So wurde mir z. B. bei einer Studie über Kriminalität vorgeworfen, ich wäre ein verkappter Krimineller.

Hinzuzufügen ist noch, daß mich auch ein kulturwissenschaftlicher Aspekt an diesem Thema interessiert, da ich es hier mit einer Randkultur mit charakteristischen Handlungsmustern zu tun habe.

Methodische Überlegungen

Um diese Studie überhaupt entsprechend durchführen zu können, bediene ich mich der Methode der »qualitativen« Sozialforschung, also des »freien« (oder: »narrativen«) Interviews und der »teilnehmenden Beobachtung«*.

Ich ging also nicht mit statistischen Methoden bzw. mit Fragebögen o. ä. an diese Lebenswelt heran, sondern ich war bemüht, den Bereich der Prostitution von innen her kennenzulernen und seine Wirklichkeiten zu erforschen. Es werden also in dieser Arbeit keine statistischen Mittelwerte angeboten, sondern eben Beschreibungen und Interpretationen des Handelns, der Symbole und der Vorstellungen, die für die Welt der Dirnen und Zuhälter typisch sind.

Entsprechend dem Prinzip der »qualitativen« Methoden gehe ich nicht von einem festen Sample bzw. einer festen Zahl von Personen aus, die nach einem bestimmten Verfahren ausgewählt und befragt werden, sondern vielmehr habe ich versucht, mich kontinuierlich an diese Lebenswelt heranzutasten – eben so lange bis ich der festen Meinung war, einen guten Einblick gefunden zu haben.

---

*) Auf die speziellen methodischen Fragen dieser Methoden kann ich in diesem Rahmen nur ansatzweise eingehen. Näher befaßt habe ich mich mit dieser Thematik in meiner Arbeit: »Die Methoden der qualitativen Sozialforschung«, Wien, 1984.

Diese Methode der »teilnehmenden Beobachtung«, die ich als ungemein wichtig für die Sozial- und Kulturwissenschaften ansehe, da sie das Handeln in der zu untersuchenden Kultur oder Gruppe erst so richtig erfassen kann, führt unter den Methoden eher ein Stiefmütterchendasein und wird geflissentlich geradezu als »nichtwissenschaftlich« abgetan, obwohl gerade Leute wie Robert Ezra Park, der wesentliche Vertreter der Chicagoer Schule der Soziologie, sich vehement für eine solche »qualitative« Sozialforschung ausgesprochen haben.

Übrigens meint Andreski in seinem Buch »Hexenmeister der Sozialwissenschaften«, daß die Soziologen, die mit mathematischen komplizierten Methoden u. ä. arbeiten, an Köche erinnern würden, die eine Vielzahl von Töpfen und Mixgeräten hätten, damit aber nichts Eßbares herstellen könnten (Andreski, 1977, S 122 f).

Der Vorwurf, der Soziologen oft gemacht wird, die in dem Stile, in dem auch ich die Welt der Prostitution erarbeitet habe, verfahren, ist der des Journalismus. Allerdings ist dieser Vorwurf des Journalismus nicht unbedingt als negativ zu werten, überhaupt wenn man dem großen Chicagoer Soziologen Robert Ezra Park folgt. Park postulierte, daß der Soziologe zunächst ein guter Reporter sein und Fähigkeiten entwickeln müsse, um die Beobachtung der Menschen, über die er etwas erfahren will, bis zum Äußersten auszuschöpfen.

Daher meint Polsky über jene Soziologen, die den »qualitativen« Methoden, wie ich sie als wichtig – gerade auch für diese Studie – ansehe, skeptisch und abwertend gegenüberstehen: »Sie ›wissen‹, daß bei einer Soziologie im Stile Parks nichts als ›Reportage‹ herauskommt (was bestenfalls nur die Halbwahrheit ist) und sind davon überzeugt, daß die Zwischenschaltung eines oder mehrerer Filter die einzig richtige Methode ist, um etwas über Menschen zu erfahren. Sie können Menschen nur noch urch Lochkarten und einseitige Spiegel sehen. Sie können sie nur noch ›befragen‹. Oft genug können sie nicht einmal mehr über Menschen reden, nur noch über ›Daten‹« (Polsky, 1973, S. 59 f).

In diesen Gedanken drückt sich schlüssig das Postulat aus, einen direkten Zugang zu dem sozialen Feld zu suchen, dessen Leben man studieren will. Ganz in diesem Sinn formulierte der große Sozialanthropologe Bronislaw Malinowski die Aufgabe des Kulturwissenschaftlers. Nach Malinowski soll die Information für den Forscher aus dem vollen, direkt beobachteten Leben kommen (Malinowski, 1983, S 122 f).

Dieses »Mitleben« in der zu erforschenden Gruppe oder Kultur ist jedoch ungleich schwieriger als das bloße Befragen von Informanten.

Das größte Problem ist dabei, einen guten und für den Forschenden befriedigenden Zugang zu finden, denn jede soziale Einheit, die man untersuchen will, hat ihre Geheimnisse und ihre Ressentiments gegenüber Außenstehenden. William Foot Whyte geht in seiner »Street Corner Society« auf die Schwierigkeit der »teilnehmenden Beobachtung« ein und stellt schließlich fest, daß es für den Forscher – und den Erfolg der Forschung – wichtig ist, als Mensch akzeptiert zu werden: »Ob es gut war, ein Buch über Cornerville zu schreiben, hing gänzlich von den Meinungen ab, die die Leute über mich persönlich hatten. Wenn ich in Ordnung war, dann war mein Projekt in Ordnung; wenn ich nichts taugte, dann konnte keine noch so große Anzahl von Erklärungen sie davon überzeugen, daß das Buch ein guter Gedanke sei« (Whyte, 1955, S 300).

Bei meiner Suche nach einem geeigneten Zugang in die Gruppen, die mit Prostitution in Verbindung stehen, hoffte ich zunächst, daß mir mein Freund aus dem Krankenhaus behilflich sein könnte. Doch er war über die Idee nicht sonderlich erfreut und weigerte sich schließlich, mir einen entsprechenden Zugang zu verschaffen. Auch eine Reihe anderer Zuhälter und Prostituierter standen meinem Ansinnen eher negativ gegenüber.

Schließlich lernte ich, als ich an einer Studie über Wiens »Ganovenkultur« mit ihrem charakteristischen Glücksspiel arbeitete*, einige »Fachmänner« kennen, zu denen ich einen recht freundlichen Kontakt bekam, der sie veranlaßte, mich als Soziologe bei meinem Vorhaben zu unterstützen.

Wie ich an anderer Stelle ausgeführt habe, bedarf es, um überhaupt eine gute Studie in Randkulturen (nicht nur in die-

---

*) Siehe dazu: Girtler, Der Adler und die drei Punkte, Wien, 1983

sen) durchführen zu können, guter und beinahe freundschaftlicher Beziehungen zu Personen, die in der zu erforschenden Lebenswelt zuhause und bereit sind, dem Forscher effiziente Zugänge zu verschaffen.*

Wichtig ist dabei noch, daß der forschende Soziologe ehrlich den betreffenden Personen erzählt, was er will, daß er also ihnen klar macht, wer er ist. Ein Verstellen oder ein Sicheinschleichen kann dagegen eher peinlich und sogar gefährlich sein.

Ich wurde nun durch die gewonnenen Kumpane in die mich interessierende Lebenswelt eingeführt und einigen maßgeblichen Leuten vorgestellt. Einige Interviews mit Zuhältern und Prostituierten wurden schließlich erst möglich, nachdem diesen Personen erzählt worden war, daß bestimmte Größen der Wiener Unterwelt mit mir sympathisieren, und die von mir geplante Studie ihnen keineswegs schaden wolle.

Allerdings waren trotz der Empfehlungen die einzelnen Interviewsituationen oft einigermaßen schwierig, denn es kam u. a. nicht selten vor, daß man sich über mich als Wissenschaftler lustig machte oder mich einfach provozierte.

Eine solche Provokation ergab sich für mich, als mich ein Zuhälter und seine Prostituierte zu sich in ihre gemeinsame Wohnung zum Tee einluden, nachdem ich bereits einige Zeit einen guten Kontakt zu ihnen hatte. Ich nahm die Einladung gerne an. Als ich zu der Türe ihrer Wohnung kam, öffnete mir die Prostituierte in einer etwas ungewohnten Aufmachung. Sie war lediglich mit Reizwäsche bekleidet, wobei sie auch während der folgenden Unterhaltung nicht daran dachte, sich durch ein Kleid zu bedecken.

Man wollte mich also sichtlich provozieren und wartete nun darauf, wie ich auf diese Offenherzigkeit reagieren würde. Ich machte nun das meiner Meinung nach einzig Richtige, indem ich die Reizwäsche meiner Gastgeberin und die anderen sexuellen Anspielungen mehr oder weniger als selbstverständlich hinnahm, bzw. ignorierte, um meine Ernsthaftigkeit als Forscher nicht in Frage gestellt zu sehen.

---

*) Vgl. Girtler, 1984

Wie richtig meine Überlegung ist, daß nur über freundschaftliche Kontakte und Empfehlungen zu wirklich relevanten Ergebnissen zu gelangen ist, wurde mir deutlich, als ich mit einer Genehmigung des österreichischen Justizministeriums einige Prostituierte, die in einem Gefängnis einsaßen, dort interviewen durfte.

Ich wurde dabei, wie ich später von anderen Prostituierten erfuhr, nach allen »Regeln der Kunst« belogen. Die so von mir durchgeführten Interviews waren daher unbrauchbar.

Die wichtigsten Zugänge und damit die besten Interviews erhielt ich, wie ich schon angedeutet habe, über meine Kontaktpersonen aus der Wiener Unterwelt, die mich diversen Zuhältern und Prostituierten mit der Bemerkung vorstellten, auf mich sei Verlaß, ich würde niemanden »hineinlegen« und einem angesehenen Wiener Ganoven wäre ich »sympathisch«.

Ich denke, daß eine wirklich gute Feldforschung nur in einer solchen Manier möglich ist, nämlich, daß man freundschaftliche Kontakte spinnt und als jemand gesehen wird, der – obwohl Wissenschaftler und Forscher – ein »klasser Bursche« ist, auf den man sich verlassen kann und der niemanden »hineinlegt«.

Diese einleitenden Gedanken und methodischen Feststellungen möchte ich mit meinem Dank an einige Personen abschließen. Zunächst bin ich Frau Dr. Christa Mühleder sehr verpflichtet, da sie für mich einige wichtige Interviews mit Prostituierten auf eine sehr einfühlsame und gescheite Art durchführte. Ihr angeborenes Talent, sich in fremde Lebenswelten einzufügen, kam meinen Absichten sehr entgegen.

Danken möchte ich auch Herrn Pepi Taschner, der selbst aus einer Lebenswelt kommt, in der die Prostitution einen wichtigen Platz hat. Ohne seine Hilfe wären eine Reihe von Interviews und die »teilnehmende Beobachtung«, wie ich sie durchführen konnte, nicht möglich gewesen.

Danken will ich schließlich noch Frau Martina Wollein, Herrn Heinz Achtsnit und Herrn Dkfm. Heinz Zejmon, die in liebenswürdiger Weise das Manuskript durchgesehen haben. Ganz besonders fühle ich mich Herrn Dr. Eggner verpflichtet, der sich ungeheure Mühe gemacht hat, um mich auf orthographische und logische Fehler in dieser Arbeit aufmerksam zu machen.

In meine ›Danksagung‹ will ich auch all die Personen einschließen, die mir als Interviewpartner und Führer in dem Milieu der Prostitution wohlwollend begegneten.

Die Reihe jener, die sich um meine Arbeit verdient gemacht haben, wäre ohne meine Frau Birgitt und meine Kinder Heidrun und Roland unvollständig: sie verdienen meinen Dank, vor allem für ihre Geduld mit mir.

1. KAPITEL

DIE PROSTITUIERTE

Geld und Liebe – Motive der Prostituierten

Prostitution und Geld bedingen sich gegenseitig. Für die Prostituierte oder für ihren Zuhälter ist der Verkaufswert der Sexualität bestimmend. Die Ware ist also das vom Kunden geforderte bzw. erwartete sexuelle Handeln der Prostituierten. Sie selbst als Ware zu bezeichnen, die gekauft werden kann, ist mißverständlich und entspricht auch nicht der Realität, denn ebenso wenig verstehen sich der Kellner, der Arzt, der Lehrer, die Krankenschwester u. a. als »Waren«, wenn sie ihre Ware Arbeitskraft verkaufen. (Auf diese Thematik des Verkaufs von Sexualität aus der Sicht der Prostituierten werde ich unten noch genauer eingehen, hier sei lediglich mit dem Anreißen dieser Gedanken darauf verwiesen, daß durch Prostitution die Ware Sexualität angeboten wird und sich von daher auch bestimmt.)

Auf dem Markt der Prostitution herrschen Konkurrenz, Kontrolle und das Bemühen, einen möglichst hohen finanziellen Profit zu machen.

Die Zugangschancen zur Prostitution sind jedoch nicht für jeden gleich. Um als Prostituierte oder als Zuhälter zu reüssieren, bedarf es entsprechenden Wissens und bestimmter Kontakte. Jemand, der diese nicht besitzt, hat so gut wie keine Chance, auf diesem Markt entsprechend zu verdienen.

Es ist der zu erwartende Profit, der die Prostitution regelt und in Gang setzt. Zu diesem Thema habe ich mit einer Reihe von Prostituierten gesprochen und im wesentlichen wurde mir die immanente Beziehung zum Geld bestätigt. (Daß eine oft charakteristische soziale Konstellation den Zugang zur Prostitution erleichtert, bzw. ein bestimmtes Wissen dafür notwendig ist, soll im nächsten Kapitel gezeigt werden. Hier ist vor allem die analytische Frage wichtig, inwiefern die Aussicht auf schnelles Geld die Prostituierte in ihrem Handeln bewegt.)

In diesem Sinn meinte ein Zuhälter: *»So ein Hotelzimmer-*

mädchen arbeitet z. B. für 4000 S im Monat – bei freier Kost und Logis. Kommt nun ein Gast, der noch dazu gut aussieht, und legt ihr 2000 S auf den Tisch, so läßt sie sich schustern. Nun kommt sie drauf, daß sie für die 2000 S vierzehn Tage arbeiten muß. Jetzt denkt sie nach und kommt drauf, es ist gut, auf den Strich zu gehen, um leicht etwas zu verdienen.«

Bei einem Gespräch, das ich in einem Kaffeehaus mit einem Zuhälter führte und bei dem auch eine Frau anwesend war, meinte diese, sie würde es nicht verstehen, daß man *in die Hack'n«,* d. h. auf den Strich gehen könne, um Geld zu verdienen. Ihr erwiderte der Zuhälter, indem er auf seine Prostituierte verwies: *»Mir hat sie gesagt, sie mache es nur wegen des Geldes. Im Beruf hat sie zwei Linke gehabt. Das Beste für eine solche Frau ist es wahrscheinlich, wenn sie die Füße aufstellt. Das tut nicht weh und sie verdient.«* Mein Gesprächspartner charakterisierte somit Prostitution als eine berufliche Tätigkeit, bei der man, ohne etwas gelernt zu haben, auf leichtem Weg zu Geld kommt. Psychische oder ähnliche Probleme werden dabei nicht berücksichtigt, die gerade für die Anfängerin bedeutsam sein können. Das Geld als Essenz der Prostitution wird wohl, dies fiel mir in meinen Diskussionen auf, als Argument vor allem darum eingebracht, um den kulturell wichtigen Wert des Geldes hervorzuheben gegenüber anderen, tradierten moralischen Wertvorstellungen. Somit wird anderen Berufen der Beruf der Prostituierten als eher gleichrangig zur Seite gestellt. Die Berufung auf das Geld legitimiert somit – entsprechend dem sozialen Stellenwert des Geldes – die Prostituierte bzw. ihren Zuhälter. Auf die Frage, warum er als Zuhälter tätig sei, meinte ein Zuhälter: *»Wenn man Geld braucht, so ist das am leichtesten als Prostituierte, da braucht man nichts gelernt zu haben und verdient doch ganz gut.«*

Eine Prostituierte, die über eine Bekannte den Kontakt zur Prostitution fand, erzählte mir: *»Ich habe an meinem Kontostand festgestellt, daß ich etwas machen muß. Und so habe ich mit meiner Freundin geredet, die hat mir dann geraten, mit ihr auf den Strich zu gehen.«* Eine andere Prostituierte verwies auf ihren Gefängnisaufenthalt, der es ihr schwer mache, eine lukrative Arbeit zu bekommen: *»Wenn ich normal arbeite, verdiene ich vielleicht 5000 oder 6000 Schilling. Was soll ich damit?*

Ich kann mir vielleicht 2000 S weglegen. Aber das ist zu wenig. Ich habe einen Kredit aufgenommen gehabt und den mußte ich zurückzahlen. Und am Strich verdient man ohne Probleme.« Der persönliche Ekel, den man bei diesem Geschäft empfindet, wird durch den Bezug zum Geld aufgehoben. Eine Prostituierte, die sich auf die »strenge Kammer« spezialisiert hat, unterstreicht diese Überlegung: *»Ich empfinde einen inneren Ekel, der auch herauskommt. Ich schlage dann erst recht zu. Man macht das alles nur wegen des Geldes.«*

Es ist das Wissen um den guten Verdienst, der einen Abbruch der Prostitution der Prostituierten zunächst gar nicht wünschenswert erscheinen läßt, zumindest solange sie noch einigermaßen attraktiv ist. Dazu eine Prostituierte: *»Vor fünf Jahren habe ich angefangen. Das Geld wirkt wie eine Droge. Wenn man einmal angefangen hat, kann man nicht mehr aufhören. Ganz am Anfang verdient man halt gut, da verdient jede gut. Da denkt man an nichts, da sieht man nur das Geld. Und durch das viele Geld, da denkt man nicht, was da sein könnte, die Nachteile, die es da gibt. Und jetzt kann man trotzdem nicht aufhören, eben weil man das viele Geld gewohnt ist.«* Auf meine Frage, was sie mit dem Geld wolle, antwortete diese Prostituierte: *»Na, wie gesagt, man lebt halt anders. Die erste Zeit, wenn man das macht, da spart man ja nicht, da gibt man ja nur aus, in alle Richtungen. Daher gibt es nur ganz wenige, die es zu etwas bringen und aufhören, die also sagen: jetzt habe ich etwas, jetzt höre ich auf. Man lebt als Prostituierte anders. Angenommen man verdient jetzt um 10 000 S mehr, das legt man schon anders an. Und so steigert sich das immer mehr. Man bekommt mehr und hat nun einen anderen Lebensstandard. Dann ist man soweit, daß man sich nicht mehr vorstellen kann, daß man einmal mit weniger Geld gelebt hat und damit ausgekommen ist. Das ist eben so.«* Auf meine Frage: *»Ist es möglich, einmal ordentlich zu sparen, für später?«* antwortet die Prostituierte: *»Das ist irgendwie schwer. Man hat ja ganz andere Ansprüche als früher. Denn die Ausgaben, die ich im Monat habe, hat eine ganze Familie normal nicht.«*

Meine Interviewpartnerin, die mit ihrem Freund gemeinsam eine Wohnung gemietet hatte, stand zwar ihrem Beruf in Hinblick auf ihre Zukunft nicht unkritisch gegenüber, er erschien ihr aber im Augenblick als einzige Tätigkeit, die ihr einen bestimmten Lebensstandard ermöglicht.

Eine ähnliche Einstellung zum Geld wird in der Äußerung einer älteren und erfahrenen Dirne deutlich: »*Die Madln gehen um 700 Schilling zum Friseur usw. . . . . Eine andere kann sich das nicht leisten. Wenn das Madl jung ist, so sagt sie sich: wenn ich das schon mache, möchte ich dafür etwas haben. Jetzt sagt sie: das mache ich noch zwei oder drei Jahre. Sie meint, sie hätte dann genug Geld. Aber die Wünsche werden immer größer. Jetzt hat sie einen Pelzmantel u. ä., jetzt will sie eine neue Wohnung, ein neues Auto, ein Haus usw. So geht es allen Madln. Je leichter man Geld verdient, umso leichter gibt man es aus.*«

Eine Frau, die als Wohnungsprostituierte Geld verdient, erzählte mir: »*Von dem Geld, das ich verdient habe, habe ich einmal hauptsächlich meine Schulden abbezahlt. Die Miete für die Wohnung, 5500 S, Gas, Strom, Inserate, die mein Freund aufgibt, kosten viel Geld.*« Interessant ist, daß die jüngere Schwester dieser Frau auf Grund deren hohen Verdienstes als Prostituierte plötzlich Neigungen für diesen Beruf zeigte, was meiner Gesprächspartnerin eher unangenehm ist: »*Ich weiß nicht, was ich dazu sagen soll, meine Schwester ist 17 Jahre alt. Am Anfang war sie sehr abgeneigt. Meine Mutter und sie hatten sich abgefunden. Auch für mich war früher dieses Geschäft eher grauslich und unangenehm, genauso wie meiner Schwester. Jetzt aber hat sie mich, als ich mit ihr gestern telefoniert habe, gefragt, was ich gestern verdient hätte. Ich habe da gerade einen guten Tag gehabt, da habe ich ihr gesagt, daß ich 7000 S verdient habe. Da hat die Schwester gefragt, ob ich das in einem Monat verdient hätte. Ich habe darauf gesagt: nein, in einer Nacht habe ich soviel verdient. Und das hat sie nicht fassen können und hat dann gesagt, sie möchte das auch machen. Es gefällt ihr, was ich mir alles leisten kann, das Gewand, die Schuhe, den Schmuck und so. Ich habe eben alles, was ich will. So viel zweige ich immer ab, daß ich normal und leiwand leben kann.*

Meine Schwester ist noch einige Monate Lehrling. Ich will aber nicht haben, daß sie das, was ich mache, auch tut. Ich kann mir das nicht vorstellen. Sie ist ganz anders eingestellt als ich. Sie hat ihr erstes Erlebnis voriges Jahr gehabt, ich schon mit 14 Jahren.« Diese Prostituierte steht also ihrer Tätigkeit mit einiger

Skepsis gegenüber und sie weiß von der psychischen Belastung, die durch Geld, wie sie und andere Prostituierte andeuten, kompensiert werden soll. Daher antwortete sie auf die Frage, ob die Männer, mit denen sie zu tun hatte, ihrem Geschmack entsprechen würden: »*Es kommt nur auf das Geld an. In einer solchen Situation mußt du abschalten, darfst an nichts denken und mußt alles vergessen. Ganz einfach abschalten.*« Wie noch zu sehen sein wird, spielen bei manchen Prostituierten Alkohol oder Drogen bei oder vor der Ausübung der Prostitution eine nicht unwichtige Rolle.

Es ist also im wesentlichen das Geld, auf das die Prostituierte rekurriert, um sich zu rechtfertigen. Der aufwendige Lebenswandel wird zum Symbol der erfolgreich Handelnden, wobei die Art der Tätigkeit als eher nebensächlich dargestellt wird. Andere Maßstäbe werden allenfalls bei anderen, wie z. B. bei der eigenen Schwester, angelegt. Die »normale« Arbeit wird als hinderlich angesehen, um entsprechend existieren zu können, wie es eine Prostituierte klarstellt: »*Mit der normalen Arbeit schaffe ich es nicht, das geht nicht. Ich habe jetzt 160 000 S allein an Schulden zu bezahlen, nämlich an Kredit und Geldstrafen.*«

Eine ehemalige Prostituierte, die nun ca. 43 Jahre alt ist, bringt ähnliche Überlegungen ein, wobei sie auch das Problem des Zuhälters berücksichtigt: »*Ich habe nichts arbeiten wollen. Das da (die Prostitution) ist eine bequeme Arbeit. Man verdient viel Geld, wenn man abschalten kann. Ich habe ziemlich spät angefangen, auf den Strich zu gehen. Die meisten fangen ja mit 17 an, ich habe mit 25 angefangen. Im Vergleich zu einer normalen Arbeit ist das eine bequeme Arbeit. Nur muß man gescheit sein und das ganze Geld nicht dem Depperten hineinschieben.*« Diese Überlegung deutet auf die Rolle, die der Zuhälter für die Prostituierte spielt. Damit soll jedoch nicht gesagt sein, daß jede Prostituierte einen Zuhälter hat. Eine Reihe der von mir Interviewten kommt gut ohne Zuhälter aus, bzw. sie ist nicht daran interessiert, ihr Geld mit jemandem zu teilen*.

Wie im nächsten Kapitel vertiefter dargestellt, sind es bestimmte Lernprozesse, die den Weg in die Prostitution als

---

*) Dazu näher S. 98 ff.

Möglichkeit des »bequemen« Gelderwerbs erscheinen lassen. Ein Zuhälter – dies sei dem nächsten Kapitel aus Verständnisgründen vorweggenommen – charakterisierte diese Situation so: »*Bereits in den Heimen und Gefängnissen hören die Madln: ›Mit deiner Büchse kannst du dir leicht den Schilling verdienen.‹ Ja klar, die überlegen es sich und probieren es.*«

Das Geld spielt aber auch eine wichtige Rolle, wenn eine Frau, die irgendwie in Kontakt mit der Prostitution steht, sich dem Zuhälter als Prostituierte anbietet, um gemeinsame finanzielle Probleme zu bewältigen. Ein Zuhälter erzählt dazu: »*Ich war damals in einer ziemlichen Notlage und sie auch. Sie hat da zu mir gesagt: Ich habe es schon einmal gemacht. Ich mache es jetzt wieder, damit wir herauskommen (aus dem finanziellen Tief). Am Anfang hat sie gesagt, sie macht es ca. 6 Monate, dann sind wir aus dem Dreck heraus und dann gehen wir beide arbeiten. Sie ist für mich dann jedoch weitergegangen, weil wir uns ein Auto kaufen wollten usw. Insgesamt ist sie für mich ca. 7 Jahre mit Unterbrechungen auf den Strich gegangen.*«

In einer deutschen Wochenzeitung wurde vor einiger Zeit der Artikel einer alten Prostituierten veröffentlicht, in dem diese feststellte, für sie wäre am Beginn ihrer Karriere »die Liebe« gestanden. Diesen Artikel zeigte ich nun einer intellektuellen und reflektierenden Prostituierten. Sie meinte, dies wäre »Blödsinn«, denn für die Prostituierte sei lediglich das Geld wichtig. Das Geld würde sie darüber hinwegtrösten, daß sie mit ihrer »Hackn« nicht »ganz glücklich« sei.

Das Wissen, am Strich Geld auf eher »bequeme« Art zu erwerben, bestimmt also das Handeln der Prostituierten, die ohne Zuhälter ihrer Tätigkeit nachgeht, und des Zuhälters, der sich eine unproblematische Existenz verspricht. Ein ehemaliger Zuhälter, ein nun ca. 60jähriger Mann, charakterisierte in einem Gespräch in einem Kaffeehaus, diese Thematik von seinem Alltagswissen her treffend so: »*Eine Frau kommt durch den Zuhälter auf den Strich, der das mit Schmäh macht, um sich etwas zu verdienen. Der zweite Grund ist eine Freundin, die sie auf den Strich mitnimmt oder dazu überredet, weil sie so nicht zu arbeiten braucht. Und drittens fängt sie damit an, weil sie Schulden hat. Was soll sie denn anderes tun? Wenn sie arbeiten geht, hat sie die Pfändung, also würde sie praktisch umsonst arbeiten.*

Wenn sie nun über eine Freundin auf die Idee gebracht wird, auf dem Strich ihr Geld zu verdienen, warum soll sie das nicht machen?«

Es ist demnach in der Regel die Hoffnung auf schnelles Geld, und höchstens im Einzelfall Abenteuerlust, sexuelle Neugier oder ein überstarkes Triebempfinden, welche die Prostitution bedingen. In einigen Gesprächen, die ich mit Prostituierten und Zuhältern gemeinsam führte, wurde zwar öfters von Zuhältern behauptet, es wäre eine nymphomane Veranlagung der Frau, die sie auf den Stich brächte, doch solche Gedankengänge wurden stets auf das Entschiedenste von Prostituierten und anderen Zuhältern verneint. Etwas drastisch meinte ein Zuhälter während dieser Diskussion: *»Die gehen alle nur wegen des Geldes. Ein sexuelles Vergnügen ist es nur für die Männer, die zu den Huren gehen. Normal hängen die Damen wie die Bretteln dort. Vielleicht gaukeln sie den Kunden etwas vor, was es gar nicht gibt. Sie geben ihnen eine Scheinwelt und kassieren das Geld, was ja das wichtigste an der Sache ist.«*

Das zu erwartende Einkommen bestimmt den Strich; der Warencharakter der Sexualität veranlaßt also Frauen, sich zu prostituieren. Prinzipien der Konkurrenz und des Warenverkehrs regieren genauso am Strich wie am Arbeitsmarkt, die Mittel, deren sich Prostituierte und Zuhälter bedienen, sind jedoch andere. Während auf den üblichen, durch gesetzliche Vorschriften geregelten Märkten Institutionen, wie Richter, Einigungsämter u. a., die Beziehungen der Menschen ordnen, sind die Bereiche der Prostitution durch subkulturelle Normen und Mittel, die z. T. außerhalb der Legalität liegen, strukturiert. Das bedeutet unter anderem auch, daß Frauen, die nicht entsprechend am Straßenstrich eingeführt sind, wie z. B. die sogenannten »Giftlerinnen« (Rauschgiftabhängige, die so zu dem Geld für den »Stoff« zu kommen hoffen), mit Problemen zu rechnen haben.

Die Frau verkauft ihre Ware Sexualität, nicht jedoch sich selbst – wie wir noch ausführen werden –, um einen angestrebten Lebensstandard o. ä. erkaufen zu können.[*]

---

[*] Zu ähnlichen Ergebnissen kommen auch: Biermann, 1980, S. 37 ff., und Röhr, 1972, S. 125.

Herkunft und Karriere der Prostituierten

Die folgenden Überlegungen wollen nicht quantifizierend dar-
stellen, aus welchen sozialen Schichten etwa die Prostituierten
kommen, sondern sie wollen Materialien anbieten und danach
fragen, welche typischen Lebensumstände, Kontakte und,
ganz allgemein, welche sozialen Bindungen Frauen dazu bringen, sich zu prostituieren.

Während im vorangegangenen Kapitel grundsätzlich die
Frage abgehandelt wurde, inwieweit die Prostitution durch die
Ware Sexualität diktiert wird, bzw. inwieweit die an der Prostitution Beteiligten diesen Warencharakter auch selbst reflektie-
ren, soll nun erarbeitet werden, über welche Zugänge Mädchen auf den Strich kommen und wie der soziale Hintergrund,
der nun die Prostitution potentiell einleitet, aussieht. Dabei
werde ich auf die einzelnen Phasen der Karrieren von Prostituierten verweisen, in denen sie ihre Tätigkeit aufnehmen. Von
der Methode her meine ich damit, daß es soziologisch sinnvol-
ler ist, solche Phasen zu erarbeiten, als auf Faktoren, wie
soziale Unterschicht, Schule u. ä. zu verweisen, wie es in vielen
soziologischen Studien geschieht, die jedoch, aus den sozialen
Zusammenhängen gerissen, nur ein unvollständiges Bild von
der Laufbahn eines Menschen und seiner Vorstellungswelt
geben, die ja sein Handeln bestimmen.[*]

Es sind die einzelnen sozialen Konstellationen während
bestimmter Lebensalter, die Frauen dazu bringen, sich zu prostituieren. Frauen bauen sich also ein Wissen auf bzw. sie lernen in gewissen Lebensabschnitten, daß Prostitution ein »gutes
Geschäft« sein kann. Für mich war bei meinen Recherchen
daher u. a. die folgende Frage wichtig: Wie sehen die Frauen
selbst ihre Karriere und das soziale Milieu, aus dem sie kommen?

Ich setzte mich nun mit Zuhältern und Prostituierten zusammen und stellte zunächst die Frage der Herkunft der Prostituierten zur Diskussion. Eine Prostituierte meinte, es wären alle
sozialen Schichten unter Prostituierten vertreten. Es soll sogar
einmal, dies wäre in den Zeitungen zu lesen gewesen, eine

---

*) Vgl. dazu Becker, 1980, S. 21 ff.

»Doktorin« auf den Strich gegangen sein. Warum sie dies getan hätte, dafür wußte jedoch die Prostituierte keine Erklärung. Sie glaubte allerdings, diese »Doktorin« wäre daran interessiert gewesen, die Leute zu schockieren. Für die Prostituierte, die auf diese außergewöhnliche Kollegin hingewiesen hatte, war es jedoch klar, daß es sich dabei nur um eine Ausnahme handeln könne. Ein mitdiskutierender Zuhälter formulierte diese Einschränkung so: »*Die meisten Huren kommen aber aus dem normalen Volk und haben wenig Bildung. Viele kommen vom Land in die Stadt, nach Wien, und werden da von Zuhältern eingebraten, die sich bei ihr einraunzen.*«

Ein Zuhälter, der die Szene der Wiener Prostitution gut kennt, charakterisierte die Herkunft von Prostitution so: »*Die meisten Dirnen stammen eigentlich aus drei Berufsgruppen, nämlich aus Friseurinnen, Krankenschwestern und vor allem Serviererinnen. Du kannst die Madln fragen, ich kenne sehr viele Huren in Wien, da sagen sie normalerweise nicht die Wahrheit. Nur wenn du sie persönlich kennst, dann kannst du sagen, daß 80 % von denen, die in Wien in die Hack'n gehen, aus diesen drei Berufsgruppen stammen. Warum das so ist, läßt sich nicht so einfach sagen, wahrscheinlich wegen der Kontakte. Die meisten Madln, die in Wien den Deckl haben, sind keine Wienerinnen.*« Ein anderer Zuhälter stimmte dem im wesentlichen zu und hielt fest, daß sehr viele Prostituierte aus Heimen kämen und »gewisse Zufallsbekanntschaften« seien, die man »sich einbratet«.

Ein Zuhälter, der mit drei Prostituierten zusammenlebt, erzählte mir, zwei dieser Frauen seien in Heimen aufgewachsen, eine davon sei ihren Eltern aus Protest davongelaufen: »*Die hat gesagt, hör zu, ich brauch von denen (den Eltern) kein Geld, ich stell mir mein Geld selber auf und wenn ich die Büchse selber aufstellen muß.*«

Wie es sich mir aufgrund der Diskussionen und Interviews darstellt, kommt der Großteil der Prostituierten aus Heimen und auch vom Land.

Wichtig für die künftige Karriere als Dirne scheint mir dabei zu sein, daß die Prostituierten einem sozialen Milieu entstammen oder in ein solches gelangen, in welchem sich Kontakte ergeben, die sie der Prostitution zuführen.

In diesem Sinn versteht es auch ein Zuhälter: *»Die meisten Huren kommen vom Land, aus Kärnten, Steiermark, Waldviertel usw. Sie sind Schneiderinnen, Kellnerinnen, Hilfsarbeiterinnen. Wenn sie einmal in ein solches Lokal kommen, in dem Zuhälter und Huren sind, rennen sie dir in die Hände. Wenn sie keinen Job finden, landen sie, weißt' eh wo . . .«* Auf meine Frage, daß Heimkinder nach Aussage seiner Kollegen besonders anfällig seien, antwortete er: *»Ja, das stimmt, der Großteil kommt aus Heimen. Ich habe eine Tochter, die ist jetzt 12 Jahre. Wenn die einmal ins Heim kommt, kommt sie als Hur heraus. Dort fangen sie an, sich zu tätowieren und bringen sich alles bei. Es ist eine Milieusache. Wenn der Schilling nicht stimmt und sie ist aus armem Milieu, sie war im Heim oder im Häfen – da drinnen lernt man alles –, dann ist sie bald eine Hur.«*

Die besondere Bedeutung des Erziehungsheimes für die Rekrutierung von Prostituierten wird auch aus der folgenden Erzählung einer schon etwas älteren Dirne deutlich: *»Wenn man aus dem Heim herauskommt, hat man keine Erfahrung. Mit Männern hatte ich bis dahin nichts, nur mit einem Mann bei der Hochzeit meiner Schwester. Man kommt aus dem Heim wie ein kleines Kind. Fast jede Prostituierte kommt aus einem Heim heraus. Das ist ja nicht gut. Darum habe ich gesagt: wenn ich einmal ein Kind habe, darf es nicht in einem Heim aufwachsen. ich hätte gerne ein Kind. Einmal hatte ich eine Fehlgeburt, mit 20 . . . Nach dem Heimaufenthalt wollte ich eigentlich arbeiten gehen. Ich habe immer gesagt, ich gehe arbeiten. Aber auf einmal habe ich gesehen, wie andere Madln* (die sie aus dem Heim kannte) *in einer Woche sehr leicht viel als Huren verdient haben. Es ist ja etwas, wenn man zwei- oder dreitausend Schilling in kurzer Zeit verdient. Da muß man nicht lange stehen.«*

Für das spezifische Milieu der Prostitution sind also die aus Heimen stammenden Mädchen geradezu typisch. Die Mädchen bringen aufgrund ihrer Sozialisation in solchen Heimen eine gewisse Disposition und ein bestimmtes Wissen mit, das ihnen – im Vergleich zu anderen Frauen – den Zugang in den Alltag der Prostitution vereinfacht.

Mädchen aus Heimen bringen also eine besondere Bereitschaft für den Strich mit – dies wissen die Zuhälter und bauen ihre Rekrutierungstaktik darauf auf. So gibt es einige Zuhälter, die zu den Heimen fahren, um von dort Mädchen, wenn sie Ausgang haben, abzuholen. Die Mädchen, die alleine sind und die von niemandem abgeholt werden, sind dann das besondere Ziel des Kontakts.

Es sind also einmal die Mädchen aus Heimen, die aus doppelter Hinsicht für den Zuhälter interessant sind bzw. zur Prostitution neigen: sie suchen soziale Kontakte, die sie wieder nur im Milieu der Prostitution vorrangig und schnell erhalten, und sie haben Schwierigkeiten bei der Arbeitssuche bzw. sie müssen damit rechnen, durch ihre Heimkarriere in gewisser Weise stigmatisiert zu sein, um eine Arbeit zu erhalten, mit der sie sich irgendwie identifizieren können.

Zu diesen Mädchen aus den Heimen treten, wie wir gesehen haben, diejenigen Mädchen, die vom Land in die Stadt kommen, denen es zunächst an befriedigenden Kontakten mangelt und die auch vor dem Problem der Arbeitslosigkeit stehen. Der Zuhälter hat mit diesen beiden Typen von Mädchen ein eher leichtes Spiel, wie noch zu zeigen sein wird. Ein Zuhälter meinte dazu: »*Die Mädchen vom Heim und vom Land kann man am besten am Schmäh halten. Einer solchen verspreche ich alles. Wenn sie einmal mit dir ins Bett geht, ist sie schon gelegt.*«

Ein wichtiger Punkt scheint mir dabei noch zu sein, daß eine ungenügende oder desolate Bindung an das Elternhaus den Prozeß des Einbindens in die Prostitution fördert, wie auch ein Zuhälter glaubt: »*Die meisten Huren sind junge Madln, die aus den Heimen und vom Land kommen und aus geschädigten Familien.*« Die besonderen Situationen nach Heimaufenthalten, bei der Einwanderung in die Großstadt und nach Abbruch des Kontakts zu den Eltern sind so grundsätzliche und typische Vorstufen für die Prostitution. Mit dieser spezifischen Konstellation stehen auch charakteristische Berufsgruppen in Verbindung, aus denen der Weg in die Prostitution führen kann. In diesem Sinne äußerten sich auch, wie oben schon erwähnt, einige Zuhälter und Prostituierte.

Für attraktive Mädchen, die um Geld zu verdienen in die Großstadt Wien gekommen sind, ist es meist nicht schwierig, als Serviererinnen oder Aushilfskellnerinnen eingestellt zu werden. In diesem Milieu werden die ersten Kontakte zur Prostitution möglich. Oft sind es Zuhälter, die die junge Serviererin für sich zu gewinnen suchen. Eine junge Frau, die nach dem Zerwürfnis mit ihren Eltern und einem kurzfristigen Gefängnisaufenthalt als Serviererin in einem eher berüchtigten Nachtkaffee aufgenommen worden war, erzählte mir über ihren ersten Kontakt zu einem Zuhälter: *»Ich habe als Serviererin zu arbeiten begonnen. Da ist er hereingekommen. Er hat mir sofort gefallen und ich habe mich in ihn verliebt.«* Der Zuhälter bot ihr nun jene Anerkennung, die sie als Mensch und Frau gesucht hatte, die ihr aber vor allem von ihren Eltern verweigert worden war. Nach einiger Zeit des Zusammenlebens mit diesem Mann ging sie für ihn auf den Strich.

Charakteristisch für die Karriere einer Prostituierten, die vom Land nach Wien kommt, dort Serviererin und schließlich Prostituierte wird, scheint folgende Karriere zu sein, die mir eine Dirne auf das Tonband erzählte: *»Ich bin von P. nach Wien in die Stadt gekommen. Ich war damals 19 Jahre alt. Ich habe zuerst einen Beruf gelernt, Einzelhandelskaufmann, den habe ich nach zwei Jahren ›vergessen‹. Dann ging ich als Serviererin, zuerst in P. und darn in Wien. Dabei habe ich verschiedene Leute kennengelernt, die an und für sich immer dasselbe wollten, nämlich mit mir sofort ausgehen und dann zu mir auf einen Kaffee kommen. Sie haben gesagt: mach' mir noch einen Kaffee. Dann sind sie mit in mein Zimmer hinaufgegangen. Dabei blieb es aber nie. Auf das alles hinauf habe ich einen Haß bekommen. Unter anderem habe ich mir überlegt, wie ich in Wien gearbeitet habe, was ich machen könnte, um mehr zu verdienen. Als angelernte Servierkraft hatte ich nur 4000 S im Monat und mit denen kommt man nicht weit. Ich hatte damals eine Wohnung, für die mußte ich mitsamt den Betriebskosten etc. ungefähr 1500 S zahlen im Monat. 2500 S sind mir geblieben. Manchmal, wenn ich Glück hatte, kam ich mit dem Trinkgeld auf 3500 S.*

Ich hatte damals einige Freunde, die waren nicht aus dem Milieu der Zuhälter, sondern Taxler und andere Burschen.

Durch einen Zufall kam ich nun mit dem Besitzer eines Privatclubs zusammen. Ich war wieder einmal in dem Lokal im 9. Bezirk, in dem ich früher serviert hatte. Ich war damals gerade ohne Arbeit und fragte meine frühere Chefin, ob sie für mich Arbeit wüßte. Auf einmal kommt ein Mann, so um die 40, in das Lokal. Ich bin ein relativ offener Mensch und erzählte ihm von meinem Problem. Er sagte darauf zu meiner Überraschung, er hätte einen Job für mich, nämlich in einem Privatclub. Ich sagte: Ist in Ordnung. Er sagte: Wir machen Hälfte-Hälfte. Dieser Privatclub, keine Bar, hatte einige Zimmer, damit der Besitzer mit seinen Haberern, wenn kein Lokal mehr offenhat, dorthin gehen konnte. Dieses Lokal war also illegal, es sollte aber angemeldet werden. Ich habe dann bemerkt, daß da etwas nicht stimmen dürfte. Zu diesem Zeitpunkt war ich schon irgendwie in das Milieu hineingerutscht, aber ohne daß ich es mitbekommen hätte. Ich ahnte, daß der Besitzer viel Geld hatte, und ich dachte mir, daß er etwas komisch aussehe, daß irgend etwas mit ihm los sein müsse.

Es gab zunächst einige Unstimmigkeiten, weil er sich eingebildet hatte, ich würde mit ihm zusammen sein wollen. Daher hat er mir in seiner Wohnung einen Raum zur Verfügung gestellt zum Schlafen. Auf einmal ist er auf die Idee gekommen, bei mir im Bett zu schlafen. Ich muß sagen, damals, ich war etwa ungefähr 19 Jahre alt, war mir ein Mann mit 40 Jahren etwas zu alt und mein Geschmack war er auch nicht. Darum habe ich zu ihm gesagt: paß auf, mir paßt das nicht, ich gehe.

In dem Privatclub lernte ich unter anderem einen kennen, der an und für sich frank war, der mit dem Milieu nichts zu tun hatte. Der war relativ frisch geschieden. Er wohnte im 20. Bezirk. Ich dachte mir nun, jetzt muß ich aus der Wohnung, die ich vom Besitzer des Privatclubs hatte, hinaus. Ich dachte mir weiter, daß der neue Bekannte nicht häßlich aussehe, und daß ich bei ihm etwas zum Überbrücken finden könne. Sang- und klanglos bin ich zu ihm gezogen. Das war im August, im April war ich 19 geworden. Mir ist dieser Bursche jedoch auch bald auf die Nerven gegangen und da ich von dem Privatclubbesitzer noch die Wohnungsschlüssel hatte, bin ich in den Club zurück und habe ihm gesagt: da hast du die Schlüssel. Er sagte: das ist leiwand, bleib ein bisserl da, ich muß noch etwas erledigen, paß mir auf den Club etwas auf. Ich war nun allein im Club und trank etwas. Da auf einmal klopft es an der Tür und draußen steht ein blonder Jüngling mit blauen Augen. Ich war entzückt, ist klar. Er war ungefähr 30, hat aber jünger ausgesehen. Na und der plaudert mit mir. Ich war hin und her gerissen. Der vom Club kam zurück und ich verabschiedete mich von ihm, um mit dem Blonden wegzugehen. Ich kam mit ihm ins Gespräch. Bei mir war alles Liebe, Wonne, Heiterkeit. Ich zog zu ihm. Er holte mit mir mein Gewand aus dem 20. Bezirk aus der letzten Wohnung, in der ich gewohnt habe. Vom ersten Tag an habe ich gleich bei ihm gewohnt. Da ich gesehen habe, daß er schon viel erlebt hat, habe ich ihm nach relativ kurzer Zeit meinen Lebenslauf erzählt. Ich habe ihm gesagt, daß ich auf die Menschheit schon sehr heiß bin und verdient habe ich auch noch nie etwas.

Ich war damals auf die Männer schon ziemlich böse, weil ich mich in einem gewissen Sinne von ihnen ausgenutzt gesehen habe. Ich habe ihm, so glaubte ich, leid getan. Er hat in einer Diskothek gearbeitet. Er fragte seinen Chef, ob ich dort arbeiten könne. Der Chef meinte: ›Nein, es ist nicht möglich, es ist alles besetzt‹.

Ich sagte: ›Mir ist es egal, ich möchte servieren und wenn es eine Bar ist.‹ So schnell habe ich gar nicht schauen können, war ich in einer Bar im 9. Bezirk untergebracht, den Namen weiß ich nicht mehr. Ich bin nun immer unternehmungslustiger geworden und ich habe gesehen, die anderen Madln verdienen mehr als ich. Ich dachte mir, da müßte ich etwas unternehmen. Ich sag das so ganz beiläufig zu meinem Freund, der hat das gleich aufgeschnappt, hat gleich im Club E. im 9. Bezirk herumgeredet, daß ich etwas verdienen möchte. Dann sagte er zu mir: ›Paß auf, dort kannst du anfangen.‹ Ich habe Geld verdienen wollen. Ich habe aber Angst vor dem gehabt, ich habe nicht gewußt, was auf mich zukommt. Ich habe das nicht so ernst gemeint. Der hat es gehört und gleich weitergeleitet. Das erste Mal stand ich vor dem Club und sagte: ›Nein, da gehe ich nicht hinein.‹ Wir sind auf die andere Straßenseite hinübergegangen und dort machte er mir eine große Szene und schimpfte mit mir. Ich sage: ›Du kannst machen, was du willst mit mir, aber da gehe ich nicht hinein.‹ Ich war da noch immer 19 Jahre alt. Ich bin also nicht hinein und bin zurück in meine frühere Bar. Dort habe ich es noch eine Woche gemacht und dann habe ich gesagt: ›So und jetzt bin ich soweit, jetzt geh ich hin, jetzt ist es mir wurst.‹ Ich will endlich auch einmal etwas erleben. Ich komme also in den neuen Club dorthin und mache mein erstes Separée. Ich habe alle Zustände gehabt und auch einen Schwips. Die Mädchen, die schon dort gearbeitet haben, und der Ober haben mir erklärt, wie ich mich anziehen *solle: ein langes Kleid mit Schlitz, daß ich immer schön geschminkt zu sein habe, nicht laut sprechen dürfe, ganz allgemein immer nett hergerichtet sein müsse, langsam reden solle, mit den Hüften ein bißchen wippen müsse und so. Ich habe das Serviergangl gehabt usw.«*

Die weiteren Ausführungen der Frau beziehen sich auf ihre ersten Schritte als Prostituierte im Separée und dann am Straßenstrich, auf die ich unten noch weiter eingehen werde. Für die Diskussion der Karriere der Prostitution ist der geschilderte Teil der Lebensphasen der jungen Frau wichtig, denn er unterstreicht die obigen Zitate und Überlegungen, nach denen die Herkunft vom Land, also eine relative Isolation in der Stadt, das Problem der Arbeitssuche und schließlich der Zugang in ein spezifisches Milieu für die Laufbahn als Prostituierte bestimmend sein können. Die künftige Prostituierte sieht in dem neu gewonnenen sozialen Kontakt zu einem Mann, der in dem Milieu der Zuhälter zu Hause ist, schließlich eine Chance, Arbeit zu finden – die ihr zunächst noch etwas unklar und auch problematisch erscheint –: Ein Weg, der schließlich zur Prostitution führt.

Ihre Karriere schilderte mir eine nun ca. 22 Jahre alte Prostituierte, deren Familienverhältnisse, anders als bei der vorgenannten Dirne, als »ungeordnet« bezeichnet werden können. Auch sie war vom Land in die Stadt gekommen. Sie erzählte: *»Ich komme aus der Steiermark, meine Mutter war Hilfsarbeiterin und mein Vater Schlosser und Schweißermeister. Die Eltern sind aber jetzt geschieden. Ich habe zwei Schwestern. Ich stamme von einem anderen Vater als die beiden. Ich kenne den meinen nicht. Als meine Mutter von ihm mit mir schwanger war, wollte er sie heiraten, aber es ist nicht dazu gekommen. Er ist davongelaufen und hat das gemeinsame Geld mitgenommen. Dann hat meine Mutter den anderen kennengelernt und ihn geheiratet. Mit dem hat sie die beiden anderen Kinder. Ich bin in die Volks- und Hauptschule gegangen und in das Polytechnikum. Nachher habe ich als Kellnerin zu lernen begonnen. Ich habe ca. ein halbes Jahr gelernt. Dann hat es mich nicht mehr gefreut und ich habe mit der Lehre aufgehört. Eine Zeit lang habe ich nichts gearbeitet. Dann war ich kurz in einem Blumengeschäft am Hauptbahnhof in Graz angestellt und zwischendurch habe ich wieder als*

Kellnerin ausgeholfen. Ich war damals noch ziemlich jung, 15 Jahre alt, und habe daher Schwierigkeiten mit dem Alter gehabt, da ich in solchen Lokalen gearbeitet habe, die oft bis in die Nacht offen hatten. Dann habe ich eine Zeit nichts gearbeitet. Mit 16 habe ich meinen – heute von mir geschiedenen – Mann kennengelernt, der hat mich dann von der Steiermark – ich habe noch bei meiner Mutter damals gewohnt – nach Wien mitgenommen. Er war ein gelernter Elektriker und hat in einer Tankstelle gearbeitet. Wir haben uns eine Wohnung gekauft. Ich habe in zwei Firmen hintereinander als Hilfsarbeiterin gearbeitet, bis ich schwanger geworden bin. Ich bin in den Karenzurlaub gegangen. Dann habe ich Schwierigkeiten bekommen, denn ich hätte meine Strafe antreten müssen wegen eines Einbruchdiebstahls. Mein Mann hat mit dem nichts zu tun gehabt. Den Diebstahl habe ich schon vorher in der Steiermark mit einer ganzen Partie gemacht gehabt.

Heute habe ich sechs Vorstrafen wegen Hehlerei, Kreditbetrug u. ä. Mein Mann hat schon eine Ahnung von dem allen gehabt, aber es hat ihn nicht weiter gestört. Er hatte auch eine Vorstrafe wegen Körperverletzung. Ich habe ein Mäderl bekommen, es ist jetzt drei Jahre alt. Weil ich schwanger war, habe ich einen Strafaufschub bekommen. Und wie die Kleine ein Jahr alt war, habe ich die Aufforderung zum Strafantritt bekommen und habe die Strafe nach zwei Wochen angetreten. Viereinhalb Monate bin ich gesessen. Mit meinem Mann war ich damals auseinandergekommen. Die Kleine haben sie zuerst in ein Heim gegeben, dann hat sie meine Mutter genommen. Nach meiner Haft hatte ich alles verloren, meine Wohnung, mein Geschirr usw. Mein Mann und meine Schwiegermutter hatten alles an sich genommen.

Ich bin also nach der Haft dagestanden. Während der Haft wurden wir bereits geschieden. Ich bin nun mit einem Taxi zu einer Freundin von mir gefahren, mit deren Sohn war ich damals befreundet.

Meine Freundin ist mit mir dann zu einer anderen Freundin gefahren. Ein Bekannter, den ich von früher kannte, hat uns hingeführt. Meine Freundin ist aus dem Auto ausgestiegen und währenddessen haben der Mann und ich geredet. Er hat mich gefragt, wie es mir so geht und ob ich eine Arbeit brauche. Ich sagte: ja. Dann hat er gesagt, er wüßte etwas in einer Bar, also als

Bardame. Mich hat das momentan abgeschreckt. Ich dachte mir: alles, nur das nicht. Genaueres wußte ich nicht, ich wußte nur, das mit der Bar kann nichts Gutes bedeuten. Ich habe keine richtigen Vorstellungen gehabt. Dann sagte er mir, daß ich da gut verdiene, und er hat mir Hoffnungen gemacht. Und ich dachte mir: was kann schon schiefgehen? Und am nächsten Tag ist er mit mir zu der Bar gefahren. Ich habe mir das einmal angeschaut und habe gesagt: na gut, morgen fange ich an. Ab dem nächsten Tag habe ich von acht Uhr abends bis vier Uhr früh gearbeitet. Da war überhaupt nichts los, vielleicht ein, zwei Männer, denn es war eine Neueröffnung. Also da war nichts los. Sechs Mädchen waren wir. Jede von uns ist mit 250 Schilling heimgegangen, das war unser Fixum.« Durch diese Tätigkeit in der Bar erscheint es ihr in der Folge, wie sie mir erzählte, geradezu selbstverständlich, als Prostituierte zu arbeiten, nämlich im Sinne eines nicht unbequemen Gelderwerbes.

Diese Laufbahnschilderung gibt – ähnlich wie die vorhergehende – Indizien dafür, daß das Fehlen bzw. Verschwinden positiver familiärer Beziehungen, die Kontakte im Milieu der Prostitution und das Problem der Arbeitssuche von einiger Wichtigkeit für die Karriere als Prostituierte sind. In der letzteren Erzählung wird übrigens angedeutet, daß durch Gefängnisaufenthalte, die in ihrer Struktur den Heimaufenthalten gleichen, soziale Kontakte hergestellt werden, durch die man einige wichtige Erkenntnisse über Prostitution erwirbt. Diese tragen schließlich dazu bei, daß man dieses »Geschäft« als mehr oder weniger »normal« begreift. Die Frau auf dem Weg zur Prostitution empfindet vielleicht noch einige psychische Barrieren, die jedoch bald überwunden werden. Dabei hilft ein Freund aus dem Milieu oder eine Freundin, die bereits »auf den Strich« geht. Es ist also nicht immer ein Freund, als ihr künftiger Zuhälter, wie wir noch sehen werden, der die Frau zur Prostitution überredet oder ihr den Strich als angenehm erscheinen läßt, sondern es können andere Frauen mit Prostitutionserfahrung den Anstoß für den Strich geben. Es ist demnach durchaus möglich, daß sich eine Frau allein, also ohne Zuhälter prostituiert.

Ich meine also, daß die Kontakte zu anderen Frauen, die mit Prostitution zu tun haben, für viele Frauen bestimmend sein können*. Es sind da vor allem Heime und Gefängnisse, in denen solche Wissensbestände erworben werden; d. h. aber auch, daß Frauen sich mitunter selbst Zuhälter suchen, um unproblematisch auf den Strich gehen zu können. Ein Zuhälter erzählte dazu: *»Die meisten kommen vom Heim und hauen sich zu einem Haberer hinzu, weil es ein Abenteuer ist. Sie gehen daher in Diskotheken, wo bereits die Burschen sitzen, die solche Madln abschmieren und sie für sich einzubraten versuchen.«*

Grundsätzlich läßt sich aufgrund unserer bisherigen Darlegungen sagen, daß ein spezifisches Milieu und spezifische soziale Kontakte die Frau zur Prostitution hinführen. Der Zuhälter kann dabei allerdings, wie später noch ausgeführt wird, eine sehr wichtige Rolle spielen, besonders dann, wenn die künftige Dirne aus einer anderen sozialen Schicht kommt, die mit der Szene der Prostitution nichts zu tun hat.

Eine jetzt 43 Jahre alte Frau, die bis zu ihrem 42. Lebensjahr auf den Strich gegangen war, erzählte mir ihre Laufbahn, deren Ablauf meine letzte Überlegung stützt: *»Ich habe ein sehr gutes Elternhaus gehabt, ein tadelloses. Ich bin sogar in eine Klosterschule gegangen, ich habe zwar keine Matura, aber sieben Klassen des Gymnasiums. Ich kann mich benehmen. Der Freund, der dann mein Zuhälter wurde, ist mit mir spazieren gegangen und hat gesagt: schau, möchtest du dir nicht das und das kaufen. Und nachdem ich als Kind sehr verwöhnt worden bin – ich habe als Kind 200 S Taschengeld pro Woche gehabt, davon hat damals eine Familie leben können – habe ich es auf den Schädel gehauen. Ich habe nie eine Beziehung zum Geld gehabt.«*

Die Kontakte zum Zuhälter, der zu der einzigen Bezugsperson der angehenden Prostituierten wird, in Verbindung mit der Aussicht, einen luxuriösen Lebenswandel zu führen, werden für die Laufbahn bestimmend. Ähnlich wie bei einer 36jähri-

---

*) Typisch in diesem aufgezeigten Sinn ist der Lebenslauf Rosemaries, den sie für mich handschriftlich verfaßte (er ist bereits in meinem Buch: Der Adler und die drei Punkte, Wien 1983, abgedruckt): Die Tragik des Heims, Arbeitslosigkeit, Schulden, Kontakte zu Männern, die in der Welt der Prostitution zu Hause sind und schließlich der Rat einer Freundin, die Rosemarie aus ihrer Zeit im Heim kennt, lassen sie zur Dirne werden, die ihre Tätigkeit nicht so schnell aufzugeben gedenkt.

gen ehemaligen Sekretärin in einer staatlichen Stelle, die, wegen eines kleinen Vergehens gekündigt, mit einem attraktiven Zuhälter sich liiert hatte und dann auf seinen Wunsch hin bzw. unter der Vorstellung, »schnell zu Geld« zu kommen, auf den Strich ging.

Ein ehemaliger Glasermeister, der wegen diverser Delikte heute keinem Beruf mehr nachgeht, erzählt von seiner Frau, die durch einen Zuhälter nach der Scheidung zur Prostituierten wurde: »*Meine Gattin ist 1947 geboren... Ihre Mutter war alleinstehend, sie war bereits 42 Jahre alt, als sie meine Frau geboren hat. Wegen diverser Schwierigkeiten, sie hat auch Platzangst, habe ich mich 1969 scheiden lassen. Ich habe das Ganze nicht derpackt. Ich war nur wirtschaftlich orientiert. Meine Frau also war auf Tanzen, Musik usw. aus. Sie hat dann ihren Freund kennengelernt, der einmal Zuhälter gewesen ist. Ich kenne ihn auch gut. Der wollte aber nicht, daß sie auf den Strich geht. Er wollte nicht mehr Zuhälter sein, er wollte aus diesen Kreisen hinaus. Als er eine ausständige Strafe von 6 Monaten absaß, ist sie auf den Strich gegangen. Arbeiten wollte sie nämlich nie. Das wäre ihr zuviel gewesen. Zuerst hatte ich ja genug verdient. Und wie der Freund im Häfen war, hat sie kein Geld mehr gehabt und ist also auf den Strich gegangen. Wie er herausgekommen ist, wollte er, daß sie aufhört. Sie hat aber nicht aufgehört und frisch und fröhlich weitergetan.*« Eher belastende Familienverhältnisse, das Problem der Arbeitssuche und der Zugang in das Milieu der Prostitution – eben durch ihren Freund, den ehemaligen Zuhälter – sind auch hier als Indizien anzusehen, die der Frau die Prostitution als Möglichkeit des Überlebens erscheinen lassen.

Eine ca. 25 Jahre alte, sehr hübsche Prostituierte, die sowohl auf der Straße als auch in einer Wohnung ihrer Tätigkeit nachgeht, beschrieb mir ihren Zugang zur Prostitution so: »*Mein Vater ist Direktor einer Bank, eigentlich ist er ein gelernter Bäkker. Meine Mutter, die ich sehr geliebt habe, starb bei einem Autounfall, als ich gerade 9 Jahre alt war. Ich hatte eine sehr enge Beziehung zu ihr, zu meinem Vater weniger, er war der Strenge. Meine Schwester ist eine brave Angestellte in einer Bank. Weder meine Schwester noch mein Vater wissen, was ich mache. Mein Schwager, ihr Mann also, hat mich am Strich gesehen, als er ein-*

mal mit einem Rettungsauto – er arbeitet bei der Rettung – an mir vorbeifuhr. Ich bat ihn, niemandem davon zu erzählen, er hält sich auch daran. Ich passe genau auf, ob mein Vater mit seinem Auto, das sehr auffällig ist, daherkommt. Sehe ich so ein Auto von der Ferne, verstecke ich mich. Zweimal ist mein Vater schon, ohne mich gesehen zu haben, an meinem Strich vorbeigefahren.

Ich bin in die Handelsschule gegangen, habe aber keinen Abschluß. Auf den Strich bin ich gekommen, weil ich ziemlich viele Schulden und Kredite abzuzahlen hatte. Aufgrund meines ausschweifenden Lebenswandels habe ich festgestellt, daß ich wegen meines Kontostandes etwas tun müsse. Das habe ich einer Freundin, die ich über den CB-Funk kennengelernt habe, erzählt. Ich habe mit ihr so geredet und sie hat mir erzählt, daß sie auf den Strich ginge und da gut verdienen würde. Ich war damals ein totaler Laie, ich hatte keine Ahnung gehabt. Und diese Freundin hat mir das alles beigebracht. Durch sie kam ich auf den Strich. Ich brauche keinen Zuhälter und habe auch keinen.«

Auch hier stellt sich – neben zerbrochenen Familienverhältnissen – die Bedeutung des sozialen Kontakts bzw. des Milieus für die Karriere als Prostituierte dar.

Eine heute etwa 42 Jahre alte Prostituierte, die in einer Wohnung ihrer Tätigkeit nachgeht, und bei der auch soziale Kontakte den Weg in die Prostitution eröffneten, erzählte mir:

»Ich habe zwei Töchter mit 18 und 20 aus meiner Ehe und einen Sohn mit 14 Jahren aus einem kurzen Verhältnis. Zur Prostitution bin ich gekommen im Alter von 25 Jahren nach meiner Scheidung. Bis dahin ist es mir sehr gut gegangen, da mein damaliger Mann recht gut verdiente. Nach der Scheidung ist es mir schlecht ergangen. Ich hatte nun im Gegensatz zu früher kaum Geld.

Aufgewachsen bin ich im 2. Bezirk. Von daher kannte ich schon einige Leute aus dem Milieu. Meine Eltern waren aber noch anständige Leute. Auch mein Bruder ist anständig, er ist Monteur. Ich habe Volks- und Hauptschule und habe auch Kurse besucht. Nach meiner Heirat habe ich in einer chemographischen Klischeeanstalt gearbeitet. Während der Ehe war ich dann die meiste Zeit zu Hause. Die Ehe ist durch meine Schuld auseinandergegangen. Ich habe durchgedreht und meinen Mann mit mei-

nen Freunden betrogen. Damals habe ich die Schuld bei meinem Mann gesucht. Nach der Scheidung bin ich also dagestanden und hatte kein Geld. Auf die Idee, durch Prostitution mein Geld zu verdienen, bin ich durch meine Bekannten aus dem 2. Bezirk gekommen, die ich aus den Kaffeehäusern, in denen ich früher und auch jetzt viel verkehrte, kannte. Angefangen habe ich als Prostituierte im 2. Bezirk auf der Straße. Später arbeitete ich dann in einer Wohnung. Als ich Prostituierte wurde, war es für mich eine große Umstellung. Die erste Zeit habe ich ohne Deckel gearbeitet. Ich habe mich erst später registrieren lassen, bis ich mich selbst als Prostituierte akzeptiert habe.«

Die sozialen Kontakte und das in den Cafés gesammelte Wissen, als Prostituierte schnell zu Geld kommen zu können, bestimmte den Entschluß der Frau, die bereits an das Milieu gewöhnt war. Interessant ist der Hinweis, daß sie sich als Prostituierte erst registrieren läßt, als sie sich mit ihrer Tätigkeit voll identifiziert hat. Die Übernahme des Gesundheitsbuches bzw. die Registrierung als Prostituierte wird als Stigmatisierung verstanden, die sie schließlich im Sinne des Identitätswandels akzeptiert. Ähnliche Überlegungen fand ich auch bei anderen Prostituierten; es fiel mir auf, daß manche Dirnen am Beginn ihrer Karriere eine Zeit auf den Strich gehen, ohne registriert zu sein. Es handelt sich dabei offensichtlich um eine Art Zwischenstadium, während dessen der Identitätswandel, die innere Annahme der Tätigkeit, vor sich geht.

Abschließend und zusammenfassend zur Frage der sozialen Herkunft bzw. der Karriere der Prostituierten lassen sich aufgrund der Interviews, Interpretationen und Diskussionen folgende drei Phasen ausnehmen, die für eine Frau maßgebend sind, wenn sie zur Prostituierten wird:

Die 1. Phase ist die der Kontaktaufnahme in das Milieu der Prostitution. Sie erfolgt im Heim durch andere Mädchen, im Gefängnis durch mitgefangene Prostituierte, durch Freunde, die sich dann als Zuhälter entpuppen, und eben durch Freundinnen mit Vorbildcharakter, die bereits am Strich tätig sind. In dieser Phase spielt die künftige Dirne eventuell bereits mit dem Gedanken der Prostitution, wie wir gesehen haben, sie will es aber noch nicht unbedingt wahrhaben, einmal in dieser Richtung tätig zu sein. Einige Frauen sträuben sich noch. Typisch ist, daß in dieser Karrierestufe der Prostituierten die Frage aktuell wird, ob es nicht »bequemer« und einträglicher wäre, als Prostituierte Geld zu verdienen, als auf andere Weise. Arbeitslosigkeit oder das Wissen, wie es nach Heim- und Gefängnisaufenthalten der Fall ist, keine oder keine entsprechende bzw. zufriedenstellende Arbeit zu erhalten, sind demnach als wesentliche Vorstufen, gemeinsam mit der Kontaktnahme in das Milieu der Prostitution, zu interpretieren.

In der 2. Phase entwickelt sich der Entschluß, auf den Strich zu gehen. Vor der endgültigen Aufnahme der Prostitution besteht jedoch noch keine volle Akzeptanz der neuen Rolle.

Die Identifikation als Prostituierte bzw. ihre Selbststigmatisierung erfolgt schließlich in der 3. Phase und zwar geradezu rituell durch die Registrierung, also die Einholung des Gesundheitsbuches bzw. die Verpflichtung zur wöchentlichen ärztlichen Kontrolle. Damit sieht die Frau, die den Zugang zur Prostitution gesucht hat, sich selbst als Prostituierte. Daß heißt jedoch nicht, daß die von der Prostituierten verlangten sexuellen Betätigungen von ihr so ohne weiteres akzeptiert werden. Für einige Prostituierte bleiben sie problemhaft und sie versuchen daher, die anerlernten oder physischen Barrieren durch Alkohol, Drogen bzw. betäubende Tabletten zu überwinden*.

Grundsätzliche Überlegungen zum Beruf der
Prostituierten – die Legitimation

Oben habe ich aufgezeigt, daß Geld bzw. das Entgelt für die Sexualität eine Frau zur Prostituierten werden läßt (mit und ohne Zuhälter). Nun will ich diese Diskussion etwas detaillierter weiterführen und nach der Beziehung der Prostituierten zu ihrem Beruf fragen. Wir haben schon festgestellt, daß es nicht ein sexuelles Triebverlangen ist, welches die typische Prostituierte auf den Strich bringt.

Hier liegen auch die Probleme vieler Prostituierten. Der Verkauf von Sexualität und das dadurch hergestellte körperliche

---

*) Dazu näher S 52 ff.

Nahverhältnis sind Themen, mit denen die Prostituierte nicht so ohne weiteres fertig wird. Sie empfindet ihren Beruf als eine Tätigkeit, die nicht gerade angenehm ist, die jedoch ihr bzw. ihrem Zuhälter eine Existenzmöglichkeit schafft.

Auf meine Frage, ob sie ihren »Job« für spannend und abwechslungsreich halte, erwiderte eine ca. 23 Jahre alte, attraktive Prostituierte: *»Spaß ist das überhaupt nicht, was ich mache, ich habe nicht die geringste Beziehung zu dem Job. Mir gefällt er weder, noch bin ich von ihm begeistert. Es ist für mich die einzige Möglichkeit, auf schnellstem Wege zu Geld zu kommen.«*

Eine in einem Bordell arbeitende Prostituierte meinte ähnlich zu mir, daß sie mit ihrem Beruf nicht gerade glücklich sei und sie es beinahe bereue, Prostituierte geworden zu sein.

Wie schwierig für manche Prostituierte die Anfangsphase ist, in der sie ihre Tätigkeit ausübt, macht folgende Feststellung einer Prostituierten deutlich: *»Bei meinen ersten Separées war ich nervös, habe Magenweh gehabt. Einen kalten Schweißausbruch bekam ich. Das hat fast ein Jahr gedauert, bis ich mich halbwegs daran gewöhnt habe.«*

Ähnlich stellt es für viele Prostituierte auch ein Problem dar, die diversen Perversitäten über sich ergehen zu lassen.

Dazu ein Auszug eines Interviews, welches ich mit einer Prostituierten führte:

Ich: »Würdest du alle Sachen machen, die man von dir will?«

Prostituierte: *»Ehrlich gesagt, bevor ich alles mache, verdiene ich lieber nichts. Soweit geht bei mir das Prinzip. Nicht einmal, wenn es mir schlecht geht, mache ich das. Egal was kommt, gewisse Sachen werde ich nicht machen.«*

Ich: »Empfindest du so etwas vielleicht als persönliche Erniedrigung?«

P.: *»Bevor ich mich soweit erniedrigen lasse und ich auf die normale Art nichts mehr verdiene, mache ich halt nichts mehr. Dann tut es mir leid ... Ich will auch ein bisserl ein Mensch sein, ich will nicht nur eine Maschine sein, ähnlich wie ein Automat, in den man etwas hineinwirft, damit das herauskommt, das man haben will. Ich will auch ein bisserl menschlich bleiben dabei.«*

Ich: »Manche meinen, das ist ein Beruf wie jeder andere. Stimmt das?«

P.: »*Irgendwie kann man das vergleichen, aber doch wieder nicht so, denn man ist als Prostituierte schlecht angesehen. Wenn man auf ein Amt kommt oder man hat mit der Polizei zu tun und die erfahren, was du bist, bist du gleich unten durch bei denen. Da zählt man nur zur zweiten Stelle. Schon vom Optischen her . . . Sie schaun dich so an.*«

Ich: »Bildet man sich das nicht ein?«

P.: »*Nein, das ist ganz sicher so. Man wird nachteiliger behandelt, wenn man auf irgendein Amt geht. Ich habe da Erfahrungen schon gemacht. Manche spötteln zwar, die ziehn dich ein bisserl in den Dreck, auf die lustige Art. Auf jeden Fall, wenn die, vor allem die Polizisten, erfahren, wer du bist, bist du schon ein bisserl unten durch. Hast schon einen Nachteil. Trotzdem denke ich mir, mein Beruf ist wie jeder andere.*«

In diesem Interview wird einiges angesprochen. Einmal der Wunsch der Prostituierten, über sich selbst zu verfügen, also »Mensch« bleiben zu wollen, der sich nicht »verkauft«, der auch »nein« sagen kann.

Die interviewte Prostituierte versucht demnach, sich selbst nicht als »Ware« zu begreifen, mit der der Gast (näher dazu unten) machen kann, was er will, sondern sie gesteht sich einen Freiheitsraum zu, der sie »Mensch« sein läßt und sie nicht zur »Ware« degradiert.

Als ein beinahe sozialer Beruf wird von einigen Prostituierten ihre Tätigkeit definiert; vielleicht ist dies eine Art Rechtfertigung für ihren sexuellen Einsatz, der dem Kunden (s. u.) auch psychische Vorteile bringt. Eine Prostituierte erzählte: »*Der Mann ist ja ununterbrochen einem Streß unterworfen, wegen irgendwas, beruflich, wegen der Familie usw. Aber auch wegen des Sexuallebens sind die meisten unausgeglichen. Da spielt sich daheim nichts ab. Er geht da zur Hur. Da verpflichtet er sich zu nichts und es gibt keine Probleme dabei. Es ist das älteste Gewerbe der Welt, es wird nie aussterben. Mätressen und Kurtisanen sind etwas Uraltes. Es gibt unter uns die verschiedensten Weiberleute. Manche sehen das total als Beruf und Arbeit an. Für mich ist das keine Arbeit in dem Sinn, Vergnügen aber auch keines.*«

Eine andere Prostituierte meinte dazu, sie würde sich zeitweise als eine Art Psychotherapeutin vorkommen, die manche

Männer psychisch wieder »aufbaut« (siehe dazu näher das Kapitel über den Kunden).

Antworten dieser Art sind nicht selten, sie entstammen dem Bedürfnis, sich als sozial relevant handelndes Individuum mit eigener Autonomie darzustellen. Die Prostituierte sieht sich somit als jemanden, der einen »Beruf« ausübt, der z. B. die Funktion hat, dem Mann das zu geben, das er von der Ehefrau nicht erhält, das kann psychischer Zuspruch oder auch die Verrichtung sexueller Perversionen (s. u.) sein. In diesem Sinn reflektierte auch eine Prostituierte: *»Viele Ehemänner dürfen daheim viele Sachen nicht machen, z. B. Damenunterwäsche tragen. Die Ehefrauen würden sie auslachen. Daher geht man zur Dirne.«* *

Hier wird also der Beruf der Prostituierten als durchaus positiv interpretiert. Diese Interpretationen haben wohl auch den Sinn, die Prostitution in gewisser Weise zu rechtfertigen und sich damit ein positives Selbstverständnis als Prostituierte zu geben.

Allerdings neigt die Dirne leicht dazu, gewisse Prinzipien, wie z. B. den Vorsatz, nur mit Präservativ mit dem Kunden zu verkehren oder Analverkehr nicht zuzulassen, wenn entsprechend gezahlt wird, umzustoßen. Der immer stärker werdende Konkurrenzdruck zwischen den Prostituierten führt schließlich dazu, daß gewisse, sonst eher verpönte, Praktiken angeboten und durchgeführt werden (s. u.).

Dabei rechtfertigt man sich vor allem durch den Hinweis auf den Gelderwerb, aber auch durch die Feststellung, daß man Dienste verrichtet, die die Kunde »benötige«, weil er sie sonst nicht erhält. Der Rückgriff auf das Argument des Geldes scheint jedoch oft der wesentlichste zu sein, wie es in der Aussage einer älteren Prostituierten deutlich wird: *»Am Anfang bin ich auf der Straße gestanden, bin mit auf das Zimmer gegangen und habe mein Geld verlangt. Hätte der Kunde gesagt, ich soll einen Kopfstand machen, hätte ich es gemacht, er hat ja dafür bezahlt. Später bin ich gescheiter geworden und habe es nur gemacht, wenn der Gast ordentlich bezahlt hat.«*

Die Einstellung zum Beruf als Prostituierte ist als solche bei

---

*) Dazu auch S 162 ff. und 211 ff.

den meisten Prostituierten durch Verweis auf den Gelderwerb bestimmt.

In einem Interview mit einer in einem Bordell arbeitenden Prostituierten heißt es: »*Wenn man am Abend viel verdient hat, denkt man, hoffentlich ist es morgen auch so. Dann rechnet man sich aus, wie es ist, wenn es dauernd so kommt. Und wenn am nächsten Tag nichts ist, denkt man wieder, jetzt hast du dich zu früh gefreut. Dann kommen noch private Sachen hinzu. Wenn das alles nicht so läuft, wie man sich's vorstellt, dann wirkt sich das auch auf den Beruf aus. Z. B. wenn man mit dem Freund streitet, wirkt sich das sehr auf die Arbeit aus.*«

Eine mitdiskutierende Prostituierte ergänzte: »*Den meisten geht es auch so ungefähr. Das kommt darauf an, wenn man gut verdient, dann denkt man an die privaten Schwierigkeiten nicht so. Verdient man aber nichts und privat klappt es auch nicht, wie man es sich vorstellt, dann ist man schon sehr deprimiert. Und fragt sich, für was man das macht. Oft denkt man sich: man geht in die Hack'n und kann sich genauso nichts leisten, wie wenn man nicht viel verdient. So ist's bei mir auch gewesen.*«

Für beide Prostituierte ist schließlich der finanzielle Vorteil, der mit ihrer Tätigkeit verbunden ist, wesentlich. Bedenken moralischer Natur verlieren so an Gewicht, vor allem, wie im vorigen Kapitel angedeutet wurde, wenn man den Beruf als Prostituierte akzeptiert.

Legitimationsstrategien, wie, daß man die Rolle einer Quasi-ehefrau für die bezahlte Zeit übernehme, werden zurückgedrängt, wenn es um Geld geht. Der in Geldeswert sich ausdrückende Erfolg verschafft das Gefühl, als Prostituierte anerkannt zu werden und zu Recht »gearbeitet« zu haben, was aber nicht heißen muß, für sich selbst zufrieden mit den durchgeführten Intimitäten zu sein. Für einige Prostituierte gibt es dabei wohl deutliche Schranken. Die Prostituierte, dies sollte hier dargelegt werden, versucht also zumindest nach außen hin, ihren Beruf, den sie selbst als einen gesellschaftlich nicht angesehenen und akzeptierten sieht, zu rechtfertigen. Als Strategien dazu dienen der Hinweis auf die besondere psychische Betreuung einiger Kunden und schließlich die Überlegung, daß, wenn es um Geld geht, kaum Schranken gesetzt werden dürfen.

Auf das Privatleben der Prostituierten wirkt sich ihr Beruf problematisch aus, wie von einer Prostituierten bereits angedeutet wurde. Das Stigma der Prostitution wird der Prostituierten im Umgang mit Ämtern und Bekannten bewußt. Es ist ihr daher grundsätzlich auch nicht angenehm, wenn sie außerhalb ihrer Tätigkeit als Prostituierte erkannt und angesprochen wird. Zu für sie peinlichen Szenen kommt es vor allem dann, wenn sie am Strich einen ihr privat Bekannten, der von ihrer Profession nichts weiß, trifft. Eine aus Niederösterreich, also vom Land stammende Prostituierte, deren Eltern und Verwandten nicht wußten bzw. nicht wissen sollten, daß sie auf den Strich gehe – sie glaubten, sie sei Serviererin – erzählte mir u. a., daß ein aus ihrem Ort stammender Mann sie am Strich angesprochen hätte: *»Meine Eltern wissen nichts davon. Ich gehe offiziell servieren. Auch die Geschwister wissen nichts. Ich bin für sie alle die brave Tochter, die jetzt ein bißl mehr verdient und sparen tut. Ich habe ihnen die Telefonnummer von einem Lokal angegeben, wo ich angeblich serviere. Der Chef des Lokals wußte davon. Einmal haben sie angerufen, ich war gerade am Strich. Da sagte der Chef: Seien Sie nicht böse, aber ihre Tochter arbeitet oben in der Diskothek, ich will nicht haben, daß sie während der Arbeitszeit davonrennt und telefoniert. Wenn Sie Ihre Tochter wünschen, dann rufen Sie sie bei ihr zu Hause an. Wenn ein Bekannter mich am Strich sieht, dann schau ich, daß er mit mir geht und daß er den Mund hält. Oder ich sage ihm: ›Paß auf, wenn du den Mund aufmachst, ist die Freundschaft aus.‹ Einmal habe ich einen alten Freund getroffen. Der hat mich bis jetzt noch nicht verraten. Darüber bin ich froh. Wie ich ihn sah, ist mir fast das Herz stehen geblieben.«*

Die typische Prostituierte ist also aus verständlichen Gründen nicht daran interessiert, daß ihr Privatleben mit ihrem Leben als Prostituierte vermengt wird. Deutlich drückte dies eine ältere Prostituierte so aus: *»Ich kann das Privatleben vom Geschäftsleben unterscheiden, da gibt es nichts. Wenn ich privat weggehe, so kenne ich meine ehemaligen Kunden nicht. Ich war vor kurzem in einem griechischen Restaurant. Dort ist ein Stammgast von mir gesessen. Ich habe so getan, als ob ich ihn* *nicht kennen würde. Ich schau nicht einmal hin. Ich schau bewußt so weg, daß mein Lebensgefährte sagt: ›Ist schon wieder einer da?‹ Der spürt das, ich muß wegschauen. Manche Männer sind wirklich so blöd, die glauben, wenn sie jemanden in einem Lokal oder sonst wo sehen, daß man auf sie fliegt. Wenn man Gäste mit ihren Frauen sieht, kann man bis in die Haarwurzeln die rote Farbe sehen, so erröten sie. Wenn ich z. B. in einem Lokal auf die Toilette gehe und an einem Gast von mir vorbeikomme, so kann es passieren, daß er mir die Hand reichen will. Auf das laß ich mich aber nicht ein und gehe wie eine Adelige, mit der Nase kitzle ich den Plafond.«*

Eine andere Prostituierte formulierte den deutlichen Unterschied der beiden Rollen, der der Prostituierten und der Rolle als Privatmensch, so: »*Man kann nicht offen sagen, ich gehe auf den Strich und mache das und das. Das kann man nicht. Das kommt darauf an, wohin man kommt und mit welchen Leuten man zusammen ist. Wenn ich also privat wohin komme, was unser Milieu ist, also zu anderen Huren und ihren Freunden, dann ist es mir wurscht. Das sind meistens die Kaffeehäuser, die schon sehr früh offen haben, und so gewisse Lokale. Wenn ich aber sonst privat fortgehe, will ich mit dem allen nichts zu tun haben. Da schalte ich auch irgendwie ab, das ist dann ganz privat für mich. Aber dazu brauche ich eine andere Umgebung.*«

Solche und ähnliche Äußerungen, für die mir die eben zitierten typisch erscheinen, machen offenbar, daß die Prostituierte sich ein Bewußtsein aufbaut, nach dem in unserer Kultur Prostitution mit dem Stigma des Negativen und Abnormen bzw. Kriminellen belegt ist. Im Kontakt mit Polizei und der übrigen Bevölkerung erfährt dieses Alltagswissen die entsprechende Bestätigung.

Als ich einmal mit einer Prostituierten während des Tages durch eine Straße der Wiener Inneren Stadt ging, begegnete mir ein Kollege. Bevor er in unserer Nähe war, fragte ich die Frau, ob es ihr etwas ausmache, wenn ich sie meinem Kollegen als R. mit Beruf Prostituierte vorstellte. Sie meinte, sie hätte nichts dagegen, es würde ihr sogar Spaß machen, die Reaktion dieses Mannes zu sehen. Ich stellte sie ihm nun als Prostituierte vor. Der Mann war zunächst verdutzt, da es ja nicht üblich ist, daß einem Hochschullehrer auf der Straße eine wildfremde

Frau als Prostituierte vorgestellt wird. Er wußte nicht, was er sagen sollte, lächelte verlegen und verabschiedete sich nach einigen konventionellen Redensarten. Das Verhalten dieses Kollegen war für mich typisch, denn es zeigte, daß die Berufsbezeichnung Prostituierte mit dem Stigma des Ehrlosen, Obszönen und Ungewöhnlichen versehen ist.

Entsprechend dieser gesellschaftlich-kulturell gewachsenen Wertvorstellungen, die die Dirne in das soziale Abseits stellen – vor allem durch das Verhalten der Polizei –, bildet sich das Alltagswissen der Prostituierten, die sich scheut, in ihrem privaten, »außerberuflichen« Sein sich als Prostituierte erkennen zu geben.

Grundsätzlich unterscheidet sich aber das Privatleben der Prostituierten – und eventuell ihres Freundes – nicht von dem »anderer Menschen«, es orientiert sich vielmehr an letzterem. Bürgerliche Symbole und bürgerliches Handeln sind für die Prostituierte daher wichtig. *»Privat gehen wir genauso aus wie die anderen. Man lebt eigentlich genauso. Da lebt man eigentlich nicht viel anders als die anderen, die, wenn sie freihaben, ins Kaffeehaus oder ins Kino gehen. Man macht nichts Außergewöhnliches. Im Urlaub fahre ich nach Spanien, ich war schon einmal dort. Drei Wochen wollen wir nun dorthin fahren«*, erzählte in Übereinstimmung mit obigen Überlegungen eine Prostituierte. Und eine andere fügt dem hinzu: *»Eine Prostituierte muß nicht überall Prostituierte sein, in dem Sinn, daß sie unbedingt diese Kreise der Prostituierten pflegt. Sie kann sehr gut ein bürgerliches Leben pflegen. Das habe ich immer gemacht. Ich lebe wie andere Hausfrauen auch.«*

Mir wurde der geradezu kleinbürgerliche Lebensstil einer Prostituierten und ihres Freundes demonstriert, als sie mich einmal in ihre Wohnung einluden. In der kleinen, sauber eingerichteten Wohnung erinnerte nichts an ihren Beruf als Prostituierte. Die Frau war die uneheliche Mutter eines etwa 14 Jahre alten Buben, der vom Beruf seiner Mutter nichts wußte. Er wuchs bei Pflegeeltern im Burgenland auf und war während meines Aufenthaltes in der Wohnung gerade auf Besuch. Sie umarmte ihn zärtlich und zeigte sich ihm gegenüber als gute Mutter.

Eine andere Prostituierte, die ich kennenlernen konnte,

führte ein ähnliches Hausfrauendasein. Ihre 14 Jahre alte Tochter lebt in einem Internat.

Es ist charakteristisch für eine Vielzahl von Prostituierten, daß sie ihre Kinder nicht bei sich haben, sondern in Internaten betreuen lassen. Für die Kosten kommen sie grundsätzlich selbst auf. Von einer Prostituierten, die drei Kinder in Internaten hat, weiß ich, daß sie sehr darauf bedacht ist, daß ihre Kinder auch gut erzogen werden. Als sie ein Kriminalpolizist wegen diverser nicht bezahlter Geldstrafen über Weihnachten in den Polizeiarrest bringen wollte, bemühte sie sich unter Tränen, erst nach den Weihnachtsferien der Kinder die Strafe antreten zu müssen.

Die Notwendigkeit der Geheimhaltung

Die Prostituierte ist, wie wir gesehen haben, wesentlich daran interessiert, daß in ihrem Privatleben so gut wie nichts an ihren Beruf als Prostituierte erinnert. Diese Tendenz zeigt sich besonders in der Beziehung zu den Kindern, denen man freilich auf die Dauer die Beschäftigung der Mutter nicht verheimlichen kann. Aber auch gegenüber Eltern und Geschwistern, wie wir oben schon gesehen haben, ist man bemüht, die Rolle der Prostituierten geheimzuhalten. So z. B. gibt man vor, als Serviererin zu arbeiten. Überhaupt fiel mir auf, daß Prostituierte sich gerne in ihrem Privatleben als Serviererin o. ä. bezeichnen – eine unverfängliche und viel beinhaltende Tätigkeit.

Eine Dirne erzählte mir, gegenüber ihren Bekannten und Außenstehenden würde sie sich als Schneiderin ausgeben und in ihren Papieren wäre dieser Beruf festgehalten. Sie scheut sich also davor, außerhalb ihrer Tätigkeit als Prostituierte erkannt und behandelt zu werden.

Lakonisch reduzierte eine Prostituierte dieses Problem, außerhalb ihrer Tätigkeit am Strich als Prostituierte erkannt zu werden, auf die beiden Sätze: »*Ich sage den Leuten, ich arbeite in einer Bar. Soll ich sagen: Ich bin eine Hure?*«

Gegenüber den Eltern gelingt es allerdings nicht immer, den Beruf als Prostituierte geheimzuhalten.

Dazu Äußerungen von Prostituierten: »*Die Mutter weiß es und auch die größere Schwester, aber sonst weiß es niemand. Meine Mutter hat es irgendwie eingesehen, daß ich das mache, wegen der Schulden, die ich habe, damit ich mit ihnen fertig werde. Ich habe auch eine kleine Tochter. Zu ihr fahre ich jede zweite Woche hinunter, daß ich sie sehe und sie mich nicht vergißt. Meiner Mutter zahle ich etwas.*« Und: »*Meine Eltern wissen es, aber sonst niemand.*«

Eine ca. 45 Jahre alte Prostituierte schildert ihr Problem der Geheimhaltung besonders gegenüber ihrem Vater und ihren Kindern: »*Für die Mutter war das, wie sie erfahren hat, was ich mache, ein Schock. Ich kann nicht lügen, ich bin ein viel zu ehrlicher Typ. Mein Vater aber, er ist im Vorjahr gestorben, hat nichts gewußt. Der hätte es nicht verkraftet. Für mich war das eine Qual. Ich habe gewußt, ich muß dauernd lügen, denn gewöhnlich stehe ich dafür ein, was ich mache, aber meinem Vater konnte man nichts sagen. Mein Sohn hat es mit 17 Jahren von meiner Mutter erfahren. Ich wollte es sukzessive machen, es ist mir aber leider nicht gelungen. Das war dann ein kleiner Familienstreit. Die Mutter hat mir dabei die Stange gehalten. Mein Sohn hat gesagt: ›Die Mutti ist 37 Jahre alt, die kann machen was sie will. Ist es mir bei ihr schlecht gegangen oder ist mir etwas abgegangen? Nein.‹ Dann ist er gekommen und hat gesagt: ›Du brauchst für fremde Leute keine Schürzen mehr zu waschen.‹ Früher habe ich nämlich immer gesagt, ich sei Serviererin. Dann sagte er: ›Ich weiß, was du machst.‹ Er hat das gelassen hingenommen, obwohl ihm das eigentlich stark zugesetzt hat. Er hat es nicht gezeigt, er hat wollen stark sein. Eines hat er noch gesagt: ›Sagen wir es nicht der Gitti‹, meiner Tochter, die ist jetzt 20, ›die verkraftet es nicht‹. Die ist bei meinem Mann aufgewachsen. Jetzt weiß sie es aber. Als sie einmal bei mir kurz gewohnt hat, habe ich es ihr gesagt und sie hat keinen Schock bekommen. Da hat sie mich ruhig angeschaut. Sie akzeptiert es nicht. Sie gibt es aber nicht zu. Mein kleiner Sohn, der 14 Jahre alt ist, weiß es nicht, das ist ein heikles Alter. Mein Lebensgefährte hat es anfangs nicht gewußt. Als er es erfahren hat, hat es einen großen Wirbel gegeben. Er ist durch Zufall draufgekommen. Er hat in meiner Tasche nach Zigaretten gesucht und dabei die Kontrollkarte gefunden.*«

Die Prostituierte steht also vor dem Problem, ihre Eltern und vor allem Kinder mit ihrer Tätigkeit zu konfrontieren. Ab einem gewissen Alter der Kinder bleibt der Prostituierten auch nichts anderes übrig, als ihnen ihre Position zu erklären.

Vor einer eher peinlichen Situation stand eine Prostituierte, als sie von ihrem 17jährigen Sohn – dem sie erzählt hatte, sie sei Serviererin – auf dem Strich gesehen wurde. Sie bemühte sich nun, dem Sohn ihre besondere Lage zu erklären, mit dem Erfolg, daß er sie akzeptierte und ihr sagte, sie würde trotzdem seine Mutter bleiben, die er gern habe.

Von einer 50jährigen, jung aussehenden Prostituierten, erfuhr ich, daß sie regelmäßig zur wöchentlichen Kontrolle ihren kleinen Enkel mitnahm, der auf sie im Auto wartete. Der Kleine wußte freilich nicht, daß seine Großmutter als Prostituierte ihr Geld verdiente, wohl aber seine Mutter, ihre Tochter.

Welche psychische Belastung es für eine Prostituierte bedeutet, wenn ihre Kinder von ihrem Beruf erfahren, zeigt auch folgende Erzählung einer nun etwa 40 Jahre alten Prostituierten: *»Mein Sohn, er ist heute 19, war damals 11 Jahre alt. Wegen einer blöden Geschichte, bei der ich in den Polizeiarrest kam, sind Polizisten in der Nacht um 11 Uhr zu meiner Mutter gekommen, wo mein Kind war, und haben es aufgeweckt, und haben ihm gesagt, daß seine Mutter auf den Strich gehe. Nur weil die Kiberer den Mund nicht gehalten haben.*

Mein Bub, das hat mir meine Mutter erzählt, hat dann am nächsten Tag alle Zeitungen gekauft, in denen diese Geschichte gestanden ist, daß ich eine Hure bin. Er hat das gut aufgenommen und hat gesagt: ›Meine Mutti bleibst du ja doch.‹ Mein anderer Bub weiß es, seit er 16 Jahre alt ist. Daß ich eine Hure bin, darüber reden wir nicht. Das wird totgeschwiegen. Wurscht ist es ihnen nicht, aber was sollen sie machen? Ich habe ein gutes Verhältnis zu ihnen, das ist alles in Ordnung und das paßt alles. Am blödesten waren die Polizisten. Zu mir sagten sie damals: Du Blasbahn, wir waren bei deinem Bankert. Wenn du uns erzählst, was wir noch wissen wollen, so kannst du deinem erhurten Bankert eine Karte schreiben. Und wie der ›Hurenbankert‹ sagt, habe ich mich furchtbar geärgert.«

Diese etwas drastische, aber sehr deutliche Erzählung verweist auf die oben reflektierte Problematik der Stigmatisierung der Prostituierten und auch auf die Übertragung des Stigmas auf die Kinder.

Vor diesem Hintergrund bürgerlichen Alltagsverständnisses sind die Absichten von Prostituierten zu verstehen, ihren Beruf mit allen möglichen Mitteln zu verdecken.

Daß Eltern sich von ihrer Tochter, die zur Prostituierten wurde und wegen eines kleinen Delikts in einem Gefängnis einsaß, distanzierten, zeigt die folgende Erzählung einer 21jährigen Prostituierten: »*Meine Eltern waren früher gut zu mir. Ich habe vier Geschwister, die sind älter als ich. Mit meinen Eltern kann ich über nichts reden. Als ich jetzt aus dem Gefängnis in Sch. entlassen wurde, hat mich eine Freundin abgeholt, bei der ich nun wohnen darf. Meine Mutter hat gewußt, daß ich entlassen werde, sie hat sich aber nicht darum gekümmert. Sie hat mir einen Zettel geschrieben, er ist an ihrer Wohnungstür für mich gehangen. Auf dem Zettel stand: ›Melde dich nächste Woche bei mir, du Schwein!‹ Was soll ich nun? Soll ich heimgehen und sagen: ›Mama servus!‹ Da beiß ich mir vorher die Zunge ab. Meine Eltern wollten, daß ich jemanden heirate, der unbescholten ist. Das habe ich aber nicht getan. Meine Mutter wünscht, daß ich wieder eingesperrt werde. Von meinen Geschwistern hält nur mein Bruder zu mir. Die anderen sind zum Vergessen.*«

Die Prostituierte weiß um ihre Probleme und wird ständig mit ihnen konfrontiert. Sie sieht, daß ihr Stigma auch auf ihre Kinder übertragen werden kann, und leidet darunter.

Welche Brutalität eine solche Stigmatisierung von Prostituiertenkindern erreichen kann, mußte ich bei einem Gespräch mit einer Frau erleben, die über die Kinder einer Prostituierten folgendes sagte: »*Die Hilde ist im neunten Monat schwanger und steht noch immer mit vier Gürteln um den Bauch. Sie bindet sich den Bauch, also bitte, was soll das für ein Kind werden? Die hat drei Kinder, oder vier. Die anderen Kinder im Hof sagen zu diesen Kindern von der Hur: ›Das sind die Kinder mit dem bösen Blick, die haben schon die Schlechtigkeit mitbekommen im Bauch.‹ Die sind so programmiert wie die Ratten, die sind schon im Bauch programmiert. Die haben keine Chance, so ein Weib dürfte keine Kinder kriegen.*«

Das Stigma der Prostitution kann also furchtbar sein. Die Prostituierte wird sich daher bemühen, ihre private Sphäre, in die auch ihre Kinder einbezogen sind, von der ihres Berufes zu trennen, da sie die Wucht des Stigmas fürchtet. Zu Recht, wie es gerade im letzten Zitat deutlich wird. Sie sieht sich und ihren Beruf als desavouiert, und es gelingt ihr nicht, diese Barrieren zu durchbrechen und ihre Beschäftigung als »normales« darzustellen, woraus enorme psychische Belastungen resultieren können.

Alkohol und Drogen als Reaktion

Im vorhergehenden Kapitel habe ich herausgearbeitet, daß ihr Beruf der Prostituierten zum Problem werden kann und sie daher daran interessiert ist, einen privaten Freiraum zu haben, in dem sie nicht als Dirne erkannt werden will.

Mit der psychischen Belastung, der sie gerade bei der Ausübung ihrer sexuellen Tätigkeit ausgesetzt sind, werden manche Prostituierten nur dadurch fertig, daß sie zu Alkohol, Drogen oder Aufputschmitteln greifen.

Solche Mittel erfüllen offensichtlich die Funktion, der Prostituierten die Arbeit zu erleichtern: der ständig wechselnde körperliche Kontakt mit verschiedenen Männern führt zu einer gewissen Anspannung, die schließlich je nach seelischer Disposition problemhaft werden kann.

Auf meine Frage, ob wegen der vielen »Nachtarbeit« ältere Prostituierte ein »verlebtes« Aussehen hätten, meinte eine junge Prostituierte: »*Die meisten Madln trinken. Dies ist milieubedingt. Sie derpacken es nicht. Ich trinke zwar nicht, keinen Tropfen, höchstens zum Geburtstag, aber beim Großteil der Madln ist es so.*« Meine Diskussion mit Dirnen und Zuhältern bestätigen mir die Überlegung dieser Frau. Als ich einen Zuhälter darauf ansprach, warum er seine Prostituierte »abbauen« wolle, meinte er, er wäre nicht mehr an ihr interessiert, da sie ihm zu viele Schwierigkeiten mache und »viel trinke« bzw. »Pulver« (Tabletten od. Drogen) zu sich nehme. Genaueres Nachfragen ergab schließlich, daß diese Frau sich in einer denkbar schlechten psychischen Verfassung befand, da sie in der dauernden Angst lebte, ihr Freund – dieser Zuhälter – würde sie verlassen – sie war schon gegen 38 Jahre alt. Ihre sexuelle Hörigkeit zu diesem Mann wurde auch zur Belastung für ihn.

Über seine Schwester, die eine Zeit auf den Strich ging, sagte mir ein Zuhälter, der zwischen Prostitution und Trinken eine direkte Beziehung zu sehen schien: »*Ich habe eine Schwester, die ist eine Tschecherantin. Sie ist heute 40 Jahre alt. Auch sie war einmal eine Hur. Aber sie hat sich dabei schwer getan und es nicht zusammengebracht, darum ist sie zum Saufen gekommen. Ein jedesmal, wenn sie mit einem Herrn auf das Zimmer gegangen ist, hat sie einen intus haben müssen, sonst hätte sie es nicht derpackt. Das hat sie so drei Jahre gemacht, mit einem Zuhälter, den hat sie dann geheiratet, als sie aufhörte. Sie nahmen sich einen Hausmeisterposten. Sie hatte die feste Absicht, nie wieder auf den Strich zu gehen. Und dann hat sie das Zinsgeld unterschlagen, 41 000 S. Darauf fuhr sie mit ihrem Mann, ihrem früheren Zuhälter, nach Würzburg. Dort ging sie wieder eine Zeit auf den Strich. Sie wurde dann verhaftet und zu 9 Monaten verurteilt. Seit dieser Zeit tschechert sie. Sie ist eine unheilbare Trinkerin. Ich bin überzeugt, daß sie zu einer Tschecherantin erst über den Strich wurde.*«

Daß der Alkohol für Prostituierte beinahe wesentlich mit ihrer Tätigkeit verknüpft ist, geht auch aus folgender Äußerung einer ehemaligen Prostituierten hervor: »*Wenn man eine Hur ist, ist man für einen Mann nur für das Bett interessant, man hat keine Beziehung zu ihm und will sie auch nicht. Wenn man keinen Freund oder sonst jemanden hat, mit dem man sich versteht, dann geht man eben saufen. Die meisten saufen. Die allerwenigsten sparen.*«[*]

Sehr deutlich wird die Beziehung zu Alkohol und Drogen in einem mit einer jüngeren Prostituierten geführten Interview:
Prostituierte: »*Man muß völlig abschalten, wenn man mit einem Herrn zusammen ist. Man darf an nichts denken, einfach abschalten.*«
Ich: »Bringt man das so einfach?«
P.: »*Nur, wenn ich vorher eingeraucht bin. Eingeraucht bin ich fast tagtäglich, wenn ich ehrlich bin.*«
Ich: »Wegen des Dienstes?«

---

[*]) Vgl. S. 60ff.

P.: »*Ja, hauptsächlich im Dienst, sonst nie. Ich habe auch eine Menge Pulver genommen. Ich habe aber damit aufhören müssen, weil ich so einen häßlichen Ausschlag bekommen habe.*«

Ich: »Welche Pulver waren das?«

P.: »*Alle möglichen: Mirapront, Captagon, alle die Aufputscher. Wenn ich sie eingenommen habe, habe ich am nächsten Tag fürchterlich gezittert. Dann habe ich wieder Beruhigungstabletten gebraucht, damit ich schlafen kann. Da habe ich Valium eingenommen, denn durch die Aufputscher habe ich nicht schlafen können. Das war damals ziemlich arg.*«

Ich: »Wenn du dann solche Aufputscher u. ä. genommen hast, dann hat dir deine Arbeit nichts mehr gemacht?«

P.: »*Ja, dann war mir das Ganze mehr oder weniger egal.*«

Ich: »Hast du es auch ohne solche Mittel probiert?«

P.: »*Nein, bis jetzt noch nicht.*«

Ich: »Glaubst du, bringst du das zusammen?«

P.: »*Nein, ich glaube nicht. Wie ich das erstemal mit einem in einer Bar in ein Separée gegangen bin, war alles so ekelerregend. Das war so ein alter Dackel. Der hat sich da ausgezogen. Es war so richtig grauslich. Wenn ich aber dann etwas getrunken oder geraucht habe, da war mir das dann irgendwie wurscht, wurde es mir nicht so bewußt. Man denkt dann nur an das Geld.*«

Ich: »Hast du vorher schon, bevor du angefangen hast, etwas geraucht oder ähnliches?«

P.: »*Naja, durch einen Freund und eine Freundin, die haben einmal etwas zum Rauchen mitgebracht. So hat es dann eigentlich angefangen.*«

Ich: »Nehmen andere Prostituierte auch alle etwas vorher, damit sie arbeiten können?«

P.: »*Das weiß ich nicht.*«

In einem anderen Interview wird eine ähnliche Bedeutung von Drogen u. ä. Mitteln offenbar.

Ich: »Du hast gesagt, du hast dich in letzter Zeit geändert?«

Prostituierte: »*Ja, ich habe mich total geändert. Ich habe zum Rauchen aufgehört und auch zum Trinken. Ich habe früher extrem viel gesoffen und viel geraucht. Auch alle die Nervenpulver habe ich eingenommen. Ohne diese Pulver konnte ich nicht mehr sein. Nicht einmal zur Milchfrau bin ich ohne Pulver gegangen. Da war ich darauf schon eingestellt.*«

Ich: »Waren das Aufputschmittel?«

P.: *»Nein, das komischerweise nicht. Ich habe nervenberuhigende Pulver genommen. Sie sind nicht gut, auch mit ihnen wird man auf die Dauer süchtig.«*

Ich: » Was hat dich so aufgeregt?«

P.: *»Naja, ich war so ein Typ, jede Kleinigkeit hat mich aufgeregt. Ich bin zwar jetzt öfter gestreßt, nervös und hektisch. Ich nehme aber keine Pulverln mehr. Ich habe mich eben jetzt in der Hand. Am Anfang war es schon sehr schwer. Aber ich habe dann den Willen gezeigt. Ich dachte mir, na, wenn ich das (Prostitution) schon mache, möchte ich wenigstens gesund sein, weil durch das Saufen und Rauchen schaut man später einmal fürchterlich aus, wenn man fünfzig oder sechzig ist. Man muß realistisch denken. Man kann so den Absprung erreichen. Wenn man aber säuft, so läßt man sich gehen und so vergehen die Jahre. Und auf einmal ist man alt und man merkt es nicht. So habe ich mich wenigstens in der Hand.«*

Die interviewte Frau zeigt die Problematik auf, die der Beruf als Prostituierte mit sich bringt. Besonders für die Anfängerin ist der Bezug zu Alkohol oder Drogen erstrebenswert, um die erwarteten sexuellen Dienste durchführen zu können. Die erfahrene Prostituierte jedoch scheint eher Distanz zu ihrer Arbeit und somit auch zu diversen Aufputsch- und Beruhigungsmitteln zu haben.

Charakteristisch ist, daß Aufputschmittel und Beruhigungstabletten von der typischen Prostituierten jeweils nacheinander eingenommen werden, wie auch folgende Feststellung einer 28 Jahre alten Prostituierten andeutet: *»Ich habe meine Probleme in der Hackn. Ich habe zeitweise nüchtern gar nicht in die Hackn gehen können. Ich habe aus psychischen Gründen gesoffen. Beim Saufen bleibt es ja nicht, dann kommen die Pulver, damit man wach bleibt und es durchsteht.*

Daß Alkohol- und Drogenabhängigkeit auch vom Zuhälter als Problem empfunden werden kann, zeigte mir ein Gespräch mit einem Zuhälter, der erzählte: *»80 Prozent der Huren bekommen Schläge, weil sie saufen. Die meisten saufen und wenn sie angesoffen sind, mußt du ihr eine geben. Wenn sie eingetrankelt ist, wie will sie da verdienen?«*

Alkohol und Drogen bieten der Prostituierten die Möglichkeit, ihre Arbeit psychisch zu bewältigen, sie werden zu Mitteln, in deren Abhängigkeit sie geraten und die sie ruinieren können, etwas, das nur wenige Prostituierte voraussehen (und verstehen) wollen.

Typologie der Prostituierten

Es soll hier nun aufgrund meiner Interviews und Beobachtungen unternommen werden, eine annähernde Typologie der Prostituierten zu erstellen. Dieses Kapitel versteht sich als Ergänzung zu dem später folgenden, welches über Zuhälter und ihre Möglichkeiten handelt, zu Frauen zu gelangen, die für sie auf den Strich gehen.

Bei einem Gespräch mit zwei Prostituierten in einem Bordell fragte ich, ob es so etwas wie eine Rangordnung unter Prostituierten gebe. Eine erzählte: *»Es gibt untere Klassen. Damit meine ich gewisse Mädchen, die eben um den Mindestpreis ein Fullservice machen und das alles machen, was sie daheim nur mit dem Freund tun. Die also das mit den Gästen machen, was sie sonst nur privat machen würden. Ich kann mir das nicht vorstellen, mir graust davor. Nicht vor dem Menschen, sondern innerlich. Ich könnte das nicht. Ich habe oft Angebote gehabt. Die haben mich gefragt, was ich für das und das* (z. B. Analverkehr) *verlangen würde. Ich aber habe gesagt, ich kann es nicht.«* Die andere Prostituierte fügte hinzu: *»Ich bin auch der Meinung, daß er noch soviel Geld herlegen kann, damit ich etwas Perverses mache.«* Darauf fragte ich, ob es so etwas wie einen Berufsstolz geben würde. Eine der beiden Frauen meinte: *»Ja, sicherlich ... Allerdings kann man bei besseren Gästen nicht so typisch professionell sein, wie bei anderen. Aber trotzdem gibt es Dinge, die man auf eine liebe Art ihm beibringen kann, wenn man sie nicht machen will.«*

Ich: »Na, gut, aber was ist, wenn eine etwas macht, was ihr sonst nicht machen würdet. Und ihr wißt es, was macht ihr?«
Prostituierte: *»Wenn der Gast nur mehr zu ihr geht, nur weil sie das und das Perverse macht, so würde ich es ihr schon sagen. Weil der denkt sich, warum soll er Geld zahlen, wenn er bei einer das bekommt, was er bei der anderen nicht bekommt. Er will dann vielleicht Sachen, die ich nicht einmal um viel Geld machen*

würde. Dann sage ich es schon der Kollegin. Man kann also sagen, es gibt da zwei verschiedene Klassen in unserem Gewerbe. Für mich sind die Madln der letzte Dreck, die um wenig Geld alles machen. So einen Menschen verstehe ich nicht. Ich kann mir nicht vorstellen, was in der vorgeht. Wenn ich es weiß von einer, das ist so eine, dann verhalte ich mich von oben herab, oder ich rede gerade das wichtigste, oder nur, wenn sie mich fragt, oder ich gebe es durch zynische Worte oder durch die Blume zu verstehen. Ehrlich gesagt, bevor ich solche Perversitäten mache, verdiene ich lieber nichts.«

In einem anderen Interview wurde diese zweifache Rangordnung, wie sie Prostituierte selbst sehen, bestätigt.

Eine Prostituierte erklärte: »*Es gibt zwei verschiedene Klassen von Mädchen. Die einen machen eben Fullservice, ein komplettes Ohne-Service und die ganze Dreckschleuder für wenig Geld. Da gibt es Mädchen darunter, die wirklich gut ausschauen und das nicht notwendig hätten. Die tun es aber heutzutage auch schon, weil das Geschäft so schlecht geht ... Jede zweite Annonce bietet schon eine Menge um einen Spottpreis an, was man da alles bereits haben kann! Die Hackn wird durch die zusammengehauen.*«

Beispielhaft für andere Prostituierte versucht sich die interviewte Frau als eine Prostituierte darzustellen, die jener »oberen« Schicht der Prostitution zuzuordnen ist, die gewisse Sachen »nicht tut«.

Tatsächlich wird auch, wie ich erfahren konnte, am Strich darauf geachtet, daß ein gewisser Standard nicht unterschritten wird, um »die Hackn nicht zusammenzuhauen« (s. u.). Zu solchen nicht geduldeten, aber immer mehr geübten Techniken gehören u. a. Analverkehr und Verkehr ohne Präservativ. Oft sind es die Zuhälter, die darauf achten, oder von denen erwartet wird, daß sie solche Praktiken verhindern.

Besonders von den sogenannten »Giftlerinnen«, die zu dieser »unteren Klasse« von Prostituierten gehören, wissen die anderen Dirnen, daß sie um wenig Geld zu allem bereit sind, um zu ihrem Rauschgift zu gelangen. Eine Prostituierte schilderte dieses Problem so: »*Die Giftlerinnen halten wir vom Strich fern, weil bekannt ist, daß sie alles machen. Die machen es ,ohne' und um 50 Schilling, um jeden Preis.*«

Es stehen also den Prostituierten, die nach dem Prinzip vorgehen, daß dem Gast nur bestimmte Dinge erlaubt sind und er einen bestimmten Preis zu zahlen habe, jene gegenüber, die ihre Ware Sexualität unter »ihrem Preis« verkaufen und sexuelle Handlungen zulassen, die die anderen nicht verrichten würden. Typisch ist vielleicht für die Prostituierten dieser »zweiten« Kategorie, daß sie meist Frauen sind, die alleine, ohne Zuhälter, auf den Strich gehen, die mitunter einen schon verlebten und älteren Eindruck machen, und vor allem die, die schnell und problemlos zu Geld kommen wollen, wie eben rauschgiftabhängige oder sehr arme Frauen.

Eine andere Typisierung der Prostituierten ist an das sogenannte Büchl oder den Deckl gebunden, nämlich an die Kontroll- bzw. Gesundheitskarte, mit der bestätigt wird, daß sich die Prostituierte regelmäßig wöchentlich untersuchen läßt, sie also registriert ist. Prostituierte, die am Beginn ihrer Karriere stehen, versuchen zumeist eine Zeit, ohne Deckl auf den Strich zu gehen. Sie müssen damit rechnen, von Polizisten aufgegriffen und in den Polizeiarrest gebracht zu werden, um dann dem Gesundheitsamt vorgeführt zu werden. Werden Prostituierte einigemale so erwischt, so finden sie es als opportun, sich registrieren zu lassen. Es mag sein, daß die neue Dirne in dieser Zeit aus Nachlässigkeit ohne Kontrollkarte arbeitet, hier spielt aber auch die Tatsache, daß die Prostituierte ihre neue Tätigkeit noch nicht voll akzeptiert, eine wichtige Rolle. Zu den Geheimprostituierten gehören auch die »Nobelhuren«*.

Gegenüber den registrierten Prostituierten ist die Nichtregistrierte auf der Straße im Nachteil, denn erstere sind daran interessiert, daß am Strich keine Schwierigkeiten entstehen. Eine Prostituierte erzählt dazu: »*Wenn eine ohne Büchl geht, meist da unten beim Stadion im Prater, ist sie gleich vom Fenster weg. Besonders am normalen Strich durch die Polizei. Die anderen Huren sind nicht darauf erpicht, daß jeden Tag die Schmier kommt und daher verjagen auch sie diese Konkurrenz.*«

Auch nach dem Ort ihrer Tätigkeit lassen sich Prostituierte klassifizieren. So gibt es Dirnen, die in Wohnungen, in bordell-

---

*) Dazu S. 106 ff.

ähnlichen Lokalen oder auf der Straße ihrem Gewerbe nachgehen.

Die Wohnungsprostitution ist im wesentlichen von Inseraten in speziellen Zeitschriften oder »Sex-Illustrierten« abhängig (zur Wohnungsprostitution siehe näher S. 197ff.). Für die Prostituierten am Straßenstrich sind es Hotels, diverse Häuser oder auch Autos, in denen sie mit ihren Kunden verkehren.

Ihre Strategien sind vielfältig und sie sind je nach Standort wieder zu unterteilen. So stehen die attraktiven bzw. die, die durch bekannte Zuhälter eingeführt wurden, an jenen Stellen, die traditionell den besten »Ruf« haben. Frauen, die alleine gehen oder die keine entsprechenden Zuhälter haben, müssen mit weniger interessanten Straßenstrichen vorlieb nehmen.

Eine feste Abgrenzung zwischen diesen Prostituiertentypen gibt es wohl nicht, da, wie ich sehen konnte, dieselben Frauen z. B. während des Tages in einer Wohnung ihrem Geschäft nachgehen und am Abend auf der Straße.

Eine wichtige Typisierung von Prostituierten bezieht sich darauf, ob sie mit oder ohne Zuhälter tätig sind. Wie ich noch zeigen werde, gibt es eine Reihe von Prostituierten, die ohne Zuhälter auf den Strich gehen und auch kein Interesse haben, sich von einem Zuhälter einbraten zu lassen (siehe dazu näher S. 98ff.).

Schließlich ist noch auf einen Prostituiertentyp zu verweisen, der als »Goustierkatz« bezeichnet wird. Diese »Goustierkatz« ist eine Frau, die sich den Zuhälter z. B. am Strich unter allfälligen Kunden sucht, sich aber nicht an ihn binden will. Ein Zuhälter charakterisierte eine solche Prostituierte so: »*Eine Goustierkatz ist eine, die geht heute und morgen in die eine Hütten nach der anderen. Heute gefällt ihr der, morgen der. Da goustiert sie, d. h. sie geht mit ihm ins Bett, macht es umsonst, dann hält sie wieder auf den. Vielleicht hält sie auf einen 8, 9 Wochen, dann haut sie ihn wieder in den Arsch, auf deutsch gesagt: auf Wiedersehen. Und sucht sich wieder einen. Die ist ein Mensch, die braucht jemanden, der ihr sexuell das bieten kann, was sie sich vorstellt. Und solange sie diesen Menschen nicht hat, solange geht sie ins Geschäft und solange verdient sie das Geld nebenbei. Hat sie einen solchen Menschen, dann läßt sie vielleicht für zwei Jahre das Geschäft. Aber dann gibts wieder irgendwo einen*

Krach und sie haut wieder ab und sagt: ›Horch zu, ich laß dir alles, was ich aufgebaut habe, das gehört dir allein‹, und dann geht sie weiter, fangt wieder von vorne an. Das ist ein Mensch, der seelisch nicht befriedigt ist.«

Die hier versuchte Typologie kann freilich nur sehr grob sein, denn es gibt Prostituierte, die zwischen diesen Typisierungen einzuordnen sind.

Grundsätzlich und zusammenfassend ist festzuhalten, daß sich diese Typologie der Prostituierten bzw. ihrer Handlungskonzepte darauf gründet, wie sich die Dirnen selbst gegenseitig einstufen. Danach sind folgende Typen von Prostituierten festzuhalten:

– Prostituierte, die im Kontakt mit Gästen nur bestimmte sexuelle Handlungen zulassen und durchführen,
und solche, die bei entsprechender Geldleistung zu mehr bereit sind, als üblich ist.

– Prostituierte, die registriert sind,
und Nichtregistrierte (Geheimprostituierte bzw. Nobelhuren).

– Prostituierte, die auf dem Straßenstrich bzw. in Hotelzimmern ihrem Gewerbe nachgehen, die dies als sogenannte »Hostessen« in Wohnungen tun und die in Bordellen oder Animierlokalen arbeiten.

– Prostituierte, die auf Wunsch und unter Kontrolle eines Mannes, des Zuhälters, auf den Strich gehen und ihn finanziell beteiligen, und solche, die alleine arbeiten und somit auch ihr Einkommen nicht teilen müssen.

– Prostituierte, die als sogenannte »Goustierkatzen« den Strich auch dazu benutzen, um sich einen Zuhälter auszusuchen bzw. um mit interessanten Männern in Kontakt zu kommen.

Die Zukunft der Dirne und ihr Ausstieg – die »alte Hur«

In meinen Interviews wurde mir bewußt, daß sich Prostituierte über ihre Zukunft, besonders wenn sie sehr jung sind, eher wenig Gedanken machen. Sie scheinen mehr an der Gegenwart orientiert zu sein bzw. zu denken, daß ein Ausstieg noch in relativ jugendlichem Alter möglich sei. So hörte ich einigemale von etwa 20jährigen Frauen, sie wollten ungefähr bis zu einem Alter von 25 bis 28 Jahren auf den Strich gehen. Solche Voraussagen oder Absichten sind ziemlich problematisch. Nur wenigen gelingt der Übergang in das »bürgerliche Leben« tatsächlich. Eine ehemalige Prostituierte, die heute 43 Jahre alt ist, sieht die Zukunftsaussichten ihrer Kolleginnen sehr düster: *»Der Großteil sandelt dann dahin, die verkommen auf den Straßen. Ich habe ein Glück, daß mich die Herta vom Strich weggebracht hat, sonst würde ich heute noch gehen. Die Herta hat mich da als Serviererin angestellt. Manche gehen bis 60. Viele glauben, daß sie sich etwas sparen können. Das ist ein Blödsinn. Ich bin jetzt 43 und habe einen Scheißdreck. Ich bin froh, daß mich die Herta vom Strich weggezerrt hat. Sie hat gesagt: ›Mitzi, horch, scheiß' auf die Hackn. Schau, was willst du noch verdienen? Millionen? Du warst immer saudeppert.‹ ›Blöde Sau‹, hat sie gesagt, ›du schiebst dir einen Beutl eini und hast einen Dreck.‹ Sie hat mir eine Wohnung verschafft und bei ihr darf ich nun arbeiten. Außerdem habe ich die Masen, daß meine Tante für mich, als ich mit dem Arbeiten aufgehört habe, um auf den Strich zu gehen, die Krankenkasse automatisch weiterbezahlt hat, so bekomme ich einmal eine normale Pension. Wenn ich die Herta nicht hätte und meine Tante, ich würde wahrscheinlich auch versandeln. Als Sandlerin gehen heißt nicht wissen, wo man den Kopf in einer Stunde hinlegen soll.«*

Die Erzählung einer 39jährigen Prostituierten, die noch einigermaßen attraktiv ist und weiter am Strich ihr Geld verdient, ergänzt diese Überlegung: *»Ich habe mein ganzes Leben draufgezahlt (durch Zuhälter usw.). Ich bin jetzt 39 und habe mir nichts gespart. Von 99 Prostituierten ersparen sich nur zwei etwas, die haben ein Kaffeehaus oder etwas ähnliches. Von denen, die sich etwas erspart haben, dürfte es nur wenig geben. Die Idealvorstellung ist es, ein Kaffeehaus zu erwirtschaften, um dann ohne Geldprobleme bis ins hohe Alter davon leben zu können.«*

Ein Zuhälter stellte mir gegenüber dazu folgende, wie mir scheint, richtige Überlegung an: *»Man braucht sich nur die Huren um 30 anzuschauen, wenn sie noch gut beisammen sind.*

Jetzt kommt der große Wechsel, jetzt werden manche vernünftig, so mit 30, 33 Jahren. Das Geld wird weniger. Was hat sie eigentlich bis jetzt gehabt? Nichts hat sie gehabt! Ich kenne nur eine, die es geschafft hat, die hat sich ein Kaffeehaus aufgebaut, die hat allerdings schon mit 25, 26 Jahren aufgehört. Sie hat keinen Zuhälter gehabt. Die Frauen, die einen Zuhälter hatten und ausgebeutet wurden, die werden oft lesbisch, die lassen keinen Mann heran. Sie suchen sich eine Freundin.«

Über die Zukunftsaussichten seiner ehemaligen Prostituierten reflektiert ein Zuhälter, der damit gleichzeitig auch einen Einblick in die früheren, klassischen Stationen einer Dirne in Wien gibt: *»In den jüngeren Jahren ist sie in der Bar gesessen. Es ist meistens so, daß die jüngeren, die nachkommen, die älteren verdrängen. Die alten Huren stehen dann in der Praterallee. Im Prinzip ist dort Endstation. Früher war die Hauptstation der 1. Bezirk, dann war der 2. beim Kaffee Alhambra und so. Dann schieben sie sie auf den Gürtel ab. Und schließlich geht sie im Prater um 50 Schilling. Heute ist das etwas anders, am Gürtel sind schon gute Frauen.«*

Daß die Karriere einer Prostituierten schließlich so endet, daß sie als alte, »abgetakelte Hur« nur mehr um wenig Geld auf den Strich geht, zeigt sich häufig. Die älteste in Wien vor ein paar Jahren registrierte Prostituierte war 85 Jahre alt. Diese Tatsache spricht dafür, daß Frauen bis ins hohe Alter die Möglichkeit haben, als Prostituierte zumindest etwas Geld zu erwerben. Sie haben daher die Chance – im Gegensatz zu Männern, die sich bettelnd als Sandler herumtreiben –, halbwegs zu überleben, ohne direkt betteln gehen zu müssen.

Die junge, attraktive Prostituierte denkt noch nicht an ein solches Ende ihrer Karriere, für sie ist es wesentlich, auf schnellem Weg – auch um eventuell ihrem Freund einen Gefallen zu tun – zu Geld zu kommen. Die Zukunft, so meint man, würde »schon« zu meistern und Geld aufzutreiben sein. Die Gegenwart ist es, die zählt, wie es auch in einem Gespräch mit einer jungen sehr hübschen Prostituierten zum Ausdruck kommt: *»Zu dem Zeitpunkt* (als der Zuhälter sie überredete, auf den Strich zu gehen, R. G.) *war ich ein Mensch, der in den Tag hineinlebte. Was heute ist, ist wichtig, was morgen ist, ist wurscht. Mein Freund sagte jedoch auch: ›Wenn du das machst,* *so mußt du anzahn, weil du willst das ja nicht ewig machen, du willst ja einmal aufhören.‹ Ich meinte zu ihm, daß ich das nur eine Zeitlang machen wolle. Gedanken, was später kommen wird, machte ich mir da noch nicht.«*

Diese Prostituierte, die mir das sagte, geht noch weiter auf den Strich, sie hofft, in einigen Jahren für sich und ihren Freund etwas Geld erspart zu haben, um aufhören zu können.

Eine etwas resignierende Einstellung zu ihrem Beruf bzw. ihren Zukunftsaussichten wird in folgenden Überlegungen einer 22 Jahre alten, in einem Bordell arbeitenden Prostituierten deutlich: *»Ich denke mehr nach über das alles. Ich denke mir oft, was das noch bringen wird. Solche Gedanken mache ich mir halt. Das ist eine eigene Welt hier. Man lebt eigentlich gar nicht richtig. Wenn ich mir denke, daß ich die schönsten Jahre hier in der Hackn verbringe.«*

Hier klingt also das Wissen mit, daß die Zukunft ungewiß sei. Auch eine eher resignierte Einstellung gegenüber der Zukunft, die nichts Gutes erwarten zu lassen scheint, wird hier manifest. Es ist daher verständlich, daß gerade die junge Prostituierte von einem Tag zum anderen lebt und sich kaum Gedanken über die Zukunft macht. Eine 30jährige Dirne sieht die Vergangenheit genau in diesem Licht: *»Ich bin erst jetzt ein anderer Mensch geworden. Vorher habe ich wie in einer Wolke gelebt. Ich habe nur eines im Kopf gehabt: fortgehen, Geld anbringen, Gewand kaufen und aus. Das war mein Leben. Jetzt bin ich schon ein bisserl anders geworden, im Laufe der Jahre. Ich denke nur, das Leben, das ich führe, muß man doch auch anders leben können. Früher habe ich von einem Tag auf den anderen gelebt. Meine einzigen Gedanken waren: was mache ich morgen und welches Gewand ziehe ich da an? Auf der einen Seite war ich früher glücklicher, auf der anderen Seite nicht. Jetzt lebe ich gesünder, ich habe mich auch privat verändert, durch einen guten Freund, ich habe kochen gelernt. Ich habe mir nie vorstellen können, daß ich einmal kochen könnte, oder daß es einmal einen Mann gibt, den man wirklich gern hat. Aber das gibt es trotzdem, auch wenn man in die Hackn geht. Einmal will ich sogar ein Kind haben.«*

Diese erfahrene Prostituierte hofft also auf eine Zukunft, die ihr ein geradezu kleinbürgerliches Leben verspricht. Überhaupt ist es das Ideal, wie wir noch sehen werden, in ein Leben überwechseln zu können, daß sich an den Wertvorstellungen des Mittelstandes ausrichtet. Dazu gehört eben die Absicht, als Serviererin arbeiten zu können oder einmal ein Kaffeehaus zu besitzen.

Jene Frauen, die Prostituierte wurden, weil sie in Geldschwierigkeiten geraten sind (wie z. B. weil sie hohe Kredite zurückzahlen müssen), meinen, als Prostituierte nach der Zeit, in der dieses Geld verdient ist, aufhören zu können. Zumindest glauben sie dies. Eine Prostituierte meinte einmal zu mir, daß es sehr schwer ist aufzuhören, da man sich bereits an diese »leichte« Form des Gelderwerbs und an einen bestimmten Standard, den man dann nicht aufgeben will, gewöhnt hat.

Ich diskutierte diese Thematik mit einer Prostituierten, die einen ziemlich hohen Kredit laufen hat und ihn zurückzahlen will. Sie erzählte: *»Ich muß meine Schulden zurückzahlen. Ich muß weitermachen, das geht nicht anders. Dann will ich aufhören. Ich ziehe dann in die Steiermark hinunter, wo meine Mutter und mein Kind sind. Dort unten kann ich nicht auf den Strich gehen, da kennen mich zu viele Leute.«*

Auch hier die feste Absicht aufzuhören. Da jedoch diese Frau mit einem Freund zusammenlebt, ist es ungewiß, ob sie tatsächlich aufhören können wird. Denn wahrscheinlich wird er versuchen, sie dazu zu bringen, weiter auf dem Strich zu bleiben. Ein Zuhälter, den ich auf eine solche Problematik hin ansprach, meinte etwas zynisch: *»Wenn das Madl einmal für mich auf den Strich gegangen ist, dann will ich nicht, daß sie sich zurückzieht. Sie hat da kaum eine Chance. Irgendwie bringt man sie wieder auf den Strich, auch wenn sie aus Wien weg ist. Man findet sie wieder.«*

Wie ich noch zeigen werde, sind solche Strategien von Zuhältern zwar üblich, jedoch nicht unbedingt die Regel, denn die Prostituierte hat sehr wohl von sich aus – zumindest heute, früher war es härter – die Chance, von ihrem Zuhälter loszukommen, wenn sie will.[*]

Grundsätzlich läßt sich festhalten, daß die Prostituierte, gerade, wenn sie einmal ein bestimmtes Alter erreicht hat, aus

---

[*] Siehe auch S. 98ff.

ihrem Beruf als Prostituierte aussteigen will. Allerdings gelingt dies selten. Eine 42 Jahre alte Prostituierte, die sich in letzter Zeit auf die Wohnungsprostitution verlegt hat, scheint jedoch ein festes Ziel zu haben und es auch zu verwirklichen. Sie erzählt: »*Ich habe einiges erspart. In zwei Jahren will ich aufhören und als Schreibkraft arbeiten, ich kenne da jemanden, der mich einstellen will.*« Auf meine Frage, daß sie dann doch weniger verdienen würde, antwortete sie: »*Mir wird eine solche Umstellung nichts ausmachen. Ich werde ja wieder arbeiten gehen. Daß ich dann weniger verdiene, macht nichts, man kann auch von weniger leben. In der Zeit, in der ich am Strich verdient habe, habe ich ganz gut verdient und mir etwas erspart. Zwei Jahre arbeite ich noch. Das gebe ich schriftlich, dann bin ich 44, da ist es dann endgültig Zeit zum Aufhören. In zwei Jahren ist das Wohnungsgeschäft ohnehin vorbei.*«

Solche oder ähnliche Vorstellungen von der Zukunft finden sich kaum im Gespräch mit Außenstehenden. Es ist jedoch fraglich, inwieweit solche Vorstellungen überhaupt ernst zu nehmen sind und ob sie nicht einfach als Rechtfertigungsstrategien für die Prostitution, die man aus finanziellen Gründen nur bis zu einem bestimmten Zeitpunkt üben will, zu werten sind.

In diesem Sinn deute ich auch die Wunschvorstellung eines Zuhälters und seiner Prostituierten, die den Beruf der Masseurin bzw. des Masseurs anstreben. Obwohl sie dies mir gegenüber einigemale betonten, konnte ich – trotz eines über einen längeren Zeitraum andauernden Kontaktes zu ihnen – nicht feststellen, daß sie auch wirklich etwas in dieser Richtung getan hätten.

Es sind also bürgerliche Berufe, die angestrebt, aber meist nicht erreicht werden. Nur selten gelingt, so scheint es, das Überwechseln in den angestrebten Beruf – bei völliger Aufgabe der Prostitution. Nur wirklich konsequente Prostituierte schaffen diesen Sprung in die andere »Welt«. So auch eine Prostituierte, die sich mit ihrem Zuhälter einen Handel aufgebaut hat und mit ihm nun verheiratet ist. Der Zuhälter erzählte: »*Die Frau war problemreich, sie war ausgebraten. Sie war nicht mehr jung und ist nur noch kurze Zeit in die Hackn gegangen. Dann hat sie den Deckel zurückgegeben und wir haben geheiratet. Wir haben uns nun ein Geschäft gekauft. Der Gewerbeschein läuft über sie. Sie ist eine sehr tüchtige Frau. Jetzt ist sie keine Hure mehr. Wir haben einen Handel mit Waren aller Art, mit Altwaren und auch mit Pornoheften.«*

In diesem Fall hat die Prostituierte einen Status erreicht, den ihre Kolleginnen kaum erreichen.

Eine wesentliche Barriere, wie oben bereits erwähnt*, besteht für viele Prostituierte in der Alkoholabhängigkeit, die sie nicht so ohne weiteres losläßt und die dafür verantwortlich ist, daß sie, wie oben eine Prostituierte bereits erzählte, zu »sandeln« beginnen und schließlich in den Kaffeehäusern und auf der Straße landen.

Ein Zuhälter sprach mit mir über seine schon etwas ältere, ca. 38 Jahre alte Prostituierte, die von Alkohol und Tabletten nicht loskommt und auch nicht loskommen will: *»Sie trinkt viel und nimmt viele Pulver. Sie ist schon ganz schwach, sie hat nur mehr 40 Kilo. Wenn sie einen Kaffee trinkt, sieht man ihn hinunterrinnen. Sie kann sich bei keinem Menschen durchsetzen, weil sie schon körperlich so schwach ist. Sie bekommt nirgends mehr eine Arbeit. Ich habe schon ein schlechtes Gewissen, weil ich sie auf den Strich gebracht habe. Sie steht nun praktisch im Dreck. Ich dachte mir: Jetzt hast du sie auf den Strich gebracht. Entweder sie geht weiter auf den Strich oder sie geht arbeiten. Die nimmt ja niemand mehr. Sie ist furchtbar unselbständig. Ich kann ihr nicht helfen. Helfen muß ihr wer anderer.«* Mir scheint, daß ein Schicksal in dieser Richtung eher dem Endstadium der Prostituierten entspricht.

Ein Zuhälter, mit dem ich über diese Problematik sprach und von dem ich den Eindruck hatte, er wolle mir ein allzu idyllisches Bild von der Prostitution schildern, erzählte: *»Ich kenne 20 bis 30 Männer, die ihre Frau in der Hackn drinnen haben, nicht auf Druck. Die sind freiwillig gegangen. Die haben dann 5–8 Jahre am Strich gearbeitet und das Geld, das sie verdient haben, haben sie einstweilen auf die Bank gelegt. Die sind dann ehrbare Hausfrauen geworden mit Kindern und allem.«*

Das hier ausgemalte bürgerliche Bild vom Leben als Hausfrau mit Kindern ist wohl eine Seltenheit, in den meisten Fällen

---

*) Siehe S. 52ff.

jedoch dürfte das oben geschilderte Endstadium des Prostituiertenlebens charakteristisch sein.

Eine interessante Schilderung über eine ca. 70 Jahre alte Frau, die Großmutter ist und die noch immer auf den Strich geht – die für sie wohl erträglichste Einnahmequelle –, erhielt ich von einer jüngeren Prostituierten, die diese Frau bei der wöchentlichen Gesundheitskontrolle regelmäßig trifft und mit ihr spricht: »*Mit mir ist eine auf Visite, die ist 74 Jahre alt. Weiße Haare, sehr gepflegt, sogar irrsinnig gepflegt und immer adrett angezogen. Eine richtige liebe Omi. Wenn ich ein Kind wäre, würde ich mir eine Omi so vorstellen. Seit dem Kaiser Franz Josef geht sie in die Hackn. Die erzählt natürlich viel. Früher hat sie einmal einen Zuhälter gehabt, jetzt geht sie alleine. Wenn man Schwierigkeiten hatte, konnte man zu ihr gehen. Sie hat oft von der alten Zeit erzählt, wie es früher war, unter Hitler usw. Ein lieber Kerl ist sie. Man hätte ihr nie zugetraut, daß sie eine Hur ist. Sie hat sogar Enkeln.*« Auch von einer anderen älteren, noch aktiven Prostituierten weiß sie zu erzählen: »*Da ist eine am Freitag auf Visite, die ist jetzt 50 Jahre alt geworden. Wenn du sie siehst, so gibst du ihr maximal einen dreißiger. Die ist nach dem letzten Schrei angezogen. Hat rot gefärbte Haare. Sie ist immer geschminkt. Sie ist zwar schon etwas molliger, aber doch dezent. Sie ist verrückt angezogen, aber es paßt ihr. Durch Zufall bin ich mit ihr ins Gespräch gekommen. In ihrem Auto hat ein Bub auf sie gewartet. Das war ihr Enkerl. Sagt sie zu mir: ›Wie alt schätzen Sie mich?‹ Sage ich: ›30, 32.‹ Macht sie ein Knickserl vor mir und sagt: ›Hörst, ich bin jetzt 50 geworden.‹*«

Diese beiden Schilderungen bestätigen die These, daß es schwierig ist, mit der Prostitution aufzuhören. Schließlich ist es für eine Prostituierte so gut wie unmöglich, eine Stelle zu finden, in der sie annähernd wie früher verdient.

Allerdings bilden die beiden älteren Frauen einen Gegensatz zu jenen Prostituierten, die am Ende ihrer Laufbahn »versandeln« und zu Alkoholikerinnen werden.

2. KAPITEL

DER ZUHÄLTER*

Die nun anzustellenden Überlegungen und Beschreibungen der Lebenswelt dieser Männer beabsichtigen, folgende Fragen zu beantworten: Aus welchem sozialen Milieu kommt der Zuhälter bzw. was sind seine Motive und welche Funktion hat er?

Der wohl vorrangigste und augenfälligste Grund, Zuhälter zu werden, ist – genauso wie bei der Prostituierten –, leicht und schnell Geld zu erwerben. Daneben sind persönliche und intime Bindungen dafür verantwortlich, daß ein Mann auf Wunsch einer Frau, wie zu sehen sein wird, zum Zuhälter wird.

Karriere und Motive

Um Zuhälter zu werden, bedarf es Kontakte in ein bestimmtes Milieu. Nur so kann eine Prostituierte problemlos auf den Strich geschickt und auch das dafür notwendige Alltagswissen erworben werden. Ein Außenstehender, der mit Prostituierten (vor allem mit Straßenprostituierten) sein Geld verdienen will, wird mit Barrieren und Anfeindungen rechnen müssen.

Ich sprach in dieser Richtung mit Zuhältern. Ich wollte wissen, ob es schwierig sei, z. B. für mich, also für jemanden, der aus einer vollkommen anderen sozialen Schicht kommt, als Zuhälter sein Geld zu verdienen. Eine typische Antwort war: *»Nein, es kann nicht jeder Zuhälter werden. Da steht z. B. am Strich 100 m von deiner Hur unten eine und die*

---

*) Nach der Strafgesetznovelle 1984 zum Österreichischen Strafgesetz ist ein Zuhälter, »wer mit dem Vorsatz aus der gewerbsmäßigen Unzucht einer anderen Person eine fortlaufende Einnahme sich verschafft und diese Person ausnützt«. Vor dieser Novelle wurde nur dann jemand als Zuhälter definiert, wenn er eine Prostituierte ausbeutet. Mit der Änderung des Gesetzes wollte man offensichtlich erreichen, die Zuhälter besser in den Griff zu bekommen.

regt sich auf: die haut mir das ganze Geschäft zusammen. Dann gibt es ernste Probleme. Du mußt andere Zuhälter kennen, mußt bekannt sein usw., dann kannst du eine auf den Strich schikken.« Diese Feststellung bezieht sich zwar vorrangig auf den Straßenstrich, der ja noch immer der bedeutendere ist. Aber auch am Wohnungsstrich dürfte es für den Neuling nicht einfach sein.

Die meisten Zuhälter, mit denen ich sprach, haben durch das Milieu, in das sie hineinwuchsen – dazu gehören das Heim, die Gefängnisse und die diversen Lokale –, jene Einstellung und jene Kenntnisse erhalten, welche ihnen ein Leben als Zuhälter als erstrebenswert erscheinen ließen. Allerdings sind es nicht nur die Kontakte zu Freunden, die dies bewirken, sondern auch zu Prostituierten, die in einem solchen spezifischen Milieu nach einem Zuhälter bzw. Freund suchen.

Ich unterhielt mich mit Zuhältern, was nicht immer einfach war, über ihre Karriere und ihre Zugänge in diese Welt der Prostitution.

Ein 1940 geborener Zuhälter mit langjähriger Gefängniserfahrung erklärte sich bereit, mir sein Leben zu erzählen. Dieser Mann ist beinahe am ganzen Körper – sogar am Penis mit einem Blitz – tätowiert. Ich traf mich mit ihm in einem kleinen Wiener Gasthaus, in dem er mir sein buntes Leben schilderte: *»Ich bin 1940 geboren und war insgesamt 18 Jahre im Häfen. Angefangen hat es mit kleinen Reibereien, mit Einbrüchen. Ich bin geborener Wiener und habe eine Arsch-Jugend gehabt. Mein Vater war in Gefangenschaft und meine Mutter irr, sie war dauernd in Heilanstalten. Ich habe keine Geschwister. Ich war in keinem Heim, bin aber als Bub in eine Clique hineingekommen. Und plötzlich war ich in diesem Milieu. Im Häfenmilieu. Ich wohnte am Gürtel und habe daher alle Dirnen dort kennengelernt.*

Damals dachte ich mir, so als Zuhälter lebt man nicht schlecht, man braucht nichts zu arbeiten. Ich war da 20, 21 Jahre alt. Meine Freunde haben mich animiert dazu. Ich habe mir gedacht, das ist nicht schlecht. Die Strizzi da herum führen ein gutes Leben. Warum soll ich nicht auch ein solches führen, dachte ich mir. Statt zu arbeiten! Meine Freunde waren damals fast alle

Zuhälter. Durch die habe ich viel gelernt. Ich glaube, ich bin ein auffassungsfähiger Mensch, ein halbwegs intelligenter Bursche. Ich dachte mir also: es wäre doch nicht schlecht, wenn das die anderen können, warum nicht ich auch?« Ich unterbrach und fragte: »Wie geht es nun praktisch vor sich, Zuhälter zu werden?« Der Zuhälter: *»Ich kannte z. B. ein Madl am Gürtel, von der erfuhr ich viel. In den diversen Lokalen erfährt man, wann ein Madl frei ist, wann also eine zum Einziehen ist usw.«*

Es ist also das spezifische soziale Milieu der Straßen und der Kaffeehäuser, die diesen Mann mit der Überlegung konfrontierten, daß man als Zuhälter »nicht schlecht« leben könne. Das Vorbild seiner Freunde, die schon eine Zeit in dieser Weise lebten, war dabei wohl für seinen Entschluß, in dieses Geschäft einzusteigen, bestimmend. In ähnlicher Weise erzählten mir auch andere Zuhälter von ihren Zugängen in diese Welt. Ein heute ausgedienter, über 50 Jahre alter Zuhälter schilderte: *»Oft ist es ein Zufall, daß man zur Zuhälterei kommt. Ich kannte schon viele Zuhälter und wußte, was los ist bei diesem Geschäft. Früher hat es viele Kaffeehäuser mit Tanz gegeben, in denen hat man sich vergnügt... Auch ich bin oft tanzen gegangen. Der Karl hat sie eigentlich kennengelernt. Er hat zu mir gesagt: ›Herst, die Liesl interessiert sich für dich, die will mit dir gehen.‹ Warum nicht? dachte ich mir, ich bin frank und frei. Ich habe gar nichts dazugetan. Nur die Jugend habe ich gehabt. Die ist mit mir 8 Monate gegangen, bis ihr Freund aus dem Gefängnis wieder draußen war. In dieser Zeit ist sie für mich auf den Strich gegangen. Und so habe ich einen Einblick in das Geschäft bekommen. Ich dachte mir, ich mache es auf meine Art und habe Frankistinnen – ich war damals ein fescher Bursche –, also Frauen, die keinen Deckel hatten, am Strich eingeführt. In der Kärntnerstraße, in der Rotenturmstraße. Dort war ein Durchgang, da hat es ruhig regnen können, bei den Kammerspielen. Ich habe gesagt: ›Jetzt sind die Kammerspiele aus, jetzt ist es interessant.‹ Ich habe meine Zeiteinteilung gehabt. Z. B. um 2, 3 Uhr früh habe ich sie auf den Naschmarkt geführt, denn da habe ich gewußt, da kommen die G'scherten. Ich habe nie einen richtigen Standplatz gehabt. Ich habe nur immer eine Hur gehabt, solange bis sie nicht mehr gekommen ist. Die sind alle mit einem Haberer verschwunden. Wahrscheinlich mit dem, mit dem sie*

weggefahren sind. Der hat ihr wahrscheinlich etwas verspro-
chen.«

Auch in dieser Schilderung sind es bestimmte Kontakte und
eben ein tradiertes Wissen, welches dem angehenden Zuhälter
helfen. Zu diesem Wissen zählt z. B. die Kenntnis, daß an über-
lieferten Straßen und Plätzen Prostituierte, die eben erst in dieses Geschäft eingestiegen sind, zu Kunden kommen können.

Mit einem Zuhälter, er ist heute 44 Jahre alt, sprach ich in
einem kleinen Nachtkaffeehaus, in welchem gewöhnlich nur
Zuhälter und Prostituierte verkehren. Durch meinen Gewährs-
mann hatte ich ihn kennengelernt und auf dessen Bitte hin
erhielt ich folgendes Interview: »*Ich habe vier Klassen Volks-
und vier Klassen Hauptschule. Mein Elternhaus war nicht
besonders. Mein Vater war Bauschlosser, hat aber 24 Jahre
Häfen hinter sich, wegen Einbruch, Gewalt, Diebstahl usw. Also
bunt gemischt, die ganze Palette. Er ist schon gestorben. Die
Mutter lebt noch, sie ist aber total frank. Sie hat von nichts eine
Ahnung. Sie weiß schon von meiner Tätigkeit als Zuhälter und
sie hat auch nichts dagegen. Sie macht mir keine Schwierigkeiten. Sie geht brav arbeiten. Sie ist Klosettfrau. Sie war 24 Jahre
lang Hausmeisterin. Als Klosettfrau arbeitet sie schon seit 5 Jahren. Ich habe Bau- und Kunstschlosserei gelernt, wie mein Vater.
Nach der Lehre war ich beim Bundesheer. Vorher war ich eine
Zeit in Heimen. Beim Bundesheer habe ich mich solange furchtbar aufgeführt, bis sie mich wegen Heeresunwürdigkeit hinausge-
haut haben, das war schon nach 6 Wochen. Ich habe noch eine
Schwester, das ist eine Tschecherantin, die ist auch eine Zeit auf
den Strich gegangen. Mit ca. 21 Jahren bin ich zum Zuhälter
geworden. Das hat sich blöd ergeben. In einem Kaffeehaus, das
war mein Stammlokal, habe ich eine kennengelernt, eine Tschechin, die war verheiratet. Und die hat sich in mich verliebt. Das
Geld hat mir hinten und vorne gefehlt. Gearbeitet habe ich
damals nichts. Die Frau war um 14 Jahre älter als ich. Ich habe
von ihr gelebt. Sie hat daheim alles verkauft und ihre Kinder ver-
nachlässigt. Dann hat sich ihr Alter scheiden lassen. Und nun ist
sie für mich auf den Strich gegangen, ohne daß ich etwas dazu
getan hätte. Dann war es für mich leicht, wieder andere Madln
kennenzulernen. Wenn man einmal eine am Strich hat, ist es*

nicht schwer, zu anderen zu kommen. Nach ihr bin ich dann zu anderen gekommen.

In der Erzählung wird deutlich, daß dieser Zuhälter, ebenso wie die vorigen, keine Absicht zeigt, zu arbeiten, obwohl er eine Lehre hinter sich hat. Daß die »Tschechin« ihn aushielt, ist auf seine sehr charmante Art und sein attraktives Äußeres zurückzuführen. Er ist der Typus von Mann, der auf Frauen anziehend zu wirken scheint. Und er weiß das, er weiß aber auch, daß man als Zuhälter ganz gut leben kann. Seine soziale Umwelt, seine durch das Heim, die Gefängnisse und die Lokale bestimmten Erfahrungsebenen sind also für seinen Entschluß als maßgeblich anzusehen, daß er Zuhälter geworden ist und bleibt.

Eine interessante Karriere hat ein ca. 39 Jahre alter Zuhälter hinter sich, der mir erzählte: »*Ich bin zu dem Geschäft gekommen, weil ich mir damals wie ich 17 Jahre alt war dachte, jetzt bin ich ein richtig armer Hund und kannst nichts machen, für einen Beruf ist es schon zu spät. Man muß sich die damaligen Verhältnisse vorstellen. Ich bin ein Jahr vor der Matura aus der Schule geflogen. Eltern hatte ich ja keine, die für mich sorgen hätten können. Wer nimmt einen da? Keine Versicherung, keine Bank. Und damals habe ich ein Madl kennengelernt namens Susi, die war eine Dirne und die ist auf mich gestanden. Ich habe damals versucht, als Schriftsetzer zu arbeiten. Das ist kein Scherz: immer wenn ich arbeiten gehen wollte, hat sie die Tür zugesperrt und hat gesagt, meinen Alten kann ich selber erhalten. Die war viel älter als ich, ich war sehr in sie verliebt. Also ich war selber nie ein Arbeiter, das muß ich dazu sagen. Sie hat mir zu arbeiten verboten. Für das Prestige einer Dirne ist es nicht förderlich, wenn ihr Alter arbeitet. Zunächst habe ich die Zuhälterei aus persönlichen Gründen abgelehnt. Wie ich aber gesehen habe, daß man auf die Hackn nur Schmalz erhält und daß die Zuhälterei der einzig halblegale Weg ist, bei dem man kein Schmalz kriegt, habe ich dann nach vielen Abenteuern und langjährigen Häfenerfahrungen gedacht, die Zuhälterei ist das einzige, bei dem man in die Höhe kommen kann und einem gesetzlich nichts passieren kann, wenn man es gescheit macht. Das ist der Grund, warum ich auf die Zuhälterei geplant habe. Ich verdiene heute mehr als jeder Politiker.*« Auf meine Bitte hin erzählt der Zuhälter von seiner Jugend. Er hat zwar einige Klassen Gymnasium hinter sich, er kommt jedoch schon früh mit der Welt der Zuhälter in Berührung. Seine Pflegeeltern, bei denen er aufwächst und die sich auch nicht allzu viel um den Burschen gekümmert haben dürften, sind für ihn keine Bezugspersonen. Er schildert: »*Ich war vor Jahren reiner Nachwuchs. Aufgehalten habe ich mich damals oft im Café Titania. Dort ist immer gegen Ende der 50er Jahre ein berühmter Zuhälter gesessen, der A. S., der war mit dicken Ringen und Schmuck angehängt. Das hat mir sehr imponiert. Der hat gezeigt, daß er sich etwas leisten kann.*«

Obwohl er, wie er oben meinte, zunächst nicht die Absicht hatte, Zuhälter zu werden, fühlte er sich von diesen Leuten geradezu magisch angezogen, besonders der Umstand, daß die Zuhälter über viel Geld verfügten, wirkte auf ihn immens ein und bestimmte schließlich seine weitere Karriere.

Für seine Karriere, ebenso wie die des vorher zitierten Zuhälters, ist also wesentlich auch das Interesse der Frau, auf den Strich zu gehen, bestimmend. Auch von anderen Zuhältern wurde mir erzählt, daß sich ihnen Prostituierte angetragen hätten. Ein ehemaliger Kellner in einem bekannten Zuhälterlokal meinte: »*Ich war ungefähr 7 Jahre lang Zuhälter. Drei Frauen sind insgesamt für mich auf den Strich gegangen, die haben sich einfach angetragen. Ich war Kellner und da bin ich mit ihnen in Kontakt gekommen. Als Kellner habe ich einige Huren zu betreuen gehabt.*« Wir werden unten noch sehen, daß Prostituierte mitunter nach einem Zuhälter suchen, um entsprechenden Schutz, aber auch Prestige zu haben. Dieser Kellner dürfte von seiner Funktion und seinen Kontakten her den Vorstellungen einiger Prostituierten entsprochen haben. Es ist eine ganz spezifische Sphäre, in der so etwas überhaupt möglich ist.

Ähnlich ist es einem Musiker, der in einem Nachtlokal in Ottakring singt, ergangen. Auch er wurde zum zunächst unfreiwilligen Zuhälter: »*Ein Freund von mir hat mit seiner Freundin Schluß gemacht, die hat nun keine Wohnung gehabt, sie hat mir leid getan, ich habe sie von der Gasse aufgeklaubt. Ich habe damals eine Wohnung für mich alleine gehabt und ich habe zu ihr gesagt: ›Du wohnst nun bei mir, wenn du willst.‹ Sie war 45 Jahre alt, sie hat ihren Deckel bereits vor drei Jahren zurückgelegt*

gehabt, sie ist jedoch schwarz weitergegangen. Daß sie noch Prostituierte war, habe ich nicht gewußt, ich habe es vermutet. Sie hat
gesagt: ›Gut, ich wohne bei dir. Ich zahle den Zins.‹ Ich habe
darauf gesagt: ›Ich habe meine Musik und verdiene da gut, ich
brauche das nicht.‹ Nach drei Wochen kam ich drauf, daß sie erst
um 4 h früh nach Hause gekommen ist. Sie hat mir 3 oder 400 S
hingelegt und Zigaretten. Ich habe sie gefragt: ›Von wo hast du
das?‹ Jetzt sagt sie: ›Na, weißt, die Sache ist die, ich bin 30 Jahre
lang in die Hackn gegangen. Ich habe jetzt den Deckel zurückgelegt, aber es ist praktisch unmöglich, eine andere Arbeit zu finden.‹ Und da ist sie eben auf den Strich gegangen und ich bin ihr
Zuhälter geworden, der sie beschützt hat.«

Der Weg zum Zuhälter ist also auch hier darin angelegt, daß
dieser Mann in einem Lokal mit einer charakteristischen Kultur auftrat und er die für seine spätere Karriere wesentlichen
Kontakte hatte, zumindest die zu dem ehemaligen Freund und
Zuhälter seiner jetzigen Prostituierten.

Aus einem eher bürgerlichen Milieu kommt ein intelligenter,
ca. 28 Jahre alter Zuhälter: »Ich bin früher immer arbeiten
gegangen, ich war Lokführer bei der Bundesbahn. Ich bin
gelernter Elektriker. Volle acht Jahre war ich bei der Eisenbahn.
Das ist aber der ärgste Scheißberuf, den es überhaupt gibt.
Gefährlicher als Zuhälter. Ich war schon heiß auf diesen Beruf.
Ich hatte mir das ganz anders vorgestellt, als es wirklich ist. Ich
habe mich immer schon durchsetzen können, ich war Klassen-
sprecher, Schulsprecher in der Berufsschule. Ich habe mich
immer durchgesetzt, von Anfang an. Jeden Tag bin ich trainieren
gegangen, 3–4 Stunden Karate. Ich war eigentlich immer ein
Schläger... Mit 6, 7 Leuten, die um 3 Köpfe größer waren als
ich, habe ich gerauft. Ich war bald bekannt. Ich bin im 15. Bezirk
aufgewachsen. Alle die Pülcher haben mich gekannt. Sie haben
mich quasi aufgebaut. Die haben gesagt: ›Du, paß auf, das
machst du so und so und wenn was ist und wenn du uns brauchst,
kommst zu uns.‹ Die haben mir also immer geholfen. Das wissen die anderen auch. Einmal habe ich wegen einer Hur, die
mich zu ihrem Freund und Zuhälter haben wollte, Schwierigkeiten gehabt mit einer ganzen Unterweltpartie, mit sehr gefährlichen Leuten. Die haben mich gesucht. Ich habe mir einen Puffer
besorgt und habe gesagt: ›Mir ist das wurscht, ich lasse mich

nicht hineinlegen. Wenn sie es wollen, sollen sie den Krieg haben.‹ Das hat dann ihr Ex-Freund erfahren und der hat zu mir gesagt, daß er irgendwie froh ist, daß sie mit mir zusammen ist, weil er weiß, da gibt es keine Querbratereien von anderen und es ist alles in geregelten Bahnen. Damit war ich akzeptiert und ebenbürtig. Ich habe mich gewehrt, dem eine Ablöse für seine Hur zu zahlen.« Diese Erzählung gibt einen guten Einblick in ein Milieu, welches z. T. mit Gewalt verbunden ist, und in dem beinharte Geschäftsinteressen auf dem Spiel stehen.

Diese Erzählung weist auch daraufhin, daß in solchen jugendlichen Bandenkulturen männliche Rituale und Gewalt-symbole eine große Rolle spielen, aber ebenso darauf, daß die Frau als Prostituierte eher zum Gegenstand des Geschäftes wird.

Zum Zuhälter wurde aufgrund seiner besonderen Herkunft und seines Gefängnisaufenthaltes ein ca. 35 Jahre alter Mann, der mir erzählte, er wäre ein »Jenischer«, d. h. er würde von Zigeunern abstammen. Mir fiel überhaupt auf, daß unter Zuhältern eine Reihe von »Jenischen« zu finden sind. Diese »Jenischen« sind freilich keine Zigeuner in dem Sinn, daß sie außerhalb der allgemeinen Gesellschaft leben, sondern sie sind sehr wohl integriert, aber irgendwie dürften – Genaueres ist nicht zu erfahren – zwischen »Jenischen« tradierte soziale Beziehungen bestehen, die sich schließlich auch darin auswir-ken, daß man versucht, sich am Geschäft der Prostitution zu beteiligen.

Dieser »Jenische« erzählte mir: *»Zur Zuhälterei bin ich gekommen aus einem sehr einfachen Grund. Als ich aus dem Gefängnis gekommen bin, habe ich nichts gehabt, keine Woh-nung und nichts. Die Wohnung, die ich vorher hatte, habe ich verloren, weil ich keinen Zins zahlen konnte.*

Ich bin wegen eines halben Raubes und wegen einer halben Jugendblödheit 5 Jahre in Stein gewesen. Ich bin also herausge-kommen und habe alles verloren gehabt. Mit den Eltern war ich zerstritten, mein Vater war Maria-Theresienkonzessionsbesitzer und Pferdehändler, in Wien und Niederösterreich. Er hat auch mit Rennpferden gehandelt. Auf mich war er böse, weil ich nicht das machte, was er wollte. Mit 6 Jahren bin ich schon allein mit Pferden gefahren, im Waldviertel, von wo ich komme. Ich bin also entlassen worden und bin zum Westbahnhof gefahren, wo ich in der Bahnhofsmission geschlafen habe. In der Restauration am Westbahnhof habe ich ein Madl kennengelernt. Am Westbahnhof steht alles herum, Sandler, Haftentlassene, halbe Dirnen. Dort habe ich sie kennengelernt. Da ich sie nicht zu Bahnhofsmission mitnehmen konnte, sind wir beide auf der Straße gestanden. Nach vier Tagen, an denen wir uns herumgetrieben haben – ein bisserl Geld hatte ich ja –, habe ich gesagt, es geht nicht so weiter. Wir müssen Geld auftreiben.

Darauf hat sie von sich aus gesagt, daß sie schon einmal am Strich war. ›Und wenn du willst, mache ich weiter, damit wir uns endlich derfangen.‹ Daraufhin ist sie am Gürtel auf den Strich gegangen. Die Leute, Zuhälter und Dirnen, dort habe ich alle gekannt. Geschlafen haben wir dann im Hotel. Im Schnitt hat sie damals, 1969, 800 bis 900 Schilling am Tag verdient. Das war damals viel Geld. Sie war ein lieber Kerl. Im Hotel haben wir damals für den Monat 2700 Schilling bezahlt. Wir hatten sogar Fernsehen im Hotel. Wir haben ein halbwegs angenehmes Leben geführt. Zwei Monate wohnten wir so. Von dem Geld, das sie verdient hat, haben wir uns etwas für eine Wohnung erspart. Die Wohnung haben wir uns ganz gut hergerichtet, so wie wir es wollten. Das Geld hat uns damals keine Rolle gespielt. Das Madl, das für mich auf den Strich gegangen ist, war vorher Schneiderin, eine gelernte Weißnäherin. Sie war in keinem Heim. Sie hatte eine Tochter und war verheiratet. Ihr Mann hat sie jedoch verlassen und die Tochter ist bei ihren Eltern. Sie war damals sehr unglücklich und in einer Notlage, da ist sie das erstemal auf den Strich gegangen, ohne Zuhälter. Ich war auch verheiratet und habe auch eine Tochter. Meine Frau hat mich betrogen, sie ist eine Kanaille. Meine Tochter ist nun in einem Heim.«

Diese Schilderung gibt einen guten Hinweis auf die hier diskutierte soziale Umwelt, die Möglichkeiten des Überlebens anbietet. Und eine Möglichkeit ist die Prostitution bzw. Zuhälterei.

Jede Kultur bzw. Subkultur hat ihre spezifischen Wissensbestände und Handlungsformen, die mitunter von den anderen Kulturschichten verschieden bewertet werden. Während der Schritt in die Prostitution von dem Zuhälter und auch seiner Prostituierten als durchaus akzeptable Chance der Existenzbewältigung gesehen wird, können sie nicht damit rechnen, von höheren sozialen Schichten in diesem Entschluß bestätigt zu werden. Auch für einen anderen »Jenischen«, den ich kennenlernen konnte, war der Zugang in die Prostitution ein wichtiger Schritt, um gut und angenehm zu leben. Sein Schicksal ist bewegt, er erzählte: »*Ich bin 1952 geboren. Ich wurde später zu Pflegeeltern gegeben. Diese hatten gleich mehrere Kinder aus verschiedenen Familien, wahrscheinlich war das wegen der Kinderbeihilfe ein Geschäft für sie. Nach den Schulen bin ich in das Lehrlingsheim der Stadt Wien im 2. Bezirk gekommen. Weil ich mich ziemlich wild aufgeführt habe, wurde ich in das Erziehungsheim in Eggenburg gesteckt. Das Leben dort war arg und die Erzieher brutal. Als ich hörte, daß ich auf der Liste der Burschen stand, die nach Eggenburg verschickt werden sollten, habe ich einen der Erzieher im Lehrlingsheim verprügelt. Bis zum Alter von 17 Jahren war ich dann in Eggenburg. Zu Frauen habe ich immer einen guten Kontakt gehabt. Ich kenne mich bei Frauen aus. Meinen ersten Geschlechtsverkehr hatte ich mit 13 Jahren, ich war da bei einem Gruppensex dabei. Mit 15 hatte ich eine feste Freundin, Rita hieß sie. Ihr Name ist auf meinem Handgelenk tätowiert. Ich wollte mit ihr eine ganz normale Familie gründen. Sie wurde von mir schwanger. Das Kind wurde dann zur Adoption freigegeben. Das war der Wunsch auch der Fürsorgerin, die nicht wollte, daß das Kind bei uns blieb. Ich weiß genau, wo der Bub ist, bei einer reichen Witwe in der Steiermark. Er war das hübscheste Kind in der Krippe. Heute ist er sehr verwöhnt. Als er auf die Welt kam, war ich ca. 18 Jahre alt. Mein Pflegevater war bisexuell, er hat es auch mit den Pflegekindern gehalten. Diesen Mann verachte ich, ich grüße ihn nicht einmal. In der Schule war ich nicht schlecht. Lange Zeit war ich mit einer Krankenschwester beisammen, die bei denselben Pflegeeltern wie ich war. Sie hat mir viel geholfen, aber vor ihren Bekannten hat sich mich in den Dreck gezogen. Ich war für sie der miese Zuhälter. Sie hat mich nur wegen der Sexualität gebraucht, denn sie war sexuell ziemlich bestimmt. Sie hatte Pech mit anderen Männern, die ihr nicht das gaben, was sie wollte.*

Damals war ich sehr depressiv. Ich habe drei Selbstmordversuche hinter mir, was mich für einige Zeit in die Psychiatrie brachte.

*Wegen einiger Raufereien und Messerstechereien bin ich unge-
fähr vier Jahre in Stein gesessen.*

*Durch einen Pflegebruder von mir habe ich G. kennengelernt,
mit der ich jetzt beisammen bin. Sie geht auf den Strich. Wir verstehen uns sehr gut, es gibt keinen Streit. Ich bin froh, daß sie so
ist.«*

Ein junger, 21 Jahre alter Zuhälter, den ich in einem Kaffeehaus kennenlernte, welches als Treffpunkt von Prostituierten
und Zuhältern angesehen wird, gab mir eine interessante Darstellung seiner Karriere als Zuhälter. In dieser Darstellung
wird auch deutlich, daß es eine charakteristische Subkultur der
Prostitution ist, die ihn zum Zuhälter werden läßt: »*Ich bin
jetzt 21 Jahre alt und bin gelernter Installateur, ich habe aber
nicht ausgelernt. Mein Vater war Hilfsarbeiter und dauernd
besoffen. Meine Eltern haben sich scheiden lassen. Ich habe
auch Geschwister. Ab meinen 6. Lebensjahr war ich in einem
Heim. Ich habe einige Vorstrafen. Angefangen hat es damit, als
ich 16 war. Wir waren eine ganze Bande. Wir gingen einbrechen,
hatten Schlägereien, lauter b'soffene Geschichten. Ich habe sogar
einmal eine Bewährungshelferin gehabt, die war aber nur um
zwei Jahre älter als ich, was will mir die helfen? Die hat selbst
keine Ahnung von dem Ganzen. Es gibt aber auch gute Bewäh-
rungshelfer. Wegen eines Einbruchdiebstahls bin ich bis vor 7
Monaten gesessen. Meine Freundin, die ich jetzt habe, die habe
ich schon vorher kennengelernt gehabt. Sie ist älter als ich, sie ist
24 Jahre alt.*

*Sie geht schon seit 10 Jahren auf den Strich. Ich bin froh, daß
sie während der Haft auf mich gehalten hat. Sie kommt auch aus
einem Heim, wie die meisten anderen Huren.«* Die Laufbahn
dieses Mannes als Zuhälter ist in einer Bandenkultur angelegt,
über welche er zu Prostituierten den ersten Kontakt erhält und
wo ihm klar gemacht wird, daß der Weg als Zuhälter noch
immer der unproblematischste ist, besonders für ihn, der nach
seinen Vorstrafen kaum eine Chance hat, einen adäquaten
Arbeitsplatz zu finden.

Daß nicht unbedingt das Hineingeborenwerden in eine solche Subkultur, in der das Wissen, das ein Zuhälter braucht,
weitergegeben wird, notwendig ist, zeigt das Beispiel eines
Computerfachmannes, der zum Zuhälter wurde. Mir erschien

es, als ich von diesem »bürgerlichen« Zuhälter erfuhr, etwas unklar, warum es ihm ohne Probleme gelungen ist, seine Mädchen auf den Straßenstrich zu bringen. Ich fragte daher eine Prostituierte, die diesen Mann kannte, warum ihm dies möglich war und warum die eingesessenen Zuhälter nichts gegen ihn unternommen hätten. Die Frau meinte: »*Dieser Computertechniker ist einer der besten Strizzis, die ich kenne. Er hat Geld gebraucht. Seine Madln, er soll 6 oder 7 am Strich haben, haben ein gutes Leben bei ihm. Ohne jemanden zu kennen, geht am Strich nichts. Der Bursche verkehrte in den diversen Lokalen und hat da die entsprechenden Leute kennengelernt. Ohne solche Kontakte geht nichts.*«

Diese Überlegung einer Prostituierten zeigt gut auf, was in den anderen gebrachten Gesprächspassagen auch angedeutet wurde, nämlich daß soziale Kontakte in diese charakteristische Subkultur bestehen müssen, um überhaupt als Zuhälter entsprechend leben zu können. Ein alter Zuhälter charakterisierte mir gegenüber den sozialen Hintergrund von Zuhältern in diesem Sinn: »*Die Zuhälter kommen zwar aus allen Schichten, die meisten aber aus dem Arbeitermilieu. Man kommt in einen Freundeskreis hinein und sieht, daß die anderen etwas haben und man selbst nichts. Im Häfen lernt man wieder welche kennen, die Zuhälter sind. Von denen erfährt man, was man machen muß, um einer zu werden usw. Man wächst also hinein in diesen Kreis der Zuhälter.*«

Die Zukunft des Zuhälters – der Zuhälter im Alter

Es sind noch einige Gedanken zur Frage anzustellen: wie schafft es der Zuhälter – wenn überhaupt – auszusteigen, bzw. gelingt ihm das Überwechseln in das »bürgerliche« Leben?

Für mich waren bei der Behandlung dieser Thematik folgende Detailfragen interessant: wie sehen die Zuhälter selbst ihre Zukunftschancen und die ihrer Kollegen, und was wissen sie über das Ende von Karrieren anderer Zuhälter?

Ich sprach daher mit einem ausgedienten, ca. 53 Jahre alten Zuhälter. Als ich auf die Frage kam, wie der Zuhälter überlebt, wenn er keine Frau mehr hat, die für ihn auf den Strich geht, war ihm dies zunächst unangenehm, denn er ist heute in der unglücklichen Lage, kaum über Geld zu verfügen, er ist aber stolz darauf, früher gut verdient zu haben. Er gab mir schließlich eine gute Schilderung vom Niedergang seiner Kollegen, die, nachdem sie eine Zeit Zuhälter waren, von der Bildfläche verschwanden. Er meinte: *»Ich kenne viele, die Strizzis waren, doch die meisten von ihnen sind heute flach, haben kein Geld und keine Existenz.«* Ähnlich ergeht es auch meinem Interviewpartner, der zu stolz ist, jemanden um Geld anzugehen. Daß er früher als Zuhälter einiges Ansehen genossen hat, konnte ich aus seinen Erzählungen ersehen. Jedenfalls dürfte er einen »guten« Ruf als jemand gehabt haben, der sich nichts gefallen läßt und sofort zuschlägt. So soll er bei einer Rauferei in der Nähe eines Würstelstandes einem Kontrahenten, der ihn provoziert hatte, einen solchen Hieb ins Gesicht versetzt haben, daß einige von dessen Zähnen in seinem Handrücken stecken blieben. Mit solchen und ähnlichen Geschichten will er also zeigen, daß sein Ruf in der Subkultur der Prostitution gut gewesen sei, von dem er heute allerdings nichts mehr hat. Tatsächlich dürfte eine Vielzahl von Zuhältern einen solchen Weg in die Bedürftigkeit gehen.

Nur wenigen Zuhältern gelingt das Überwechseln in einen Beruf, der ihnen ein angenehmes Leben in der bürgerlichen Gesellschaft ermöglicht. Mir fiel auf, daß eine Reihe von Zuhältern es als erstrebenswert ansieht, mit dem ersparten Geld irgendein Geschäft aufzumachen, einen Friseurladen, ein kleines Kaffeehaus o. ä.

Ein ca. 24 Jahre alter Zuhälter erklärte mir einmal, als ich ihn fragte, wie er sich die Zukunft vorstelle: *»Ich möchte einmal ein Friseurgeschäft pachten, das mir gehört und in dem meine Angestellten für mich arbeiten. Ich brauche dann nur vor dem Geschäft zu stehen. Schön angezogen, damit meine Freunde sehen, wozu ich es gebracht habe.«* Es zeigt sich, daß der typische Zuhälter geneigt ist, einen Lebensstandard zu erreichen, der den anderen, vor allem den Kollegen zeigt, daß er es zu etwas »gebracht hat«. Als ich einem ehemaligen Zuhälter empfahl zu arbeiten, weil er wieder einmal kein Geld hatte, meinte er, er würde nur Arbeiten angeboten bekommen, die ihm kein Prestige einbringen, z. B. als »Kreisbogeningenieur«, d. h. als

Straßenkehrer. Seine früheren Freunde würden ihn deswegen auslachen.

Für den Zuhälter ist es demnach ein ernstes Problem, was er in der Zeit nach dem Ende seiner Karriere tun kann. Nur wenige schaffen es, eine Tätigkeit zu finden, die ihnen ein gutes Einkommen bringt. Von einem Zuhälter weiß ich – er war in Heimen und einige Jahre im Gefängnis –, daß er sich eine Existenz als Barbesitzer aufbauen konnte. Allerdings dürfte der Mann, so wie ich ihn kennenlernte, ein Finanzgenie sein. (Mir erklärte er, obwohl er mich schätze, wäre er an keinem Interview über sein Leben als Zuhälter interessiert. Ich könne alles wissen von ihm, nur nichts über diese Seite seines Lebens.)

Ein ehemaliger Zuhälter, der zu den wenigen gehört, die dieses erhoffte Überwechseln geschafft haben, führte aus: »*Ich will nichts idealisieren. In meiner Jugend zwischen dem 20. und 28. Lebensjahr bin ich fast nur gesessen. Seit 10 Jahren bin ich straffrei. Mit dem Geld, das ich mir als Zuhälter verdient habe, habe ich vier legale Geschäfte aufgemacht. Meine Gattin, die früher meine Hure war, hat den Gewerbeschein. Meine Idee war immer, Geld zu verdienen und es auch zu sparen. Denn, wenn man Geld hat, kann einem nichts passieren, man kann nicht ewig unten bleiben. Man muß sich ins Bürgerliche schmeißen.*

Verbrechertum und Bürgertum geben sich die Hand, wenn es ums Geld geht. Nun haben meine Frau und ich einen guten Handel. Bei uns kann man alles kaufen, vom Asterix-Heftl bis zur Videokassette.«

Dieser geschilderte Standard, der für einen Zuhälter sehr ermunternd klingen muß, ist jedoch die Ausnahme. Er entspricht dem Traumbild des Zuhälters, er ist jedoch nur von wenigen zu erreichen.

Die Barrieren, so ein angestrebtes Ziel des Wohlstands zu erlangen, liegen im wesentlichen darin, daß viele Zuhälter sich an der Gegenwart orientieren und mit dem schnell verdienten Geld allzu leichtfertig umgehen. Die Zukunft wird vom Zuhälter zwar als positiv interpretiert, da er meint, genügend Geld auf der Seite zu haben, wenn er einmal nicht mehr Zuhälter sein wird, doch die Wirklichkeit sieht grundsätzlich anders aus. Sie ist ungewiß und in vielen Fällen trist.

Der Zuhälter ist es, der in gewisser Weise den Strich bzw. die Prostitution überhaupt möglich macht. Er ist es, der nicht nur darauf achtet, daß der Strich funktioniert, sondern er ist für die Prostituierte so etwas wie eine Bezugsperson, die sie vor diversen Problemen schützt und mit der menschlich-intime Kontakte möglich sind. Das heißt jedoch nicht, daß die Beziehungen zwischen Prostituierter und Zuhälter immer partnerschaftliche sind, wie ich unten zeigen will, sondern daß auch Gewalt die Kommunikation bestimmt.

Es erscheint mir jedoch keineswegs richtig, die Funktion des Zuhälters bloß auf Gewalttätigkeit zu reduzieren. So viel sei vorweggenommen, denn tatsächlich ist diese Thematik außerordentlich komplex. Der Zuhälter erhält aber für die Prostituierte eine bestimmte Bedeutung. Er wird außerdem zum Prestigeobjekt. (Ich werde unten näher auf diese Thematik eingehen. Hier sei sie nur kurz skizziert.) Eine ältere, ohne Zuhälter lebende Dirne meinte dazu: »*Heute sind die jungen Mädchen darauf stolz, einen Zuhälter zu haben*« und eine andere Prostituierte stellte in Übereinstimmung dazu fest, daß der »Alte einer Hur« ihr »Aushängeschild« wäre (näher dazu unten).

Es war für mich nicht leicht, über die Funktion des Zuhälters etwas zu erfahren. In meinen Diskussionen mit einigen Zuhältern und Prostituierten wurde mir gegenüber einigemale darauf hingewiesen, daß der Zuhälter sehr häufig sich um die Dinge kümmert, die die Prostituierte braucht. Eine Frau erzählte: »*Mir hat er das Gewand, das Privat- und das Hackngewand gekauft.*«

Dem Zuhälter wird somit die Funktion bzw. Aufgabe zugerechnet, alles das zu tun, was notwendig ist, damit die Prostituierte ohne Probleme auf den Strich gehen kann. Dazu gehört nicht nur die Obsorge um die Kleidung, sondern auch um Dinge, die für die Ausübung der Prostitution unerläßlich sind, wie z. B. die Kontrollkarte oder die Vorsprache bei der Polizei. Dazu ein Zuhälter: »*Ich habe alles bügeln müssen. Meiner Alten haben Polizisten den Deckel weggenommen, dann ist sie geheim gegangen. Das war ihr auch nicht angenehm. Ich mußte mich also darum kümmern, daß sie den Deckel wieder*

bekommt. Dann mußte ich sie mit dem Auto auf den Strich brin-
gen. Oder wenn das hin war, habe ich sie mit der Tramway hinun-
tergebracht. Ich habe ihr dann gesagt: ›Jetzt gehst du da hinunter,
du hast Zeit, schön langsam.‹

Sie mußte alle zwei Tage zum Friseur gehen, damit sie ordent-
lich aussieht. Wenn ich sie in die Hackn gebracht habe, habe ich
ihr gesagt: ‚Schau, wenn du bis am Abend ungefähr 5000 S hast,
wäre es gut . . .' Das Madl war damals 19 Jahre alt und noch neu
am Strich. Ich mußte mich also um alles kümmern.«

Eine Prostituierte ergänzte: »*Die erste Zeit hat er mich in die*
Hackn geführt und hat mich von der Hackn abgeholt, er hat bei
mir geschlafen und hat mich zu den Visiten geführt und ist mit
mir auf einen Kaffee gegangen.«

Solche und ähnliche Äußerungen weisen daraufhin, daß
gerade für die junge, in der Prostitution noch wenig erfahrene
Prostituierte der erfahrene Zuhälter mit entsprechendem Wissenshintergrund eine sehr wichtige Funktion hat. Und die Prostituierte weiß auch von diesen Fähigkeiten erfahrener Zuhälter.

Eine in dieser Richtung interessante, vielleicht etwas übertrieben anmutende Darstellung seiner Aufgaben gab mir ein
etwa 28 Jahre alter Zuhälter, der nach seinen Angaben mit drei
Frauen, die alle auf den Strich gehen, zusammenwohnt und für
die er Hausmannfunktionen ausübt: »*Ich bin, sagen wir: der*
Verwalter. Ich muß auf das Geld, das sie hereinbringen, aufpas-
sen. Ich darf es nicht anbringen. Ich darf also nicht spielen gehen
oder sonst etwas, was ich früher so gemacht habe. Das Geld muß
ich auf ein Bankbüchl hauen. Nämlich das Geld, das wir für
Zins und zum Leben brauchen. Was übrig bleibt kommt auf drei
Sparbücheln, gleich aufgeteilt, d. h. im Monat kriegt eine jede
angenommen 8000 S. Das ist das Ausgedinge. Wenn sie also ein-
mal nicht mehr in die Arbeit gehen können, haben sie Geld lie-
gen, einen Batzen, mit dem können sie einmal etwas machen,
das ist ihr Geld.« Ich fragte diesen Zuhälter, da mir diese
Geschichte nicht glaubwürdig erschien und ich noch nie von
einem solchen Zuhälter gehört hatte, ob er noch andere kenne,
die es auch so machen würden. Er erwiderte darauf: »*Ich kenne*
noch fünfe, die haben mehr Weiber als ich, zehn Weiber. Die tei-
len das unter ihnen auf. Natürlich haben die eine größere Hüt-

ten, ein Etablissement oder ein Nachtlokal. Auf diese Art fahren die weg mit den Frauen.«

Die vielleicht wichtigste und geradezu klassische Aufgabe des Zuhälters liegt in der Schutzfunktion. Als ich eine Prostituierte auf diese ansprach, winkte sie ab und sagte: »Das ist ein sehr heikles Thema. Es ist schwierig darüber zu reden. Ich weiß, was ich sagen kann und was nicht.« Dagegen war für Zuhälter, mit denen ich über den Schutz der Prostituierten diskutierte, dieses Thema wichtig, denn schließlich bedeuten gerade die Schutzinteressen der Prostituierten so etwas wie eine Legitimation ihres Berufes. Auf diese Thematik des Schutzes wollte die angesprochene Prostituierte offensichtlich nur darum nicht eingehen, weil erstens die Probleme, die die Zuhälter mit den Kunden haben, oft mit Verstößen gegen das Strafgesetz in Verbindung stehen, und zweitens, weil man von seiten der Polizei meint, ein Zuhälterring würde von Prostituierten oder ihren Zuhältern sogenannte Schutzgelder verlangen (s. u.). Für den einzelnen Zuhälter ist der Schutz seiner Prostituierten eine existentielle Frage, denn von der Gewißheit ihres Schutzes bei ihrer Tätigkeit hängt in gewisser Weise auch die Höhe ihres Verdienstes ab. Eine Prostituierte, die sich auf diesen Schutz verlassen kann, kann eine ganz andere Beziehung zu den Kunden aufbauen, als eine Prostituierte, die in der dauernden Angst lebt, gegenüber Kunden nicht geschützt zu sein oder beim Straßenstrich von vorbeiziehenden Burschen angepöbelt zu werden. Diese Schutzfunktion beinhaltet aber auch die Hilfe des Zuhälters für den Fall, daß seiner Dirne am Strich von den anderen Dirnen, deren Konkurrenz sie ist, Schwierigkeiten bereitet wird. Ein ehemaliger Zuhälter erzählte mir dazu: »Damals hätte ich eine Katz nicht so mir nichts dir nichts dazu stellen können. Wenn eine mit einem gekommen ist, der als Zuhälter bekannt war, so hat sie keine Schwierigkeiten gehabt. Der hat gesagt: ›Die ist ab heute da,‹ und dann war alles o. k. Von selbst hat sie sich nicht dazustellen können. Einen Schutz hat sie gebraucht, nämlich einen bekannten Schutz, sonst wäre sie nicht hingegangen.« Schutz bedeutet hier also etwas Doppeltes: einmal den Schutz gegenüber anderen Zuhältern und Prostituierten, die an neuer Konkurrenz begreiflicherweise nicht interessiert sind, und eben den Schutz, der notwendig ist, um die Prostituierte vor Gefahren seitens des Kunden zu bewahren. Ein Zuhälter, der auf Wunsch einer Prostituierten zu diesem Geschäft kam, erzählte, wie diese Prostituierte ihn dazu brachte, seine Schutzfunktion auszuführen: »*Jetzt hat sie zu mir gesagt, ich soll mit ihr auf den Strich beim und im Schweizerpark mitgehen, denn dort seien immer ein paar Ausländer, die sich ihr gegenüber häufig Frechheiten herausnehmen und sie anstänkern. Ich soll sie also beschützen. Ich ging nun mit. Wenn es grean geworden wäre, hätte sie geschrien und ich wäre gekommen. Sie hat es im Freien gemacht. Sie war ganz fesch und hatte ihre Kunden von früher, aus der Zeit, bevor sie mit mir zusammenkam.*«

Für die Prostituierte ist es demnach wichtig, mit Schutz rechnen zu können. Und das weiß der Zuhälter auch: »*Wenn ein Madl einen Zuhälter hat, hat sie es leichter. Kommt da z. B. ein Prügel von einem Mann, will sie zu etwas zwingen und sagt: ›Hörst, jetzt bläst du mir einen, aber ohne Gummi natürlich‹, so kann der Zuhälter ihr schon helfen. Meist genügt ein Anruf. Hier und da bist du eh in Sichtweite. Das kommt darauf an.*«

Deutlich beschreibt ein Zuhälter seine Funktion: »*Ich bin auf einer Bank gesessen und habe geschaut. Die Männer sind gekommen zu ihr: was ist, gemma. Sie ist mit ihnen in die Stauden und hollodero. Sie war sich ziemlich sicher, da ja ich in der Nähe war.*«

Oder ein anderer ehemaliger Zuhälter, der einen Zuhälter, der im Gefängnis einsaß, bei dessen Prostituierter vertrat, schilderte: »*Während er im Häfen war, für 8 Monate, habe ich für ihn aufgepaßt, damit nichts passiert. Sie hat ja Geld verdienen müssen, um ihrem Alten etwas schicken zu können. Die ist gegangen beim Hotel Bauer, beim Viadukt. Ich bin in Aktion getreten, wenn einer nicht zahlen wollte, sie blöd angeredet hat oder ihr das Handtaschl aus der Hand reißen wollte. Dort war ein kleiner Park, den gibt es heute nicht mehr. In dem bin ich mit anderen Zuhältern meistens gesessen und habe aufgepaßt. Oder ich war im Kaffeehaus nebenan. Auch im Wirtshaus bin ich gesessen und habe gewartet.*«

Für Frauen, die alleine am Strich gehen, ist es meist notwendig, daß ihre Kolleginnen am Straßenstrich sich um sie kümmern. Tatsächlich besteht auch zwischen den Frauen einige

Solidarität, wenn es z. B. darum geht, problemhafte Gäste unter Kontrolle zu bekommen. Zu diesem Thema des Schutzes führte eine Prostituierte aus, wobei sie auch auf die Unterstützung durch andere Prostituierte einging: »*Es gibt auch ein Zusammenhalten zwischen uns. So kann es passieren, daß ein Gast, der sich blöd aufführt, von allen Huren am Strich Schläge bekommt. Die eine haut ihn mit dem Schirm und die andere mit dem Taschl. Aber auch Zuhälter können sich einschalten. Wenn z. B. eine Hur Schwierigkeiten hat, kommt eine zu dem Zuhälter und sagt ihm: ›Deine Alte hat Wickel‹, dann liegt der Kunde. Der ist dann kein Kunde mehr, das ist ein Wrack. Manche Kunden lassen sich an den Huren ihre Aggressionen aus, daheim trauen sie sich wahrscheinlich nichts.*«

Ich lernte durch Zufall einen hochintelligenten Zuhälter kennen, der mir einiges über seine Tätigkeit berichtete. Aus seinen Erzählungen ersah ich, daß er einer Art Zuhälterring angehören bzw. vorstehen müsse. Meine Vermutung wurde von einem anderen Zuhälter bestätigt, allerdings erfuhr ich von diesem nicht sehr viel. Nur soviel, daß es einen Zuhälterring gebe, der einen bestimmten Strich kontrolliert, die Plätze Prostituierten zuweise und Gelder einhebe. Rollkommandos würden auch schnell zur Stelle sein, wenn es zu Problemen mit Kunden käme.

Eine Zeit nachdem ich dies erfahren hatte, traf ich auf einen Zuhälter, der mir sehr bereitwillig dies Erfahrene genauer darstellte: »*Im Club sind die Zuhälter zusammengekommen und haben bald eine Clique gebildet, unter der Patronanz des E. K. Diese Clique hat den Gürtel kontrolliert bis hin zur Stadthalle. Dies war bis vor einem Jahr (1982). Dort durften sich nur die anstellen, die in Ordnung waren. Du hast zum E. gehen müssen und sagen müssen: ›Meine Alte braucht einen Platz, hast du einen?‹ Geld hat er nicht viel verlangt. Der E. hat dann gesagt: ›Hörst, willst du sie nicht dort und dort hinstellen, ich mache gerade dort einen Puff auf.‹ Da sind die Weiber auf der Straße gestanden und sind mit den Kunden ins Puff gegangen. Das war zu beiderseitigem Vorteil, für den E. und für die Huren. Dadurch war die Gegend ruhig. Der E. hat gut mitverdient.*«

Dieser Zuhälterring versuchte also, jene Funktion des einzelnen Zuhälters, die dem Schutzbedürfnis der Prostituierten entsprach, kommerziell und organisatorisch zu übernehmen, was von einigen Prostituierten und ihren Zuhältern durchaus positiv aufgenommen wurde. Allerdings bezog sich dieser Zuhälterring nur auf einen bestimmten Strich.

Diese Ausführungen deuten an, daß der Zuhälter (und auch der Zuhälterring) für die Prostituierte sehr wohl wesentliche Funktionen übernimmt. Zu den wichtigsten, auf die ich hier eingegangen bin, zählen also:

Er führt die Prostituierte dem Strich zu, wobei er, wenn die Prostituierte neu am Strich ist, auf seine Erfahrungen als Zuhälter zurückgreift. D. h. er sagt ihr, was sie anziehen und wie sie sich verhalten soll. Er achtet darauf, daß sie bei Problemen mit Kunden nicht schutzlos ist, und daß ihr Platz, an dem sie steht, ihr von anderen Prostituierten nicht weggenommen wird. Für die Zuhälter ist daher ein guter Kontakt zu anderen, zu diesem Strich gehörenden Zuhältern notwendig, um überhaupt mit seiner Prostituierten akzeptiert zu werden.

Die Kontaktnahme zur Prostituierten

Die Strategien des Zuhälters, um zu einer Prostituierten zu gelangen, die für ihn auf den Strich geht und ihn mit Geld versorgt, sind vielfältig. Sie richten sich nach dem Status und dem kulturellen Umfeld der bereits tätigen oder künftigen Prostituierten aus. Es ist also u. a. die Frage interessant, wie eine Frau zur Prostituierten eines Zuhälters wird bzw. welche Bedeutung der Zuhälter für die Karriere einer Prostituierten hat.

In der folgenden Darstellung beziehe ich mich zunächst auf jene Prostituierten, die mit einem Zuhälter liiert sind. Diejenigen Frauen, die ohne Zuhälter auf den Strich gehen, werden anschließend behandelt.

Es bedarf für den künftigen Zuhälter eines bestimmten Maßes an Geschick und Charme, die es ihm – neben einem passablen Aussehen – ermöglichen, relativ rasch zu Frauen Kontakte anzuknüpfen. Wesentlich ist jedoch auch, wie bereits dargestellt wurde, daß es, um Zuhälter zu werden, eines entsprechenden Wissens- bzw. Erfahrungshintergrundes, aber auch intensiver Kontakte in diese Welt bedarf.

Daß es nicht so einfach ist, Zuhälter zu werden, es also bestimmter Strategien bedarf, wurde mir in meinen Gesprächen klar. Ein Zuhälter formulierte treffend die Problematik: *»So etwas kann man sich nicht vornehmen. Wenn einer sagt, ich werde Zuhälter, das ist ein Trottel. Weil das nicht geht. Das ist so, wie wenn du heute nachmittag fortgehst und sagst, jetzt reiße ich mir unbedingt eine Braut auf. Man kann sagen: ›Schau her, ich habe einen Gusto.‹ Wenn sich etwas ergibt, ist es leiwand; wenn sich nichts ergibt, dann gehst du heim. Du kannst dir das nicht vornehmen, du kannst nur auf lange Sicht planen. Ich habe das damals gesehen. Ich habe lange gesucht und gustiert.«*

Die »fertige Hure«

Relativ unschwierig ist es, eine sogenannte »fertige Hure« dazu zu bewegen, für jemanden in die »Hackn« zu gehen. Eine solche »fertige Hure« ist eine Frau, die bereits längere Zeit als Prostituierte tätig ist und die den Deckl, d. i. die Kontrollkarte, besitzt, die also unter regelmäßiger ärztlicher Kontrolle steht. Solche Prostituierte sind, wenn sie keinen Zuhälter haben oder wenn ihr Zuhälter für einige Zeit im Gefängnis einsitzt, sehr begehrt. Nicht selten sind sie selbst auf der Suche nach einem »Alten«, d. h. einem Zuhälter.

Für den Zuhälter, der in der Szene der Prostitution sozialisiert wurde, ist es grundsätzlich nicht schwer, solche Frauen ausfindig zu machen, die für ihn interessant sein könnten. Dieses notwendige Alltagswissen schilderte mir ein Zuhälter so: *»Es ist nicht so schwer, eine Hur einzubraten, wenn man in gewissen Lokalen herumfragt und die Clique kennt, denn man weiß ja ungefähr, ob man eine Chance hat, eine Frau zu treffen, die auf einen steht. Und man weiß auch ihre Qualitäten... Das weiß man alles. Genauso, wenn du in eine Firma gehst und willst ein Zeugnis, so weiß man bei uns, wer was ist.«*

Hier wird auf ein gemeinsames subkulturelles Alltagswissen verwiesen, nach dessen Regeln man zu handeln hat, um Erfolg zu haben.

Ein Zuhälter, der heute über 40 Jahre alt ist und auf eine bewegte Karriere zurückblickt, verweist auch darauf, daß es die diversen Lokale sind, in denen Zuhälter mit ihren Prostituierten und auch alleinstehende Mädchen verkehren, um dort nach Kontakten zu suchen: »*Man lernt die Huren in gewissen Lokalen kennen. Das ist meist so: wenn man eine hat, so ist es kein Problem, andere kennenzulernen. Mit der Zeit kommt man in den Lokalen mit denen zusammen. Man stellt sich vor. Die stellen sich dann automatisch an, weil z. B. die eine einen Wickel mit ihrem Alten hatte und ich auch mit meinem Madl. Dann sagt sie oder ich: hörst, hauen wir uns auf ein Packl zusammen . . .*«

Ein anderer erfahrener Zuhälter ergänzte: »*In den gewissen Lokalen erfährt man, wann ein Madl frei ist, wann sie zum Einziehen ist. Man hört: die und die hat keinen Alten. Da geht man hin und tut sich zusammen. Man fängt zum Braten an. Man sagt: ›Was ist, gehen wir miteinander und hälst du auf mich? . . .‹ usw. Man horcht also herum und schaut, daß man der erste ist. Jedes Madl hält auf gewisse Typen.*«

Zu den Strategien von Zuhältern, zu einer solchen »fertigen« Hure zu kommen, zählt auch, bei einer Prostituierten als Kunde aufzutauchen, um sie zu überreden, für ihn auf den Strich zu gehen.*

Eine »fertige Hur« ist für einen Zuhälter wünschenswert, obwohl sie sich aufgrund ihrer Erfahrung und ihres Wissens größere Eigenständigkeit gegenüber dem Zuhälter bewahren kann. Die »fertige Hur« ist also, obwohl sie aufgrund ihrer Erfahrung die vielleicht ergiebigsten Geldquelle ist, auch die problemreichste, wie ein Zuhälter mit diesen Worten ausführte: »*Wenn du eine fertige Hur übernimmst, dann übernimmst du alle möglichen Probleme. Es kann zu Streitereien wegen der Marie kommen. So eine Frau steckt nicht alles Geld ein, aber es kann sein, daß sie mit einem Teil abfährt.*«

Eher einfach ist es für den Zuhälter, Frauen für sich zu gewinnen, die in irgendeiner Weise psychische Probleme haben, mit denen meist Alkoholismus einhergeht. Oft handelt es sich dabei um Frauen, die an Attraktivität verloren haben. In diesem Sinn meinte ein Zuhälter zu solchen Frauen, die als Schlampen bezeichnet werden: »*Die beste Möglichkeit, zu einer*

---

*) Dazu näher S. 98 ff. und S. 168 ff.

Hur zu kommen, ist, sich irgendeine Schlampe zu holen, die bereit ist, den Deckel zu nehmen oder die den Deckel schon hat.«

Die »neue« Hur*

Nicht so einfach wie mit der »fertigen« Hure hat es der Zuhälter mit Frauen, die sich noch nie prostituiert haben. Grundsätzlich ist für den Zuhälter jede junge Frau eine potentielle Kandidatin der Prostitution, besonders jene Mädchen sind aber für den Zuhälter interessant, die von ihrer sozialen Herkunft her kaum Familienbindungen haben, die sich also einsam fühlen und eine innere Bindung an einen Mann anstreben.

Nach dem Alltagswissen von Zuhältern (s. o.) haben die meisten Frauen, die für die Prostitution in Frage kommen, eine Heimkarriere hinter sich oder kommen aus ländlichen Gegenden. Es hängt sicherlich mit der augenblicklichen besonderen Situation dieser Mädchen zusammen, wie, daß sie kaum soziale Bindungen besitzen und daher für männliche Kontakt aufnahme besonders empfänglich sind. Der Zuhälter »weiß« also, daß es Mädchen dieses Genres sind, die am ehesten auf den Strich zu bringen sind.

Die Kontakte zu solchen Frauen werden in diversen Lokalen, wie Kaffeehäusern und Diskotheken geknüpft, wie es plastisch ein Zuhälter darstellt: »*Die meisten Madln kommen vom Heim und hauen sich zu einem Haberer zuwi, weil es ein Abenteuer ist. Man trifft sich in Diskotheken. Dort sitzen welche, tanzen mit ihm. Dann lädt er* (der künftige Zuhälter) *eine ein und zahlt eine Flasche Sekt, damit das Madl sieht, daß Geld da ist. Das Madl sieht nun, daß er viel Geld hat. Ich kenne einen, der stellt sich jeden Tag eine auf, wenn er will. Es gibt Leute, die können das. Die sind die ganze Nacht unterwegs und suchen sich Weiber . . . es gibt nur wenige, die mehrere Weiber haben.*«

Auf die Tatsache, daß Mädchen ohne soziale Bindung, wie z. B. Mädchen, die aus Heimen oder vom Land in die Stadt gekommen sind, potentielle Prostituierte sind, geht ein 33 Jahre alter Zuhälter ein, aber auch darauf, daß es einigen Ein-

---

*) Dieses Kapitel ergänzt das Kapitel Herkunft und Karriere der Prostituierten, S. 26ff.

satzes bedarf, um ein Mädchen auf den Strich zu bekommen:
»*Man geht in ein Lokal braten. Man sieht ja sofort, ob ein Madl auf einen hält. Das ist eine ganz einfache Sache. Am besten ist es, wenn das Madl, das man so kennenlernt, als Serviererin arbeitet oder als Kuchlmadl. Günstig ist es, wenn die sozialen Verhältnisse schlecht sind, wenn das Madl also keine Bekannten hat und wenn sie auch keine Verbindung zu ihrer Familie hat. Steht ein solches Madl auf einen, so bratet man sie an. Man geht mit ihr schlafen, das ist ja ganz unverbindlich und nichts Böses. Wenn du das mit zehn solchen Madln machst, kannst du damit rechnen, daß du fünf in die Hackn bringst. Und von fünf kann man rechnen, daß zwei voll auf dich halten. Das heißt, sie sind so verliebt in dich, daß du mit ihnen machen kannst, was du willst.*«*

In dieser Darstellung klingt also an, daß es einiger Mühe und einigen Einfühlungsvermögens bedarf, um eine Frau, die sich noch nie prostituiert hat, soweit zu bringen. Der Zuhälter versucht, ein psychisches und sexuelles Abhängigkeitsverhältnis aufzubauen, das ihm gestattet, die Frau auf den Strich zu schicken. Er setzt alles daran, andere Einflüsse von ihr fernzuhalten. Ein anderer Zuhälter schilderte eine solche Strategie so: »*Als erstes mußt du schauen, daß niemand von ihren Freundinnen und ihrer Familie ihr dreinredet. Es darf ihr niemand als ich ins Ohr reden. Sie darf nur auf mich hören, es müssen möglichst wenig Stimmen in ihrem Ohr sein. Das ist nicht so schwer. Wenn einmal kein Kontakt mehr zu der Familie besteht, das ist gerade bei denen der Fall, die vom Land kommen, dann braucht man nur mehr die Freunde und die Freundinnen unterbinden. Daher muß man sich voll mit ihr abgeben, zumindest eine gewisse Zeit.*«

Es ist also wichtig, daß eine für die künftige Prostituierte sehr eindrucksvolle Beziehung geschaffen wird, die sie emotional gefangen nimmt. Dies braucht einige Zeit, die der Zuhälter auch aufbringen muß. Es differieren zwar die einzelnen Vorgehensweisen, aber im wesentlichen liegt ihnen doch das Wissen zugrunde, daß erst über eine intime Nahverbindung die betreffende Frau zur Prostituierten wird. Da der Zeitaufwand, um eine noch von der Prostitution unberührte Frau zur Dirne zu machen, grundsätzlich groß ist, finden es viele Zuhälter für günstiger, zu einer »fertigen« Hur zu kommen.

Ein Zuhälter meinte daher: »*Wenn du es so machst, daß du dir keine Fertige nimmst, daß du dir eine aufreißt, so kann das lange dauern. Es kommt darauf an, was diese neue Frau wert ist.*«

Beim typischen Zuhälter, der ein Mädchen zur Prostituierten machen will, geht es demnach darum, dem Mädchen deutlich zu machen, daß eine echte Liebe ihr gegenüber bestehe. Der Frau wird ein gewisses Maß an Achtung entgegengebracht, bzw. vorgegaukelt, wie ein Zuhälter verdeutlicht: »*Man muß ihr ein Theater vorspielen. Wie bei einem Bühnenstück muß man vorgehen: zuerst kommt die Vorprobe und dann die Hauptprobe. Dann ist eh' schon Premiere.*

Die Vorprobe ist so – ganz einfach, du triffst sie irgendwo und merkst: hoppla, die Katz ist gut für die Hackn. Die geht schon so und ist danach angezogen. Jetzt tastest du dich einmal vor und versuchst, sie einzubraten. Beim Einbraten merkst du, wie die Katz ist, ob sie in die Hackn gehen will oder nicht.«

Auf die emotionale Ebene als Voraussetzung, um eine Frau zu überzeugen, auf den Strich zu gehen, verwies mich im Gespräch ein Zuhälter: »*Man muß einem Menschen immer entgegenkommen. Meistens ist es ein Autounfall, ein Heimaufenthalt oder sonst irgend etwas, irgendein Schicksalsschlag, daß die Weiber so geworden sind. Als Zuhälter muß man eine unheimliche Menschenkenntnis haben, um sich in diese Madln einfühlen zu können, daß man sie an Land ziehen kann, und damit sie das dann für die machen. Menschenkenntnis habe ich gelernt, beim Bundesheer.*«

Die Kunst des Zuhälters besteht also darin, die Prostituierte dazu zu bringen, daß sie zum Zuhälter ein sehr intimes Verhältnis eingeht. »*Sie ist für mich auf den Strich gegangen, weil sie mich wirklich heute noch gern hat. Ich habe gesagt: ›Gretl, du hast die Wahl, geh normal arbeiten, aber irgend etwas mußt du tun.‹ Dann ist sie für mich auf den Strich gegangen*«, erzählte dazu ein Zuhälter.

Daß manches Mädchen eher leicht auf den Strich zu bringen ist, streicht ein Zuhälter hervor: »*Wenn sie vom Land oder aus dem Heim kommt, kann man sie besser am Schmäh halten. Der verspreche ich alles. Der sage ich: ›Mauserl, willst nicht auf den Strich gehen? Wir stellen uns eine Wohnung auf und alles mögliche.‹ Wenn die einmal mit ins Bett geht, ist sie schon gelegt. Hat*

sie einen *Haberer, so schickt man den fort. Aber das geht schnell.
Man führt sie da wohin. Ihr Haberer, der Bettnässer, den spannt
man ihr aus, der bekommt vielleicht zwei aufs Ohrwaschl. Man
raunzt sich also bei ihr ein: ›Mauserl hin und Mauserl her. Von
mir kriegst du alles, bei mir hast du alles.‹ Dann einmal sagt
man: ›Hörst Mauserl, bei mir sitzt einer in meiner Geldbörse,
der zeigt mir dauernd die lange Nasen. Was machen wir? und so.
Kannst du mir aushelfen?‹ Wenn sie ein bisserl was hat, greift sie
hinein. Aber was machen wir dann? Irgendwie müssen wir etwas
aufstellen. Eine Möglichkeit gibt es, die ist eben das da, die Prostitution. Wenn du einen guten Schmäh hast, kannst du jede pak-
ken und dazu bringen.«* Als ich diesen Zuhälter genauer
danach fragte, bei welcher Gelegenheit er den Kontakt zu
einer künftigen Prostituierten finde, antwortete er in Übereinstimmung zu oben bereits gebrachten Zitaten: »*Das Madl geht
in ein Lokal tanzen und jetzt lernst du sie irgendwie kennen.
Beim Tanzen, aber auch beim Heurigen und beim Baden. Und
du kommst mit ihr ins Reden. Vielleicht sucht sie einen
Anschluß. Zuerst denkt sie noch nicht daran, daß es so weit* (zur
Prostitution) *kommt. Zuerst läßt man sie einmal durch die
Freunde rennen. Freilich wehrt sie sich am Anfang. Ein bisserl
spritzt man sie mit Alkohol ein. Alle steigen aber nicht darauf
ein. Denen gibt man den Stecken.*«

Zu dieser Thematik unterhielt ich mich auch mit Prostituierten. Mich interessierte, inwieweit sich ihre Überlegungen
von denen der Zuhälter unterschieden. Es fiel dabei auf, daß
kein wesentlicher Unterschied besteht, daß also die Prostituierten sich sehr wohl bewußt sind, daß die Zuhälter ihre
»Schmähs« haben, auf die sie hereingefallen sind, derer sie sich
heute vielleicht erwehren könnten.

Eine ca. 40 Jahre alte Prostituierte, die heute dabei ist, aus
dem »Geschäft« auszusteigen, erinnert sich: »*Mir hat der
Zuhälter alles mögliche erzählt. Er hat mich verwöhnt, er hat
mich gefragt, was ich will. Wenn ich etwas wollte, so hat er es mir
gekauft. Ich war ein sehr schönes Mädchen und habe es sehr
leicht gehabt. Sie sind mir nachgerannt. Jetzt hat mir der* (Zuhälter) *es halt erklärt und ich habe dann angefangen. Er hat schon
immer auf das Geld hingewiesen.*«

In der Darstellung klingt das Bemühen des Zuhälters an,

eine innere Beziehung zur künftigen Prostituierten herzustellen, wobei es ihm wohl wichtig ist, durch den Hinweis auf Geld zu imponieren.

Für die erfahrene Prostituierte* sind solche Strategien aufgrund ihres erweiterten Wissens im Umfeld der Prostitution eher durchsichtig, als für das unerfahrene Mädchen.

Eine wichtige Rolle spielt bei den Strategien des Zuhälters die Sexualität.

Er muß also die Frau soweit bringen, daß sie aus der sehr sexuell betonten und tiefen inneren Beziehung heraus dem Zuhälter zuliebe zur Prostituierten wird. Dazu ein Zuhälter, der dies so formulierte: »*Ins Bett mit einem Madl gehen, ist kein Problem. Man muß sie soweit bringen, daß sie auf einen steht, daß du sie damit erpressen kannst. Du mußt sie damit erpressen, daß du sagst: ›Hör zu, entweder du hast den Hahn oder du machst, was ich glaube.‹ Und natürlich kannst du ihr etwas über die Zukunft vorspielen. Du darfst ihr nicht sagen: ›Du gehst nun ewig in die Hackn und ich nehm dir das Geld weg.‹ Das wäre ein Blödsinn. Du mußt ihr sagen: ›Mir ist es sehr unangenehm, aber ich bin da in Problemen; wenn du ein oder zwei Jahre in die Hackn gehst, können wir uns allerhand ersparen. Mit dem Geld kaufen wir uns dann ein Häuschen am Land und leben in ewigem Frieden.‹*«

Aus dieser Erzählung ergibt sich, daß der betreffende Zuhälter bemüht ist, der künftigen Prostituierten vorzuspiegeln, eine gemeinsame Zukunft aufzubauen, für die sie sich eben einsetzen müsse.

Nicht wenige Zuhälter verstehen es »meisterhaft«, dies den Mädchen deutlich zu machen. Ein sehr intelligenter Zuhälter meinte zu mir, er würde mit einem Mädchen, das er zur Prostituierten machen wolle, durch die Straßen gehen und z. B. vor Möbelhandlungen stehen bleiben und ihr erklären, für ein gemeinsames Leben würden sie Möbel brauchen und die könne man sich erst leisten, wenn Geld da sei, doch dies fehle eben. Mit solchen und ähnlichen Tricks, die auf das Leben zu zweit hinzielen sollen, wird das Mädchen für ihre Rolle als Prostituierte langsam bereit gemacht.

---

*) Siehe S. 98ff. und S. 168ff.

Ein anderer Zuhälter erzählte: »*Wenn man einmal mit einer Frau beisammen ist, trankelt man sie ein. Am Anfang muß Sympathie und Anhänglichkeit vorhanden sein, sonst geht man nicht zusammen. Wenn man eine Frau soweit bringen will, daß sie auf den Strich geht, dann nimmt man sie auf eine gewisse Art. Man holt sich z. B. einen Freund und schustert das Madl zu zweit. Dies ist eine Möglichkeit, sie soweit zu bringen. Man sagt ihr dann: ›Mit meinem Freund hast du es gemacht, jetzt kannst du doch für mich auch in die Hackn gehen.‹ Dies hält man ihr immer wieder vor, solange bis sie Komplexe hat. Irgendwie zeigt man ihr, man muß sie sonst alleine lassen. Meist ist es dann schon so, daß sie an einem hängt. Und sie will nicht auseinandergehen. Dann ist es soweit. Jetzt sagt sie: ›Gut, dann mache ich es.‹*«

Die folgende Ausführung eines Zuhälters ergänzt die obigen Überlegungen und faßt sie drastisch zusammen: »*Man bratet sich die Frau ein und geht mit ihr ein paarmal schlafen. Man macht sie ganz verliebt und narrisch. Die erste Zeit schustert man sie, bis sie deppert ist. Und dann hängt sie meistens schon an einem. Dann wird sie schon fast sexuell abhängig. Wenn man sie einmal soweit hat, hat man schon 90 Prozent gewonnen.*«

In dieser Phase bemüht sich der Zuhälter, eine Atmosphäre des Vertrauens zu schaffen. Die künftige Prostituierte bekommt eine enge Beziehung zu ihm, in der Liebe und Sexualität bestimmend sind. Sie sieht nun im Zuhälter einen Mann, auf den sie sich verlassen kann, und der ihr ein gewisses Maß an Sicherheit garantiert. Sie geht »gerne« auf den Strich, weil sie meint, ihrem Zuhälter damit eine Freude zu machen und ihn so enger an sich zu binden. Zu den Strategien des Zuhälters zählt es nun auch, seiner neu dem Strich »zugewachsenen« Freundin zu imponieren, wie es mir eine ohne Zuhälter arbeitende Prostituierte erklärte: »*Weil das Madl Vertrauen zu dem Strizzi hat, geht sie auf den Strich. Der hat jetzt z. B. ein Sparbüchl aufgemacht, damit sie sieht, daß da etwas hereinkommt. Wenn sie jetzt irgendwelche Schwierigkeiten hat, meistens gibt es Probleme mit der Polizei oder anderen Strizzis, dann tritt er auf. Es ist auch möglich, daß sie von einem anderen Strizzi provoziert wird. Das braucht ihr Strizzi manchmal zur Imageförderung. Er sagt z. B. zu einem Freund: ›Komm zu meiner Besten und mache einen Tango.‹ Der spielt nun bei ihr den Wilden, um das*

Ansehen ihres Strizzis zu heben. Der kommt nun und verjagt den anderen. Sie sieht nun: ›Ja, der setzt sich für mich ein.‹ Das sind so Tricks zwischen Zuhältern bei der neuen Hure.«

Der Zuhälter versucht also, der Prostituierten klar zu machen, daß sie problemlos auf den Strich gehen könne, zu ihrem und seinem Vorteil. Er zeigt sich damit als der liebende und vertrauenserweckende Freund. Gewalt wird in dieser Phase von seiten des Zuhälters kaum gebraucht. Ein Zuhälter charakterisierte dies so: *»Mit Schlägen und ähnlichem kann man kein Weib in die Hackn schicken, zumindest nicht à la longue.«* Allerdings gibt es auch Zuhälter, die zugeben, bisweilen gewalttätig zu sein, was aus folgender Feststellung eines eher jungen Zuhälters zu entnehmen ist: *»Wenn das Madl noch immer nicht gehen will, nachdem man alles getan hat und nun auch weiß, daß sie auf einen steht, dann bekommt sie eine Tetschen und man sagt: nun geh!«*

Die »freiwillige« Dirne

Ergänzend zu dem oben Festgestellten, ist speziell noch auf die Fälle zu verweisen, bei denen Frauen sich als Prostituierte einem Zuhälter anbieten. Es ist, wie bereits ausgeführt, das spezifische Milieu bzw. die charakteristische Subkultur, die hier der jungen Frau nahe legen, über einen Zuhälter auf den Strich zu gehen. Der Zugang zum Zuhälter wird vor allem gesucht (s. o.), weil dieser eben aufgrund seiner akzentuierten Erfahrung und auch seines Ansehens unter Zuhältern der Prostituierten einen gesicherten Geschäftsgang möglich macht. In solchen Fällen wird Prostitution von beiden, vom Zuhälter und der Dirne, als notwendig erachtet, um finanziellen Gewinn erzielen zu können. In diesem Sinn ist die folgende Aussage eines Zuhälters zu interpretieren: *»Mein Madl hat es gemacht wegen mir, damit wir aus dem Dreck herauskommen. Am Anfang hat sie gesagt, sie macht es nur sechs Monate, eben bis wir aus dem Dreck heraus sind. Sie ist aber dann weiter auf den Strich gegangen, weil wir uns eine Wohnung und dann ein Auto gekauft haben. Insgesamt ist sie für mich ohne Unterbrechung sieben Jahre in die Hackn gegangen.«*

In diese Kategorie von Frauen, die freiwillig auf den Strich gehen und sich einen Zuhälter suchen, gehören vor allem solche, die aus Heimen oder vom Land in die Großstadt kommen, dort Kontakte in die Welt der Prostitution finden und meist auch mit dem Problem der Arbeitslosigkeit konfrontiert sind.

Ein Mädchen bietet sich demnach dann einem Zuhälter an, wenn sie die Absicht hat, auf den Strich zu gehen, sich aber ohne Freund oder Zuhälter nicht geschützt glaubt. Hat der Zuhälter einiges Ansehen, auch wenn er schon eine Prostituierte hat (s. u.), so ist er für eine Frau, die auf den Strich gehen will, einigermaßen attraktiv, denn sie kann so sicher gehen, daß sie bei der Ausübung ihres Gewerbes am Strich keine Probleme hat. Ein guter Zuhälter ist also identisch mit dem Prestige, das die Prostituierte am Strich hat, er wird zu ihrem »Aushängeschild«, wie mir eine Prostituierte ausführte.[*]

Als interessant fiel mir in diesem Zusammenhang auf, daß Frauen gelegentlich am Straßenstrich – wie »Giftlerinnen« und andere – bei Schwierigkeiten mit Prostituierten oder Zuhältern irgendeinen bekannten Zuhälter als den ihren angeben, um Probleme zu vermeiden.

Der Zuhälter verschafft also der Prostituierten Prestige, aber auch er leitet sein Prestige von dem ab, was sie verdient. Durch diverse Symbole, auf die noch einzugehen sein wird, wie Goldschmuck u. ä., kann er ausdrücken, daß er durch seine Prostituierte über genügend Geld, den wesentlichen Wertfaktor dieser Subkultur, verfügt.[*]

Die Prostituierte ohne Zuhälter

Nur wenige Frauen gehen allein, also ohne Kontrolle und Hilfe eines Mannes auf den Strich. Solche Prostituierten, die es geschafft haben oder grundsätzlich ohne Zuhälter arbeiten wollen, sind an Eigenständigkeit interessiert, die sie sich auch erkämpfen. Ich kam in Kontakt mit einer sehr energischen Prostituierten, die eine Zeit ohne Zuhälter auf den Strich ging.

---

[*] Siehe auch S. 136ff.

Eines Tages befreundete sie sich mit einem Zuhälter: sie war zunächst froh, einen Freund zu haben, doch nach einigen Wochen trennte sie sich ohne Problem von ihm.

Im Vergleich zu früheren Zeiten dürfte es in dieser Hinsicht zu einer Änderung gekommen sein. Während es vor einigen Jahren für eine Frau ungemein schwierig gewesen sein soll, ohne Zuhälter zu arbeiten – denn einige Zuhälter erzwangen geradezu das »Zusammengehen« – scheint dies heute für eine Frau nicht so problematisch zu sein. Eine 38 Jahre alte, erfahrene Prostituierte bestätigte mir diese Vermutung: »*Damals wäre es unmöglich gewesen, alleine zu gehen. Heute geht das leichter. Aber auch nicht immer so. Wenn man erfährt, daß eine alleine ist, heißt es: ›Horch, die ist eine Hur, die ist alleine.‹ Dann versucht man, sie einzuziehen. Das ist logisch. Zu meiner Zeit, als ich noch jung war, sind sie gezwungen worden.*«

Eine Prostituierte, sie ist 28 Jahre alt, geht schon seit ca. 10 Jahren alleine auf den Strich und hatte kaum Probleme. Sie erzählte mir: »*Ich habe Freunde gehabt, aber keine Zuhälter.*« Ein ehemaliger älterer Zuhälter, der diesem Gespräch beiwohnte, meinte jedoch: »*Das kommt darauf an, wo sie steht. Wenn sie in ein bestimmtes Lokal, z. B. ins ›Renz‹ gegangen ist, war es gut, daß die anderen wußten, sie hat einen Strizzi. Es ist manchmal sehr schwer, sich durchzusetzen. Es ist schon gut, wenn sie einen Zuhälter hat. Nämlich zum Schutz. Das Geschäft ist nämlich ziemlich hart.*«

In dieser Reflexion des Zuhälters, der sich schon einige Zeit von seinem Geschäft zurückgezogen hat, schwingt wohl mit, daß Zuhälter und Prostituierte mehr oder weniger notwendig zusammengehören, daß also der eine ohne den anderen nicht auskommen kann. Der finanzielle Gewinn des Zuhälters wird hier offensichtlich mit seiner Schutzfunktion legitimiert. Auch ältere Prostituierte, die ich fragte, glauben an so etwas wie die »Notwendigkeit« des Zuhälters bzw. an seine Versuche, Prostituierte mit Gewalt »einzuziehen«. So überlegte eine Prostituierte, die vor kurzem mit dem Strich aufgehört hat: »*Es gibt schon Frauen, die alleine gehen. Aber wie lange? Nach 14 Tagen sind sie eingezogen.*«

Daß Zuhälter freilich versuchen, Prostituierte »einziehen«, entspricht der Logik dieses Systems, was aber nicht heißt, daß grundsätzlich jede Prostituierte sich »einziehen« läßt.

Eine Prostituierte, der ich ein Kompliment dafür machte, daß sie alleine auf den Strich gehe, antwortete: »*Gott sei Dank; sie* (die Zuhälter) *versuchen es zwar immer wieder, wenn sie überreissen, daß die Hur alleine geht. Ich brauche keinen Zuhälter. Ich bin auf den Strich durch eine Freundin gekommen, die hat mich mitgenommen, und wir halten zusammen.*« Und eine andere erzählte: »*Wenn mich ein Zuhälter einbraten will, sage ich nein. Ich kenne ja die Leute und ihre Schmähs. Sagt so einer:* ›*Können wir uns nicht einmal treffen?*‹ *Mich interessiert das nicht, weil ich nicht will. Wenn ich für jemanden auf den Strich gehen sollte, so muß ich den wirklich gern haben.*«

Diese Prostituierte wehrte sich zwar dagegen, von einem Zuhälter abhängig zu sein, sie stellt es aber als möglich hin, bei entsprechender Zuneigung mit jemandem »zusammenzugehen«.

Eine geistig sehr rege Prostituierte, die alleine auf den Strich geht, glaubt auch, daß die heutige Prostituierte eher Chancen hat, alleine auf den Strich zu gehen, als die Prostituierte vor einigen Jahren. Was sie aus einem intellektuellen Wandel heraus erklärt: »*In letzter Zeit tendieren sie schon dazu, alleine zu gehen. Schön langsam werden die Madln gescheiter. Ich kenne aber eine im 2. Bezirk, die macht für ihren Freund alles, die geht von Licht zu Licht. Die ist schön blöd, aber sie ist schon älter.*«

Es scheinen sich also immer mehr Prostituierte Gedanken darüber zu machen, ob es nicht besser sei, alleine zu arbeiten. Trotzdem sind meiner Ansicht diese Frauen in der Minderzahl; wohl die meisten Prostituierten haben eine Bindung an einen Mann, der eben ihr Zuhälter ist und ihr das Leben am Strich regelt.

Eine Prostituierte ohne Zuhälter braucht die Unterstützung ihrer Strichnachbarinnen, wenn es sich um einen Straßenstrich handelt. Die Dirnen, die ich als Alleingängerinnen kennenlernte, erzählten mir, sie wären durch Freundinnen auf den Strich gekommen, die ihnen dann auch zeigten, wie man als Prostituierte vorgehen müsse (s. S. 171 ff.). Frauen, die keinen Zuhälter haben und die auch nicht durch Freundinnen am Strich eingeführt werden, müssen damit rechnen, von anderen

Prostituierten bzw. deren Zuhältern vom Strich vertrieben zu werden.

Es gibt jedoch auch Prostituierte, allerdings sehr wenige, die einen Freund haben, der nicht als Zuhälter zu bezeichnen ist, der also einem Beruf nachgeht und nichts mit diesem Milieu zu tun hat. Eine Prostituierte im Alter von 40 Jahren, die mit einem solchen »Frankisten« zusammenlebt, erzählte mir: »*Mein Alter ist in das Kaffeehaus gekommen, in dem ich immer sitze. Die anderen sahen und sekkierten ihn: ›Da sitzt er, der neue Strizzi!‹ Das ist doch nicht richtig, jemanden, der frank ist und in mein Stammlokal kommt, zu ärgern. Muß jemand wirklich ein Strizzi sein, um mit einer Hure zu gehen? Meiner ist Frankist und hat keine Ahnung von Tuten und Blasen. Warum darf ich als Registrierte nicht mit einem anständigen Mann gehen? Wie lange sich das halten wird, weiß ich allerdings nicht. Ich bin glücklich, daß es bis jetzt dauert.*«

Es kommt auch vor, daß ein Mann sich in eine ohne Zuhälter arbeitende Prostituierte verliebt, was zu Problemen führen kann. Ein etwa 26 Jahre alter Mann ging eine tiefere Beziehung zu einer jungen Prostituierten ein. Sie waren eine Zeit ziemlich eng befreundet. In dieser Zeit versuchte er erfolglos, sie von der Prostitution loszueisen.

Probleme mit ihrem Lebensgefährten, der von ihrer Prostitution nichts wissen wollte, hatte eine ca. 41 Jahre alte Prostituierte, der es zunächst sogar gelang, ihre Beschäftigung vor ihm geheimzuhalten. Trotz seiner Vorhaltungen ließ sie sich nicht abbringen.

Diese Beispiele belegen, daß in der Subkultur der heutigen Prostitution, vor allem in Wien, auch Frauen tätig sind, die es ohne Zuhälter schaffen und ihn, so scheint es, auch nicht benötigen – sowohl in der Straßen- als auch in der Wohnungsprostitution.

Die Prostitution erscheint somit als ein Geschäft, in dem man auch ohne Zuhälter auskommen kann. Damit soll jedoch nicht gesagt sein, daß sich Prostituierte und Zuhälter nicht im Sinne einer »guten Zusammenarbeit« hinsichtlich Schutz und Bereitstellung von Wohnung u. ä. ergänzen können, wie wir später noch sehen werden.

Von einer »Zweit«- oder »Drittbraut« spricht man in der Subkultur der Prostitution, wenn zur sogenannten »Hauptfrau«
noch eine zweite oder dritte Frau hinzukommt – aber auch
mehr Frauen sind möglich, jedoch selten –, die dem Zuhälter
ihr Geld abliefert und mit der er in engem sozialen und auch
sexuellem Kontakt steht. Eine Prostituierte wird zur »Zweitbraut«, wenn sie sich entweder selbst einem Zuhälter anbietet
oder sich der Zuhälter um eine weitere Prostituierte bemüht,
die mit ihm in einer Art Geschäftspartnerschaft steht. Eine
Prostituierte wird sich um einen Zuhälter, der schon eine oder
mehr Prostituierte unter seinem »Schutz« hat, dann bemühen,
wenn dieser ein erhebliches Prestige unter Prostituierten und
Zuhältern genießt bzw. er fähig und willens ist, seinen Prostituierten entsprechende Sicherheit und einen guten Platz am Straßenstrich oder eine attraktive Wohnung beim Wohnungsstrich
zu garantieren.

Die Tricks von Zuhältern, solche Frauen als »Zweit«- oder
»Drittbraut« für sich zu gewinnen, sind grundsätzlich dieselben, wie sie oben besprochen wurden. Meist bedarf es der
Zustimmung der Hauptfrau, der vielleicht versichert werden
mag, daß man die »Zweitbraut« zu einem gegebenen Zeitpunkt wieder abbauen werde. Ein Zuhälter führte dazu aus:

*»Kennengelernt habe ich meine Zweitbraut, weil sie neben
meiner Alten auf dem Gürtel gestanden ist. Damals mußte ich in
der Nacht aufpassen, weil gewisse Wickeln entstanden waren. Als
meine einmal weg war, hat sie sich zu mir gestellt und hat mit mir
Schmäh geführt. Einmal waren wir beide etwas angetrunken und
haben miteinander geschmust. Sie hat gesagt, sie will unbedingt
mit mir zusammengehen. Denn sie hat keinen Zuhälter gehabt.
Ich sagte zu ihr: ›Horch, es geht nur so, daß du als Zweitbraut
gehst, meine Alte lasse ich nicht fallen.‹ Jetzt habe ich es so
gemacht, daß ich zweimal in der Woche mit ihr im Bett war. Sie
wollte ja mit mir zusammenleben. Ich habe gesagt: ›Ich gehe mit
dir, aber du bist meine Zweitbraut.‹«*

Daß sich eine Frau als Zweitbraut anbietet, erfuhr ich beispielhaft von einem anderen Zuhälter: *»Eine, die alleine geht,
hat es sehr schwer. Ich habe dann eine gehabt, neben meiner*

Alten, die hat bei uns gewohnt. Die haben wir aufgenommen, wie wenn sie eine Schwester wäre. Sie ist auf den Strich gegangen. Die hat uns Geld gebracht, ohne daß wir es verlangt hätten. Ich mußte dafür aber einiges tun. Ich habe sie in die Hackn geführt und von dort abgeholt. Im Laufe der Zeit sind dann noch andere zu mir gekommen, um die ich mich kümmern mußte. Ich habe dann auf einmal fünf gehabt, die in die Hackn gegangen sind.

Sie brauchten zwar keinen Zuhälter, aber leichter ist es doch mit einem.«

Diese Darstellung verweist deutlich auf die angesprochene Funktion des Zuhälters, die darauf hinzielt, der Prostituierten die Ausübung ihres Gewerbes problemlos zu gestalten.

Manchmal werden einige Prostituierte vielleicht von der Existenz der anderen »Bräute« wissen. Dabei kann es zu Schwierigkeiten kommen. Ein Zuhälter erzählte mir, seine Erstfrau hätte ihn wegen seiner »Zweitbraut«, von der er sich nicht trennen wollte, verlassen. Die Erstfrau konnte es nicht verwinden, daß eine andere Frau mit ihrem Zuhälter in engem Kontakt stand. Sie suchte sich daher einen neuen Freund. Als sogenannte »Goustierkatz« schlief sie nun mit mehreren Männern und erwählte sich einen von diesen als ihren neuen »Alten«. In diesem Fall ging der Zuhälterwechsel problemlos vor sich. Es wurden keine Sanktionen durch den Zuhälter gesetzt, was auf eine gewisse Eigenständigkeit der Frau schließen läßt. Hätte der alte Zuhälter darauf bestanden, so wäre es ihm wahrscheinlich gelungen, seiner ehemaligen Hauptfrau ernste Schwierigkeiten am Strich zu machen.

Um jedoch einer eventuellen Konkurrenz zwischen den einzelnen »Bräuten« zu begegnen, gehört es zur Strategie von Zuhältern, die für ihn arbeitenden Frauen in dem Glauben zu belassen, sie wären jeweils die einzige, die für ihn auf den Strich geht, was aber nicht immer gelingt. Eine Prostituierte, die eine Zeitlang eine solche Nebenbraut war, charakterisierte lakonisch ihre Situation: *»Neben mir hat er noch andere gehabt.«* Ich fragte sie, warum sie dies hingenommen habe und ob allgemein die Frauen derlei so ohne weiteres akzeptieren. Sie antwortete: *»Wahrscheinlich weiß in den meisten Fällen die eine Hur von der anderen nichts. Gewöhnlich ist es so. Ich habe es aber gewußt. Mir hat das nicht wehgetan, denn er hat dann*

einfach weniger Geld von mir bekommen und ich bin umso fau-
ler geworden. Er hat mir aber viel im Bett gegeben. Ich kenne
einen Zuhälter, der hat drei Bräute. Eine weiß von der anderen
nichts. Und alle drei stehen am Strich zusammen.«

Eine eher tragische Situation eröffnete sich mir, als ich mit
einer 22jährigen, vom Land stammenden Prostituierten in
Kontakt kam, die mit einer zweiten Frau für einen Zuhälter in
einer Wohnung, die dieser Mann besorgt und hergerichtet
hatte, ihrem Gewerbe nachging. Sie erzählte: *»Am Anfang war*
er sehr lieb, der G., dann aber habe ich ehrlich gesagt nur mehr
Angst vor ihm gehabt. Er hat immer geraunzt und immer zu der
anderen gesagt: ›Zieh an, du schläfst in der Hackn.‹ Am Anfang
war zwischen uns zwei dauernd Eifersucht. Wir haben so getan,
als ob wir uns mögen würden. Aber innerlich hat jede die andere
nur gehaßt. Mein Freund war Geschäftsführer von der Bar. Er
hat damals mit einer zusammengewohnt. Das habe ich erst hin-
terher erfahren. Sie war eine Solide, eine Kellnerin. Er hat dann
also zwei für sich arbeiten lassen, mich und die andere. Zuerst
war ich alleine. Da habe ich von der zweiten noch nichts gewußt.
Er hat dann gemeckert, daß ich so wenig verdiene und dann hat
er gesagt, er wüßte etwas Besseres. Da hat er die Hostessenwoh-
nung, in der ich jetzt bin, erwähnt. Er hat gesagt, er kennt da ein
Mädchen, die verdient recht gut. So eine Wohnung sei praktisch,
da fühlt man sich wie daheim. Da habe ich gesagt: ›Gut, ich
schaue mir das einmal an‹, denn von der Bar war ich wirklich
nicht begeistert, da kannst du Stunden für nichts sitzen.«

Diese Prostituierte muß sich also die Wohnung mit einer
anderen teilen, mit der sie sich zunächst nicht versteht. Es
kommt zu Eifersüchteleien, die beendet werden, als beide
gemeinsam den Zuhälter attackieren und ihn wegen eines
Deliktes anzeigen.

Daß zwischen mehreren »Bräuten« eines Zuhälters Schwie-
rigkeiten an der Tagesordnung sind, und daß sie versuchen,
sich gegenüber dem Zuhälter gegenseitig auszustechen, ist
keine Seltenheit. Einen interessanten Kommentar zu diesem
Thema hörte ich von einer über 40 Jahre alten Prostituierten:
»Heute sind die jungen Mädchen ab 20 stolz darauf, einen
Zuhälter zu haben, einen sogenannten Freund, auch wenn man
Zweit- oder Drittbraut ist und um horrende Summen verkauft

wird und man z. B. den Verdienst von 3000 S erbringen muß,
und bringt man ihn nicht, so wird der Restbetrag auf Schulden
gehalten. Man kann sich von der Dritt- auf die Zweitbraut her-
aufarbeiten, je nach Verdienst. Zu meiner Zeit hat es das nicht
gegeben. Überhaupt nicht.«

Hier sind einige Dinge angerissen worden, die nicht so ohne
weiteres überprüfbar sind. Trotzdem, so meine ich, läßt sich
aus dieser Interpretation ersehen, daß zwischen dem Zuhälter
und seinen Prostituierten, vor allem gegenüber der Zweit- bzw.
Drittbraut, ein eher geschäftliches Verhalten besteht. Für seine
Dienste bzw. Investitionen wie z. B. die Bereitstellung der
Wohnung u. ä., will er sich entsprechend am Verdienst der Prostituierten beteiligen.

Es scheint, daß im Falle der Zweit- und Drittbraut die
Haupt- oder Lieblingsfrau einen besonderen Status innehat:
sie geht z. B. nicht auf den Strich und hat eine besonders enge
Beziehung zum Zuhälter. Eine solche Situation sah ich bei
einer ehemaligen Lehrerin, die, ohne es zu wissen, einen
Zuhälter geheiratet hatte: »*Ich habe die Lehrerbildungsanstalt.*
Ich komme aus gutem Elternhaus. Ich bin in den Schuldienst
gegangen, nach Niederösterreich, nach P. Dort habe ich einen
Zuhälter kennengelernt, einen Niederösterreicher, ich war
damals total unerfahren und bin ihm ganz verfallen. Er war 9
Jahre älter als ich. Es war die große Liebe, ich wußte nicht, daß
er geschieden war. Ich ließ ihn mir nicht ausreden. Meine Eltern
haben alles dagegen versucht. Ich wurde sofort enterbt. Das hat
alles nichts genützt. Ich wurde von ihm schwanger. Es war sein
sechstes Kind. Wir haben sofort geheiratet, gegen den Willen mei-
ner Eltern. Wir sind dann nach Wien gezogen, weil ich die Mög-
lichkeit bekam, beim Stadtschulrat zu arbeiten. Ich bekam ein
zweites Kind. Später habe ich dann erfahren, daß er Damen auf
den Strich geschickt hat. Ich mußte den Haushalt führen. Wenn
die Prostituierten zu wenig gegeben hatten, mußte auch ich mei-
nen Klingelbeutel herhalten. Daß er nebenbei Zuhälter war,
habe ich erst nach einem Jahr erfahren, weil ich mir nicht erklä-
ren konnte, von woher er seinen hohen Lebensstandard hatte.
Ich hatte von zu Hause eine hohe Mitgift, ich habe eine Wohnung
eingerichtet bekommen. Es ist uns nichts abgegangen. Ich war
dem Mann extrem hörig. Seinetwegen wurde ich straffällig; weil

ich seine Spielschulden bezahlen wollte, habe ich Girokonten überzogen usw.«

Die Zweit- und Drittbräute haben für den Zuhälter wesentliche finanzielle Funktionen, die sich nach dem Grundsatz der Gegenseitigkeit regeln. Er sorgt für ihre problemlose Existenz als Prostituierte und profitiert von ihrer Tätigkeit. Frauen bieten sich also dann einem Zuhälter an, wie wir schon festhielten, wenn sie sich davon die Lösung oder die Vermeidung von Schwierigkeiten am Strich erwarten.

Diesem System entspricht durchaus, daß die »Lieblingsbraut« (oder die Ehefrau) mit den anderen »Bräuten« des Zuhälters nicht konfrontiert wird.

In diesem Sinn verstehe ich auch folgende Überlegung eines Zuhälters: *»Man muß das Ehe- vom Geschäftsleben trennen.«*

Die »Nobelhur«

Unter diesen Begriff subsumiere ich jene Frauen, die grundsätzlich eher aus einer sozialen Mittelschicht stammen und die oft durch Zufall auf den Gedanken kommen, sich den Geschlechtsverkehr honorieren zu lassen. Charakteristisch ist für diese Dirne, daß sie keineswegs auf den Straßenstrich geht, aber an potentielle Kunden empfohlen wird. Eine solche Frau erzählte mir: *»Ich bin ins Büro gegangen. Meine Eltern haben nicht gewußt, daß ich nun als Hure arbeitete. Daß ich viel mit Männern unterwegs war, fiel ihnen nicht auf, denn ich hatte früher immer viele Bekannte. Früher habe ich es umsonst gemacht. Dann habe ich mir gedacht, wenn man umsonst mitgeht, lacht vielleicht morgen die ganze Stadt. Jetzt mache ich es einmal anders, dachte ich mir. Beim Heurigen sitzen genügend verheiratete Männer herum, die am Herrenabend nur darauf warten, daß sie für ein paar Vierteln Wein eine Frau abschießen können. Und am nächsten Tag freut er sich, daß er Glück gehabt hat. Wenn er aber einen Tausender zahlt, wird er am nächsten Tag nicht blöd herumreden.«*

Solche Frauen haben zweifellos einen Bezug zur Geheimprostitution. Daher ist es für diese Frauen wichtig, privat weitervermittelt zu werden. Von einer solchen Vermittlerin erfuhr ich

durch eine »Nobelhur«: *»Ein Mädchen hat mich in eine Diskothek mitgenommen und zu einem Drink eingeladen. Sie hat mir
erzählt, sie habe eine Boutique.*

*Tatsächlich war diese Boutique eine Zentrale für Geheimpro-
stituierte. Sie hat mich dorthin mitgenommen und hat mich ver-
führt. Sie war lesbisch. Ich habe das ihr zuliebe getan. Wir sind
dann zusammengeblieben. Sie hat mir einige Leute vorgestellt.
Oft sind wir zu zweit zu einem Kunden. Der Kunde zahlt da fürs
Zuschauen, wenn es wir Madln machen...«*

Durch die Vermittlerin kam diese Frau schließlich mit Männern in Kontakt, die eine Frau suchten, um mit ihr z. B. Essen
zu gehen. Meist handelt es sich dabei um Männer, die sich für
kurze Zeit in Wien aufhalten und dabei etwas Abwechslung
suchen.

Die Kunst der »Nobelhur« besteht u. a. nun darin, dem sie
einladenden Gast vorzuspielen, sie würde auf dessen Drängen
nur wegen seines besonderen »Charmes« mit ihm ins Bett steigen, ein Vorgehen, für das sie sich schließlich zahlen läßt.

Sexualität und »Liebe« zwischen Prostituierter und Zuhälter

Die Beziehung einer Prostituierten zu ihrem Zuhälter ist also –
vor allem am Beginn ihrer Karriere – wie ich aufzuzeigen ver-
sucht habe, dadurch bestimmt, daß der Zuhälter versucht, die
Prostituierte in eine gewisse Abhängigkeit von sich zu bringen.
Sexualität und Liebe sind dabei die bestimmenden Kategorien.
Für die Prostituierte ist der Zuhälter grundsätzlich jener
Mann, dem sie sich emotional und sexuell verbunden fühlt.
Der Zuhälter soll ihr jenes Maß an Liebe geben, welches sie
gerade bei der Ausübung ihres Berufes braucht. Die Prostitu-
ierte will sehen, daß sie als Frau anerkannt und geliebt wird.

Sie will demnach als Frau ernst genommen werden, etwas,
das sie vom Kunden nicht erwarten kann und auch nicht darf.
Der Kunde ist für sie als Liebespartner uninteressant, ihm verkauft sie Sexualität, wodurch keine innere Beziehung entsteht.

Hierin sieht nun der Zuhälter seine Aufgabe: Er hat der Prostituierten das zu verschaffen, was sie sonst vermissen muß,

nämlich Zärtlichkeit und Zuneigung. Ein Zuhälter charakterisiert diese Bindung so:

»Die Hur hat das Verlangen nach Zärtlichkeit. Sie will spüren, daß der Zuhälter das, was sie macht, vergißt und sie als ganz normale Frau liebt und behandelt. Die Sexualität hat hierin einen vorrangigen Platz. Der Kunde ist für die Prostituierte uninteressant, da sie in der kurzen Zeit von ihm nicht befriedigt werden kann und soll.«

Es ist also wichtig für den Zuhälter, wie wir oben schon sahen, daß er zur Prostituierten ein Abhängigkeitsverhältnis aufbaut.

Die Prostituierte muß in ihm den Mann sehen, für den es sich lohnt, sich »voll« einzusetzen. Sie will geliebt und auch sexuell befriedigt werden. Mit einer Prostituierten sprach ich darüber, für sie bedeutete der Bezug zu ihrem Zuhälter etwas sehr Grundlegendes: *»Für den Kunden ist man nur eine Matratze. Kommt man jetzt heim in die vier Wände und wartet dort niemand auf einen, so fangen viele zum Saufen an. Das habe ich getan. Wenn ich einen Alten gehabt habe, dann habe ich das gehabt, was ich haben wollte. Ob das das Bett war oder etwas anderes . . . Ist niemand daheim, wenn du heim kommst, so wirst du deppert oder du schnappst über. In deinen vier Wänden willst du ja abschalten, da brauchst du irgendwen. Auch wenn der Depperte nur die Hand aufhält. Für jedes Busserl zahlst du. Glaubst du, der nimmt dich aus Liebe? Wenn er dich pudert, zahlst du. Du gibst ihm ja jeden Tag das Geld. Gibt er dir ein Busserl, bezahlst du.«* Ich unterbrach sie und meinte, daß doch da der Zuhälter der ist, der sich prostituiert. Sie lachte und antwortete: *»Richtig, das sehen aber die wenigsten ein.«* Ähnlich drückte dies mir gegenüber ein Mann aus, dessen Frau ihm weggelaufen war, um auf den Strich zu gehen: *»In Wirklichkeit ist der Zuhälter die Hur der Hur.«*

Die Bezeichnung des Zuhälters als »die Hur der Hur« drückt prägnant aus, was diese Prostituierte etwas genauer ausführte, nämlich, daß die Prostituierte sich den Mann und dessen Zuneigung kauft, weil sie sie braucht, um psychisch überhaupt überleben zu können.

Deutlich drückte diese Bindung ein Zuhälter aus: *»Jedes Madl will einen Buben. Es steht immer eine Liebessache am*

Anfang. Ist es nicht der Zuhälter, ist es ein anderer. Manche Huren sind nämlich so deppert, daß sie aus einem Freund einen Zuhälter machen. Die ziehen ihn fürs Herz ein und geben ihm Geld. Überhaupt, wenn er gut aussieht.

Jedes Madl braucht einen Freund, allein ist es nichts, ohne Freund. Oft kommt eine Junge an einen älteren Mann, der sie brutal ausbeutet. Aber einen Buben braucht sie fürs Herz. Sie kann fünf Männer drüberlassen fürs Geld. Wenn sie damit fertig ist, braucht sie jemanden, der sie richtig hernimmt und ihr zeigt, daß er auf sie steht.«

Der Zuhälter ist es also, der Liebe und Sexualität gibt, die die Prostituierte als Frau sich ersehnt und auch, wie hier angedeutet wird, erkauft. Die Gefühle der Prostituierten konzentrieren sich allein auf den Zuhälter, wie es auch ein Zuhälter ähnlich formulierte: *»Sie hat zu mir gesagt, wenn sie mit einem Kunden zusammen ist, hat sie kein Gefühl. Und dieses Gefühl hat sie praktisch an mir ausgelassen. Das habe ich gespürt. Da war keine gestellte* (simulierte) *Sache dabei. Bei mir hat sie sich die Befriedigung geholt, die sie wollen hat.«*

Ein Mann, der als Nachtmusiker sein Geld verdient, und der mit einer Prostituierten lebte, die sich ihm angetragen hatte, erzählte: *»Die Frau wird durch den Zuhälter sexuell gebunden. Bei mir war das so: ich wurde wegen der Frau gehänselt von meinen Musikerkollegen, weil ich mit ihr in den ersten drei Wochen, in denen sie bei mir war, nicht ins Bett gegangen bin. Sie meinten, 3 Wochen ist sie schon bei mir und ich besteig sie nicht. Sie hat ihnen nämlich gesagt, daß ich nicht will. So hat das angefangen. Zu meinen Musikerkollegen hat sie gesagt: ›Ich weiß nicht, was mit ihm los ist, der greift mich nicht an.‹ Bis dahin war ich nur freundschaftlich zu ihr. Ich habe sie so auch in die Wohnung genommen. Als sie so herumredete, sagte ich: ›Warte nur, wenn wir heute heimkommen.‹ Zuhause hat sie mir dann auf das Zumpferl gegriffen. Wahrscheinlich gefällt es einer Dirne, daß man nicht gleich das Rohr ansetzt und patsch, patsch und fertig. Ich bin dann mit der Hand in den Keller hinunter und dort und dorthin. Ich bin zur Fut hinuntergefahren. Ich habe das nun mit allen Raffinessen getrieben, bei denen ich mir fast das Kreuz gebrochen hätte. Ich wollte es ja selber und ihr hat es Berge gegeben. Weil mit Kunden kann sie das nicht im Gebüsch machen.*

*Wahrscheinlich war auch Liebe zwischen uns dabei. Die vertei-
digt mich heute noch, wenn einer irgend etwas über mich sagt,
obwohl wir nicht mehr beisammen sind.«*

Solche und ähnliche Schilderungen veranlaßten mich zu der
Überlegung, daß die sexuelle Befriedigung der Prostituierten
erst durch den Zuhälter möglich wird, denn der meist bloß
kurze Kontakt zum Kunden vermag die Prostituierte höchstens
zu reizen, nicht jedoch zu befriedigen. Bestätigt wurde dieser
Gedanke durch einen Zuhälter, der sich sehr intensiv mit der
Sexualität von Prostituierten zu beschäftigen schien: *»Die Hure
ist dauernd gereizt. Einen Orgasmus kann sie vom Gogl gar
nicht bekommen. Befriedigt wird sie nur durch mich, denn ich
schustere ohne Gummi. Wenn sie brav ist, mehrmals in der
Woche. Ich habe ja einmal gleich ein paar in der Hackn gehabt,
ich bin mir vorgekommen wie ein Zuchtstier. Von der einen bin
ich heruntergeklettert und zwei Stunden später habe ich die
andere geschustert, dann wieder die.«* Er führte weiter aus, als
ich ihm erzählte, daß ein Zuhälter mir gegenüber einmal
meinte, er müsse der sein, der der Hur den Orgasmus ver-
schaffe: *»Der Zuhälter befriedigt die Hur. Eine Frau, die für
einen auf den Strich geht, macht dies meistens aus dem einfachen
Grund, weil sie eben auf diesen Mann soviel hält, daß sie für ihn
alles macht. In dem Moment, in dem sie mit ihm ins Bett geht,
gibt sich die Frau ganz anders. Die will sich gehen lassen. Sie will
spüren, daß man sie trotzdem achtet, daß man sie trotzdem liebt.
Und das will die Frau spüren. Sie will auf eine gewisse Art
belohnt werden in der zärtlichen Art, dafür, daß man das macht.
Das ist, was der Zuhälter zu machen hat. Er muß sie spüren lassen, daß er sie, obwohl sie das für ihn macht, achtet, genauso wie
jede andere, die das machen würde. Daß er trotzdem zu ihr hält,
genauso zärtlich zu ihr ist. Diese Frauen brauchen viel Zärtlichkeit. Diese Zärtlichkeit muß man ihr geben.«* Und als ich ein-
warf, daß man mir einmal klarmachen wollte, die Prostituierte
würde jeden Tag von ihrem Zuhälter befriedigt werden, was
mir als sehr viel vorkam, ergänzte der Mann: *»Nein, das ist
nicht zu viel. Ich kann das nur von meiner Warte aus sagen. Ich
mache oft ein paar Fahrer in einer Nacht und sie kommt zu ein
paar Orgasmen. Sie will ja die Zärtlichkeit spüren. Ich komme*

oft dreimal. Sie will das spüren, als Zeichen, daß man sie trotz-
dem gerne hat, obwohl sie das macht.«

In diesen Gedanken wird also eine enge Beziehung zwischen
Sexualität als emotionaler Beziehung und dem Status des
Zuhälters aufgebaut. Der Zuhälter leitet geradezu seine Legitimation aus der Tatsache ab, daß er es ist, der jene von der Prostituierten geforderte »Zärtlichkeit« erbringt. Ihr Beruf, bei
dem Sexualität zur Ware wird, bringt es mit sich, daß die Prostituierte eine über die bloße Sexualität hinausgehende sexuelle
Anerkennung durch ihren Freund sucht.

Das geschieht eben dadurch, daß der Zuhälter die Prostituierte nicht als Lustobjekt betrachtet, sondern sie als eigenstän-
dige Person ansieht, der man klar zu machen sucht, daß man
sie liebt. Folgende Erzählung eines Zuhälters ist in diesem Sinn
zu interpretieren: *»Ein sexuelles Vergnügen ist die Prostitution*
nur für die Männer, die hingehen, aber normal hängen die
Damen dort wie die Brettln und vielleicht gaukeln sie etwas vor,
was gar nicht ist. Sie geben eine Scheinwelt vor und kassieren ihr
Geld. Den effektiven Genuß des Verkehrs hat die Hure aber nur
daheim bei dem, den sie gerne hat. Die Zeit, in der sie mit dem
Kunden beisammen ist, wäre auch viel zu kurz, denn die Frau
braucht länger, bis sie gereizt ist und einen Orgasmus hat. Das ist
der springende Punkt, wenn sich eine Dirne einen Zuhälter hält.
Nicht, um einen Mann zu haben, um das Geld anzubringen.
Wichtig ist, daß ich ihr sexuell etwas gebe, da sieht sie, daß ich
mich bemühe. Ob es Abarten sind oder nicht, das spielt keine
Rolle. Aber dieser Mensch, der dir vertraut, der für dich in die
Hackn geht, auf den Strich, dem mußt du Liebe bringen. Die
eine will es haben mehr auf der Klitoris, der ›Virginia‹, daß man
dort hinfährt. Die andere braucht es fest und die andere braucht
ein paar Schläge auf den Popsch. Das gehört zur sexuellen
Befriedigung. Und das muß ich als Mann erkennen. Dann geht
die Frau auch für mich in die Hackn.«

Diese starke Bedeutung der Sexualität für die Prostituierte,
wie sie mir in den Interviews offenkundig wurde, diskutierte
ich auch mit einer sehr intelligenten und noch jungen Prostituierten. Für diese war es wichtig, daß der Mann, der sie in einer
Bar anstellte, wo sie sich das erste Mal prostituierte, regelmäßig mit ihr sexuell verkehrte, was sie als Anerkennung und

Zuneigung interpretierte. Die Frau, die sehr attraktiv ist, berührte es psychisch sehr, als der Zuhälter, von dem sie sich nun gelöst hat, den sexuellen Kontakt zu ihr einschränkte: »*Er ist häufig in meine Wohnung gekommen und hat mit mir geschlafen. Auf einmal kommt er mit dem Schmäh daher: ›Paß auf, ich habe Hämorrhoiden, ich kann nicht mehr.‹ Ich Trottel glaube ihm das, er tut mir noch leid, denke ich mir, mein Alter kann nicht mehr, es tut ihm weh. Auf einmal war es dann aus mit der Heiterkeit. Er hat nur einmal in der Woche mit mir geschlafen, den Rest war ich alleine. Die erste Zeit hat er mich in die Hackn geführt, hat mich von der Hackn abgeholt und hat mit mir geschlafen usw. Das Kümmern ist dann immer ein bißl weniger geworden. Wie gesagt, das Gemeinsame hat aufgehört, er hat nur mehr einmal in der Woche mit mir geschlafen, hat mich weder in die Hackn geführt, noch hat er mich abgeholt, noch hat er mich zur Visite geführt. Es ist immer nur dann gegangen, wenn ich heiß gerannt bin, wenn ich ihm also einen Vorwurf gemacht habe. Umso mehr Kelch ich ihm gemacht habe, umso mehr hat er sich dann um mich gekümmert. Aber es ist immer nur so 1–2 Wochen gut gegangen, dann war es wieder aus. Ich bin dann auf folgendes draufgekommen: vor mir war er schon eine Zeit mit einer zusammen, die auch in einer Bar gearbeitet hat, mit der ist er heute noch zusammen. Ich habe das damals nicht gewußt. Er hat eine Wohnung und sie hat eine Wohnung. Bei ihr hat er sich das geholt, was er angeblich bei mir nicht hatte. Mir hat er aber vorher erzählt, ich sei seine Alte, er hält auf mich und weiß der Teufel was noch. Ich war furchtbar unglücklich. Als ich wieder mit ihm einmal gestritten habe, habe ich aus Zorn meinen Dekkel zerrissen. Ich habe durchgedreht und geschrien: ›Ich will nicht mehr.‹ Am nächsten Tag habe ich den Deckel wieder zusammengeklebt. Er hat mir erklärt: ›Für das gehört dir normalerweise eine in die Goschn.‹ Ich bin wieder zur Visite gefahren und habe gesagt: ›Entschuldigung, ich habe den Deckel zwischen den Zeitungen gehabt und habe sie zerrissen und auf einmal sehe ich etwas Grünes, das war der Deckel.‹ So ist das immer weiter gegangen. War ich krank, war ich die Böse. Habe ich viel verdient, war ich brav und habe alles gehabt. Im August 1980 war mein erster Urlaub. Wir sind nach Jugoslawien gefahren mit all' den anderen Strizzis, die er kannte, und ihren Wei-*

bern. Na, ein schöner Urlaub, ich bin mir vorgekommen wie am Gürtel. Denn dauernd habe ich gehört: ›Hackn hin und Hackn her usw.‹ Zu diesem Zeitpunkt hat er mich schon lange nicht mehr angerührt. Ich bin dann abgepatscht.

Ich habe ihn dann wieder getroffen. Er hat mich gefragt: ›Warum bist du abgehauen?‹ Ich habe ihm gesagt: ›Ich pack' es nicht mehr. Du greifst mich nicht mehr an. Bin ich für dich giftig? Für die Hackn bin ich gut genug und alles andere zählt nicht?‹ Darauf sagt er zu mir: ›Schau, ich habe nichts dagegen, wenn du unbedingt das Bedürfnis danach (nach Sexualität) hast, dann hole es dir bei deinen Gästen, ich bin dir ja nicht böse darüber, das macht ja jede Alte.‹ Ich bin dort gestanden, ich bin weiß geworden. Das war natürlich für mich der ärgste Schock, das war ärger als jede Ohrfeige. Und da fiel für mich der Schranken. Er glaubte, es ist noch alles in Ordnung, aber ich war insgeheim schon fertig mit ihm.«

Die Frau, die in der Folge zu einem anderen Zuhälter überwechselte, zeigt in dieser Erzählung sehr deutlich, daß es ihr um eine tiefe innige Beziehung zu dem Zuhälter geht, die es ihr überhaupt ermöglicht, dem Geschäft der Prostitution nachzugehen. Sie findet es daher als Beleidigung, als er ihr mitteilt, sie solle sich sexuell bei einem Kunden befriedigen. Der sexuelle Akt, der mit dem Gast rein geschäftlich und daher eher oberflächlich ist, wird in der Beziehung zum Zuhälter zu etwas Besonderem, er wird zu dem, was als »Liebe« bezeichnet werden kann. Im sexuellen Kontakt zum Zuhälter erfährt die Prostituierte also ihre Anerkennung als Objekt der »Liebe«. Es muß sie daher treffen, wenn der Zuhälter sich nicht mehr sexuell um sie bemüht.

Eine ca. 40 Jahre alte Prostituierte, die ich auf diese Sache ansprach, stimmte dem zu, was mir erzählt worden war, und brachte es drastisch auf die Formel: »Bei mir geht alles nur über das Bett. Ist der Alte da gut, dann ist alles gut.«

Wesentlich ist demnach, daß der Zuhälter die Prostituierte liebt und ihr jene sexuelle Befriedigung verschafft, die sie sich sonst nirgends holen will oder kann.

Tragisch wird es jedoch, wenn sie sieht, daß der Zuhälter sich von ihr zurückzieht und sie ihre Liebe nicht erwidert glaubt. Ist die Abhängigkeit vom Zuhälter sehr groß und kann sie sich nicht lösen, so kann dies in schweren Depressionen und im Alkoholismus enden, wie ich es an einigen Frauen beobachten konnte.

Gewalt als Strategie des Zuhälters

Es scheint zum Alltagswissen des aus der Tagespresse unterrichteten Bürgers zu gehören, daß Gewalt und Zuhälter synonyme Begriffe sind. Gewalttätiges Handeln scheint geradezu typisch für den Zuhälter zu sein. Bei meinen Interviews wurde mir dagegen nicht nur von Zuhältern, sondern auch von Prostituierten betont, daß die Gewalttätigkeit heute in der Welt der Prostitution eher rückläufig sei, was aber nicht heißen soll, daß sie verschwunden ist. Denn in gewisser Weise spielt Gewalt noch immer eine nicht unwesentliche Rolle. Ich meine außerdem, daß in unteren sozialen Schichten Gewalttätigkeiten – z. B. zwischen den Ehepartnern – nicht selten sind und beinahe toleriert werden. Wenn also ein Ehemann seine Ehefrau schlägt, so wird dies in unteren Schichten anders bewertet als in höheren. Da der Zuhälter grundsätzlich aus diesen sozialen Bereichen kommt, ist auch für ihn das Schlagen oder Ohrfeigen seiner Freundin z. T. vor einem solchen kulturellen Hintergrund zu werten.

Eine ältere Dirne meinte dazu zu mir, durchaus in Übereinstimmung zu diesem Gedanken: »*Ich selbst lasse mir es nicht gefallen, wenn ich geschlagen werde. Die Madln, die geschlagen werden, die mit den blauen Augen daherkommen, sind oft selbst schuld. Wieviele normale Frauen bekommen Hiebe, wenn der Alte besoffen heimkommt? Da ist es* (das Schlagen) *akzeptiert, bei der Hure* (durch den Zuhälter) *aber nicht.*« In dieser Überlegung wird gezeigt, daß Gewalt bzw. Schlagen in gewissen sozialen Schichten als alltäglich und tolerierbar erscheint, wobei es Sache der Frau ist, sich entsprechend gegen solche Übergriffe zu wehren.

Während noch vor einigen Jahren Gewaltakte von Zuhältern gegenüber Prostituierten eher als »selbstverständlich« gewertet wurden, hat sich heute insofern eine Änderung durchgesetzt, als Brutalität im Handeln nicht unbedingt positiv bewertet wird. In diesem Sinn ist die Aussage eines ca. 40 Jahre alten, erfahrenen Zuhälters zu deuten: »*Zwingen kannst du die Hure nicht* (auf den Strich), *dann gehst meier. Erst wenn sie selber gehen will, dann ist es leiwand. Frauen, die gezwungen werden, können einem das ganze Geschäft zusammenhauen... Am besten ist es, wenn das Madl auf den Strich geht, um sich und ihrem Zuhälter eine Freude zu machen.*«

Anders scheint es mit den jungen, noch unerfahrenen Zuhältern zu sein, die ihre ersten Erfahrungen am Strich erst machen müssen. Unter diesen Zuhältern, die mitunter mit dem Terminus »Burenhäutlstrizzi« belegt werden, ist der Bezug zur Gewalt freilich da. Diese Zuhälter versuchen, durch brutales Handeln sich gegenüber anderen Zuhältern und Prostituierten hervorzutun, um so zu einem besonderen Ruf zu kommen. Eine Prostituierte charakterisierte solche jungen Zuhälter so: »*Diese Burschen meinen, zum Beruf des Zuhälters gehört das Schlagen usw. dazu. Die kommen sich dabei gut vor.*« Und ein etablierter Zuhälter ergänzte: »*Die bösen Zuhälter, von denen man hört, sind die ganz miesen Buben, die verzogen worden sind, die Body-Building betreiben und den wilden Mann spielen.*«

Und eine Prostituierte interpretierte die heutige Position des Zuhälters: »*Heute läßt sich die Hur auch nichts mehr gefallen, wie es früher sich abgespielt hat. Es ist nicht mehr so, daß ein Zuhälter kommt und sagt:* ›*Du horch, du wirst heute in die Hackn gehen, sonst stich ich dich nieder.*‹ *So ist das nicht mehr. Mich kann keiner zwingen. Früher hat es das einmal gegeben und hie und da wird es das heute auch noch geben, über das liest man dann in der Zeitung. Das ist ein gewisser Prozentsatz, der gewalttätig ist, aber nie bei mir.*«

Für mich war es schwierig, dazu Regeln, die man als typisch für den Zuhälter annehmen kann, herauszufinden; zu widersprüchlich waren die Antworten, die ich erhielt. Aber trotzdem meine ich, daß Gewalttäter in diesem Milieu der Prostitution heute ein eher niedriges Prestige genießen und wahrscheinlich in der Minderzahl sind.

Von ihrem früheren Zuhälter erzählte eine ehemalige Prostituierte: »*Von dem habe ich eine Narbe, er hat mich in den Schädel gestochen, hat mich mich eine Künette (Graben) gehauen* und mit Pflastersteinen zugedeckt. Früher waren auch die Würfel-zucker modern, mit denen man den Madln einen Fahrer im Gesicht gemacht hat, heute hauen sie sie eher mit dem Puffer nie-der, die hauen dir eine auf den Blutzer. Das sind aber nur wenige, es sind die gewissen.«

Ein Zuhälter, den ich um seine ehrliche Meinung zur Frage der Gewalt fragte, meinte: »Es gibt Zuhälter, bei denen am Anfang, wenn sie eine Hur haben, Gewalt dabei ist. Und zwar aus dem einfachen Grund, weil meistens sträuben sich die Madln am Anfang. Dann bekommen sie einfach ein paar Tetschen und machen es.«

Eine junge Prostituierte erzählte mir, daß sie für einen Zuhälter einmal auf den Strich gegangen sei, der mit Gewalt versucht hat, sie zu halten, obwohl sie weg wollte: »Ich hätte nicht einmal davonrennen können, er hat mit dem Revolver unter dem Kopfpolster geschlafen. Wir haben in einem Hotel gewohnt. Drei Wochen später habe ich die Hotelzimmertür aufgebrochen, denn er hat mich ja eingesperrt gehabt. Ich bin hinunter gelaufen und habe meine Mutter angerufen. Mein Bruder hat mich dann geholt. Drei Monate war ich für ihn auf dem Strich. Trotz der Schlafpulver bin ich nicht eingeschlafen. Der hat mich immer geschlagen.« Dieser beschriebene Zuhälter gehört zu der Kate-gorie der gewalttätigen Zuhälter, deren Ansehen eher gering ist. Die Erzählung zeigt das Bemühen der Prostituierten, von ihrem Zuhälter, der sich brutal verhält, loszukommen, ein Unternehmen, das ihr schließlich gelingt.

Durch Brutalität ist auch die Beziehung zwischen einem 40jährigen Zuhälter und seiner ca. 35 Jahre alten Prostitu-ierten bestimmt, wobei er behauptet, die Prostituierte hätte einen Zug zum Masochismus. Der Zuhälter erzählt: »Vorige Woche hat sie mich provoziert. Ich bin davongerannt, vor lauter Wut habe ich Sachen gemacht, um mich abzureagieren. Sie ist mir nachgekommen und hat mich weiter provoziert, da habe ich ihr eine in die Goschen gehauen. Sie hat dann gesagt: ›Du kannst mir auch auf der anderen Wangenseite eine hinunter-hauen.‹ Da habe ich ihr eine auf die andere Seite gegeben. Dann hat sie ein blaues Auge gehabt und war befriedigt. Sie geht am Strich auch viel goustieren. Ich habe sie ein paarmal dabei erwischt. Das spricht sich schnell herum, wenn eine am Strich goustiert. *Da bekommt man schon Knödel, wenn sie keinen Schilling heimbringt. Da weißt du offensichtlich: die hat auf die Hackn geschissen und goustiert. Sie ist die schlechteste Verdienerin, die ich je hatte.«* Der Zuhälter, der dies erzählte, sah seine Schläge gerechtfertigt, vor allem deshalb, weil die Prostituierte nicht die Absicht zeigte, wie vereinbart auf den Strich zu gehen und zu verdienen. Die Sanktionen des Zuhälters haben also den Sinn, die Prostituierte an die zumindest stillschweigende Übereinkunft zu erinnern, Geld am Strich zu verdienen, während der Zuhälter ihr Schutz, Zuneigung usw. garantiert.

Über die Beziehung zwischen den beiden sprach ich anschließend noch mit einigen Personen, die beide gut zu kennen schienen, so auch mit einer Barfrau, welche meinte, daß diese »schlechte Verdienerin« »pervers auf Schläge« sei und geradezu nach Schlägen »bettle«. Der Frau wurde somit so etwas wie Masochismus unterstellt.

Diese Überlegung ist übrigens eine Begründung für Gewalt gegenüber Prostituierten, die man nicht selten von Zuhältern hört. Schläge werden also als etwas durchaus Wünschenswertes interpretiert. Ein ehemaliger Zuhälter drückt dies so aus: *»Es gibt genug Masochistinnen unter den Huren. Die brauchen ihre Hiebe jeden Tag, sonst geben sie keinen Frieden. Ich habe eine gekannt, die Hur von einem Haberer, der hat für sie die Peitsche gebraucht. Der hat sie auch gebissen, daß ihm nur so die Zähne gewackelt haben. Die ist auf das gestanden. Ohne dem ist sie nicht auf den Strich gegangen. Wenn die Zuhälter ein Weib nur so zum Spaß* (wenn sie nicht masochistisch sind) *schlagen, sind sie ja Trotteln. Ein solcher haut sein Madl so, daß sie ein blaues Auge hat, daß sie gar nicht in die Hackn gehen kann. Das ist natürlich kein Geschäft.«* Als ich ihn fragte, ob diese Frauen zur Polizei gingen, wenn sie geschlagen würden, meinte er: *»Ganz selten. Die haben sich das nicht getraut. Sie hätten dann nicht mehr dort stehen können.«*

Gewalttätigkeiten scheinen also in einigen Beziehungen zwischen Prostituierten und Zuhältern einen wichtigen Stellenwert zu haben. Aus mir nicht immer klaren Gründen zeigen die wenigsten Prostituierten ihren Freund bei der Polizei an. Vielleicht ist es die Angst vor weiteren Akten der Brutalität oder eben Masochismus, die die Prostituierte von einem solchen

Schritt abhalten. Auf Masochismus berief sich mir gegenüber auch ein Zuhälter, der erzählte, er hätte seine Prostituierte bereits dann saftig verprügelt, wenn sie ihm zum Abendessen eine Biermarke vorsetzte, die er nicht wollte. Die Frau hätte sich gegen die Schläge nicht gewehrt und sei ihm auch nicht davongelaufen, denn die »Liebe« zu ihm sei »groß« gewesen.

Folgender Bericht einer Prostituierten deutet das Geschlagenwerden geradezu als positive Hinwendung des Zuhälters zu ihr: »*Wenn ich einen Fehler bei meinen Gästen gemacht habe und er das erfahren hat, hat er gesagt: ›Du Trottel, ich habe dir das schon hundertmal erklärt und jetzt machst du das.‹ Er hat mir aber zu diesem Zeitpunkt nie eine Watsche gegeben, sondern er hat mich mit Verachtung gestraft. Er hat gesehen, eine Watschen, da putz ich mich ab, das ist mir wurscht. Er kann mir eine geben, das vergeht. Aber wenn er mich mit Verachtung straft, das hat mir wehgetan. Er hat mich nicht mehr angeschaut, er ist nicht zu mir gekommen, er ist mit mir auf keinen Kaffee gegangen, er hat nicht gesagt: ›Lieb bist du, brav bist du‹, sondern höchstens: ›Ja, ist in Ordnung.‹*«

Die Prostituierte stellt hier psychische Gewalt der körperlichen gegenüber. Letztere hält sie für weniger problematisch. Der Liebesentzug trifft sie hart, sie sieht nun, der Zuhälter will sie nicht mehr, sie ist für ihn nicht mehr die Frau, die er auf den Strich brachte, als er ihr vormachte, daß er sie liebe usw. Die Prostituierte geht also auf den Strich, weil sie weiß oder hofft, ihm dadurch einen Gefallen zu tun und um seine angebliche Liebe zu ihr zu festigen.

Diese Diskussion zur Gewalt des Zuhälters zusammenfassend, glaube ich drei Formen von Gewalt, die der Zuhälter gegenüber der Prostituierten setzt, theoretisch festhalten zu können:

a) Die in der Subkultur der Prostitution überlieferte, aber heute eher wenig angesehene Form der Gewalt, die von einigen, vor allem jüngeren Zuhältern, den sogenannten »Burenhäutlstrizzis«, geübt wird. Diese und andere sind aufgrund ihres Alltagswissens offensichtlich der Meinung, brutales Handeln wäre notwendig, um z. B. eine Prostituierte auf den Strich zu bringen. Sie sehen sich als Zuhälter geradezu legitimiert, die Dirne zu schlagen, wenn sie gewisse an sie gestellte Erwartungen nicht erfüllt. Folgende Charakterisierung eines Zuhälters durch eine Prostituierte paßt in diesen Zusammenhang: *»Das war ein solcher, der hat sie* (seine Freundin) *, wenn sie ihm z. B. 1000 S heimgebracht hat, gefragt: ›Warum hast du keine 1500 S gebracht?‹ Und er hat ihr dann eine aufs Aug' gehauen.«*

Grundsätzlich jedoch, dies möchte ich aufgrund des oben Dargelegten festhalten, haben heute – speziell im Wiener Milieu der Prostitution – jene Zuhälter weniger Prestige, die ihre Prostituierte durch Gewalttätigkeiten zu etwas zwingen. Besonders die etablierten und finanziell vermögenden Zuhälter versuchen, sich einen Ruf aufzubauen, nach dem brutales Handeln für sie eher nicht typisch ist. Wie noch zu sehen sein wird, ist es für eine Reihe von Prostituierten durchaus möglich, zu anderen Zuhältern überzuwechseln, wenn sie Gewalttätigkeiten nicht dulden wollen. Dieses Wissen mag manchen Zuhälter davon abhalten, seiner Prostituierten mit Gewalt zu begegnen. Eine Feststellung zu diesem Thema, die ich von einer Prostituierten hörte, umfaßt treffend unsere Überlegungen: *»Wenn ein Zuhälter viel Geld hat, ist es ihm scheißegal. Gewalttätig sind die, die im Mittelstand sind, kein Geld haben und nicht arbeiten gehen wollen. Und wenn die Katz sagt: ›Hörst, ich scheiß' auf dich‹, dann bekommt sie eine in die Goschn. Die zwingt er dann. Die hat Angst und sucht sich dann einen anderen. Das ist relativ häufig.«*

Und ein Zuhälter meinte ähnlich in diesem Sinn: *»Die Burenhäutlstrizzi, die wegen Gewalttätigkeiten vorbestraft sind, sind normal solche Typen, sie haben solche Ärmel. Meist sind sie zwischen 18 und 30 Jahre. Von Psychologie haben sie keine Ahnung, ein gescheiter Zuhälter schlägt seine Frau überhaupt nicht oder nur wenn es unbedingt notwendig ist.«*

b) Verwandt mit dieser ersten Form ist die zweite Form der Gewalt, nämlich jene, die in diesem subkulturellen Rahmen toleriert und oft auch sogar als »legitime« Sanktion gefordert wird. Sie wird dann gegenüber einer Prostituierten gesetzt, wenn sie wichtige Regeln der Prostitution verletzt und sie ihren Kolleginnen bzw. ihrem Zuhälter Schwierigkeiten ernserer Natur bereitet. Da es in dieser Subkultur so etwas wie bei Gericht durchsetzbare Normen nicht gibt, bedarf es informeller Sanktionen, um die Einhaltung subkultureller Regeln zu garantieren. Zu diesen Normen zählen, wie unten noch ausgeführt wird, ein bestimmtes Verhalten gegenüber dem Kunden, die Verwendung von Präservativen u. ä. Die Sanktionen, die hier einsetzen, sind, wie es diesem Milieu entspricht, Sanktionen der Gewalt. Wenn also z. B. eine Prostituierte, aus welchen Gründen immer, ihren Zuhälter bei der Polizei anzeigt – ein sehr grober Verstoß gegen diese »Ordnung« der Prostitution –, so muß sie damit rechnen, zunächst von ihrem Zuhälter und meist auch von anderen Zuhältern verprügelt zu werden. Durchaus diese Normen akzeptierend erwähnte eine Prostituierte: *»Eine Hur wird verdroschen, wenn sie gegenüber dem Zuhälter grean ist, wenn sie ihn betrügt, wenn sie mit einem anderen Zuhälter fortgeht usw. Dann bekommt sie das, was sie braucht.«* Das »geschäftliche« Verhältnis von Prostituierter und Zuhälter verträgt eine Beeinträchtigung des Ablaufs der Prostitution nicht. Damit die Durchführung der Prostitution in den gewohnten Bahnen gesichert bleibt, muß die Prostituierte mit Sanktionen rechnen, wenn sie diese Bahnen zu stören scheint.

c) Die dritte Form der Gewalt ist schließlich eine Gewalt, die eher mit psychoanalytischen Kategorien zu deuten ist. Für den Soziologen ist die Tatsache wichtig, daß eine Reihe von Zuhältern meinen, ihre Prostituierten hätten es »gerne«, wenn man sie prügelt. Vor diesem Wissenshintergrund handeln einige Zuhälter, wenn sie glauben, in dieser Interpretation nicht zu irren, da ja die Prostituierte keine Anstalten macht, sie zu verlassen.

Ich habe mit einer Reihe von Frauen aus dem Milieu der Prostitution und auch mit Zuhältern darüber gesprochen, um die Haltbarkeit solcher Argumentationen zu ergründen. Tatsächlich, wie es auch die oben zitierte Schilderung einer Dirne bestätigen würde, bedeutet es für einige Prostituierte so etwas wie Zuwendung und Liebe, wenn der Zuhälter sie schlägt. Er zeigt damit, daß sie für ihn wichtig ist und er sich für sie interessiert. Verachtung von seiten des Zuhälters, ohne den durch das Schlagen gegebenen körperlichen Kontakt, wird von manchen Prostituierten als schmerzlich empfunden, das Geschlagenwerden dagegen eher nicht. Eine solche Haltung mag darin gründen, daß sich vor allem die junge Prostituierte den Wünschen ihres Freundes und Zuhälters aus Liebe vollkommen unterordnet und die Kontakte in ihre frühere Welt gänzlich aufgegeben hat. Ein Bruch mit dem Zuhälter würde bedeuten, daß dieses Opfer umsonst war. Um es nun nicht zu einem solchen Bruch der Bindung an den Zuhälter kommen zu lassen, nimmt die Prostituierte die Schläge auf sich und hofft auf die Zuneigung des Zuhälters.

Verbunden mit einer solchen Tendenz mag auch eine masochistische Veranlagung sein oder eben der Wunsch, durch Leiden für das Handeln als Prostituierte – im Sinne bürgerlicher Moralvorstellungen – »bestraft« zu werden (Überlegungen dieser Art gehören jedoch in das Gebiet der Psychoanalyse und sollen hier nur angedeutet werden).

Die Reaktionen der Prostituierten – Gedanken zur Beziehung zwischen der Prostituierten und dem Zuhälter

Im letzten Kapitel bin ich u. a. darauf eingegangen, daß die Prostituierte es bisweilen duldet, wenn der Zuhälter ihr gegenüber gewalttätig ist. Trotzdem bringt sie in den meisten Fällen – zumindest am Beginn der Beziehung – dem Zuhälter ein gewisses Maß an Zuneigung entgegen, das ihr den Weg in die Prostitution erleichtert.

Diese Zuneigung erkauft sich die Prostituierte durch das Geld, das sie verdient. Eine Prostituierte drückte dies so aus: *»Wenn ich heimkomme, gebe ich ihm das Geld. Wer prostituiert sich da? Ich oder er? Wenn ich kein Geld bringe, bekomme ich kein Busserl.«* *

Der Zuhälter ist also für die typische Prostituierte ein wesentliches Liebesobjekt. Keineswegs kann ich hier einer Theorie zustimmen, die ich einmal bei einem Vortrag eines Kriminologen über Prostitution gehört habe, nach der sich die Prostituierte den Zuhälter als Objekt der Verachtung nehme.

Vom Zuhälter erwartet sich die Prostituierte vielmehr, wie bereits detailliert behandelt, daß er sie als Frau anerkennt und »liebt«. Wird nun die Liebe der Prostituierten vom Zuhälter

---

*) Vgl. S. 107 ff.

nicht erwidert oder will sie einfach diesen Zuhälter nicht mehr, so versucht sie, von ihm wegzukommen, was nicht immer unproblematisch ist. Es dürfte jedoch heute der Prostituierten leichter sein – infolge der oben bereits angedeuteten Änderungen in den Wertvorstellungen dieser Subkultur –, von ihrem Zuhälter loszukommen. Die folgende Schilderung einer Prostituierten geht auf diese Änderung ein, sie ist aber auch deshalb interessant, weil die Prostituierte erzählt, wie sie sich von einem Mann löst, als dieser die Absicht zeigt, als eine Art Zuhälter von ihrem Geld zu leben. Die Bindung an diesen Mann war freilich nur oberflächlich:

»Das ist heute nicht mehr so... die haben auch ihre Zahlungen usw., so ist das nicht, daß das Geld auf der Straße liegt... und dann ist das Weib heute auch selbständiger geworden. Die läßt sich auch nicht mehr das gefallen, wie es sich früher abgespielt hat, das ist auch bei den anderen Frauen so, den Hausfrauen... Es wird ja keiner zum Zuhälter geboren. Da muß erst einmal ein Weib da sein, die zu ihm sagt: ›Du brauchst nicht arbeiten zu gehen, du mußt Zeit haben für mich.‹ So einen habe ich auch kennengelernt, der war Student, ewiger Student, der auf Kosten seiner Mutter gelebt hat, und als er mich kennengelernt hat, hat er geglaubt, jetzt kann er auf meine Kosten gut leben. Ich wollte haben, daß er studiert. Ich habe ihm den Schlüssel meiner Wohnung gegeben und habe ihm gesagt: ›Horch, da hast du den Schlüssel meiner Wohnung und du kannst studieren, wenn ich nicht da bin.‹ Und was hat er gemacht? Er war die ganze Nacht in berüchtigten Lokalitäten. Und dann hätte ich noch Gewissensbisse haben müssen, daß er seine Prüfungen wegen mir nicht gemacht hat. Ich meine, so geht das nicht. Der Bursche hat darauf spekuliert, daß er durch mich statt mit einem Volkswagen mit einem Mercedes fahren kann. Da hat er sich aber verspekuliert. Bei mir ist die Eisenbahn darübergefahren. Ich bin dann einfach drei Tage nicht heimgekommen und was sehe ich, daß meine Sparbüchse leer ist und so alte Ringe, von meiner Mutter noch, weg waren. Dem habe ich darauf das Leben zur Hölle gemacht. Ich bin in das Etablissement gefahren, in dem er war, und habe ihn vor allen zur Rede gestellt und gefragt, was mit meinen Sachen ist. Am nächsten Tag habe ich meine Schlüssel und die anderen Sachen zurückgehabt. Ihm war es

unangenehm, daß ich dorthin gekommen bin. Mit seinem schö-
nen Leben war es dann aus.«

Die Prostituierte zeigt sich somit als eine sehr selbständige
Frau, die es als unfair empfindet, von einem Freund, der allerdings nicht aus der »Szene« kommt und den sie an ihrem Geld
partizipieren läßt, ausgenützt zu werden.

Diese Darstellung weist darauf hin, daß heute – dies wird
auch von anderen Dirnen betont – für Prostituierte eine echte
Chance besteht, auch ohne Zuhälter unproblematisch zu
leben, bzw. sich von einem Zuhälter zu trennen.

Problematischer ist es jedoch, wenn ein Zuhälter eine inten-
sive geschäftsmäßige Bindung an die Prostituierte hat und er
alles daran setzt, daß diese Bindung nicht abbricht. Eine Prostituierte, die gemeinsam mit einer Kollegin in einer Wohnung
ihre Kunden empfing, die ihnen von einem Zuhälter zur Verfügung gestellt worden war, erzählte, daß sie und ihre Kollegin,
nachdem sie beide diesem Mann sehr nahe gestanden waren,
sich aufgrund von Schwierigkeiten von ihm trennen wollten.
Sie fühlten sich ausgenützt und »hineingelegt«, denn der
Zuhälter erwies sich nicht als der Freund, als der er sich
zunächst darstellte. Es war nicht leicht, sich von ihm zu lösen,
da er auf beide Druck ausübte: *»Meine Freundin und ich woll-*
ten also weg von ihm. Als er das mitbekam, drohte er mir, daß
ich das nicht zu probieren brauche, er finde mich überall und
dann, wenn er mich gefunden hat, passiere etwas. Er hat ein paar
seiner Freunde zu mir als Gäste geschickt. Ich habe sie nicht
gekannt. Erst später bin ich draufgekommen, die haben aufge-
paßt, was ich so rede. Meine Freundin, die ist heimlich mit ihrem
Exfreund zusammengekommen. Sie ist nämlich auf Hausbesuch
gegangen und da hat sie ihn besucht. Sie hat ihm gesagt, daß sie
verzweifelt ist und es nicht mehr derpackt. Sie kann nicht mehr,
denn der Zuhälter will sie zwingen, bei ihm zu bleiben, sie will
aber nicht mehr. Ihr Exfreund ist dem Zuhälter dann draufge-
kommen, daß er einen Kreditbetrug gemacht hat, gemeinsam
mit meiner Freundin. Er hat ihr nun eingeredet, zur Polizei zu
gehen und Selbstanzeige zu machen. Meine Freundin ist zur Poli-
zei gegangen und hat das angezeigt und hat auch angegeben,
daß er uns gezwungen hat, die Karte zu holen und uns geschla-
gen hat. Wegen Körperverletzung, Nötigung und Kreditbetrug

wurde er angeklagt. Mich haben sie dann auch verhaftet, weil sie geglaubt haben, ich decke ihn. Und dann ist er verhaftet worden. Und solange er im Gefängnis war, ist es uns blendend gegangen.« Der Zuhälter versuchte jedoch vom Gefängnis aus, mit ihr weiter in Kontakt zu bleiben, durch Liebesbriefe u. a., doch die Prostituierte liierte sich nun mit einem anderen Zuhälter, der auch ihren Schutz übernahm.

Für eine andere, etwa 22 Jahre alte Prostituierte, die in einem sehr engen Nahverhältnis zu ihrem Zuhälter stand, bedeutete es einen Schock, als sie einsehen mußte, daß dieser Mann sie ausbeutete und ihre Liebe nicht erwidert wurde: *»Ich habe mir von dem, was ich verdient habe, keinen Schilling behalten. Er hat sich gekümmert um die Miete und die Betriebskosten. Um die Spesen in der Wohnung habe ich mich selbst gekümmert. Er hat sich um alles gekümmert, er hat mir das Gewand gekauft. Ich habe also das Geld aufgestellt, ich war die brave Alte. Wenn ich wieder einen Blödsinn gemacht habe, war ich die Böse. Und ich bin dann schon vorsichtig geworden, da habe ich dann schon aufgepaßt. Ohne sein Wissen habe ich mir dann Geld auf die Kanten gehauen. Ich habe mir bald gekauft, was ich wollte. Ihm habe ich erklärt, das hat mir ein Gast gekauft. Er hat es mir eh nicht geglaubt, aber er hat mir nichts beweisen können.«* In der Folge steigert sich ihr Haß gegen ihn: *»Ich habe begonnen, mir nicht alles gefallen zu lassen. Meinen ersten Niederschlag habe ich in der Hacknwohnung von ihm bekommen. Er hat mich total niedergehauen. Aber dann war bei mir eine Schranke da. Ich habe nun begonnen, ihn ganz zu verachten . . . Ich habe ihn noch getroffen. Er hat gesagt: ›Na, was ist?‹ Ich: ›Paß auf, mir paßt das nicht, ich will nicht mehr, hören wir auf.‹ Dann er: ›Wie soll ich das verstehen?‹ Sag ich: ›Paß auf, angreifen tust du mich nicht mehr, für die Hackn bin ich dir gut genug, ich will nicht mehr, aus, ich pack dich nicht mehr. Ich habe genug von deinen Sachen.‹ Die ganze Debatte hat drei Stunden gedauert.«* Schließlich erklärte sie sich bereit, dem Zuhälter regelmäßig einen Geldbetrag zukommen zu lassen. Sie kaufte sich also frei (s. u.).

Auch diese beispielhafte Schilderung zeigt, daß die Prostituierte nicht geneigt ist, jedes Verhalten des Zuhälters zu dulden.

In anderen Fällen mag allerdings die Beziehung zwischen

Prostituierter und Zuhälter nicht so problemlos beendet werden. Gegenseitig aufgebauter Haß wird dazu beitragen, daß jeder den anderen fürchtet, weil er ihn entweder bei der Polizei verraten oder sich an ihm brutal rächen will. So erfuhr ich über eine Prostituierte die Geschichte einer Freundin, die dafür symptomatisch zu sein scheint: *»Meine Freundin ist jetzt in Spanien oder in Deutschland. Sie hat einen Blödsinn zusammengedreht, sie hat ihren Holdesten meier gehen lassen. Auf ihren Schmäh ist er zwei Jahre gesessen. Damit sie eine Ruhe hat von ihm, hat sie ihn auf die Heh gehetzt. Sie wollte weg von ihm. Sie hat zu ihm gesagt: ›Ich will fort von dir.‹ Er hat ihr nichts in den Weg gelegt und sie hat von sich aus gesagt: ›Ich zahle dir 30.000 S und wir haben Ruhe.‹ Von dem Geld hätte er die Möbeln abzahlen sollen usw., weil er sich die Wohnung behalten wollte, die haben sie gemeinsam gehabt mit Möbeln und allem. Sie hat gesagt, sie ruft ihn am nächsten Tag an wegen des Geldes. Und am nächsten Tag hat sie auch angerufen. Er fragte am Telefon: ›Was ist mit den 30.000 S, wann bringst du sie mir?‹ Angerufen hat sie ihn in der Berggasse von der Polizei aus und Polizisten haben mitgehört. Darauf ist er wegen Nötigung verurteilt worden und hat zwei Jahre bekommen. Das war eine totale Linke von ihr, sie hat ihn echt hineingedreht. Das war eine Schweinerei, was sie gemacht hat. Sie ist dann noch ein Zeit auf der Wienzeile* (als Prostituierte) *gestanden, dann ist sie aber abgerissen. Kurz bevor er herausgekommen ist, war sie weg. Angeblich ist sie jetzt in Deutschland oder in Spanien.«*

Die Prostituierte hat in diesem Fall zu einer recht beliebten Möglichkeit gegriffen, um von ihrem Zuhälter loszukommen, nämlich ihn bei der Polizei anzuzeigen. Allerdings muß sie mit Sanktionen ihres ehemaligen Zuhälters rechnen, denen sie sich jedoch durch die Flucht aus Wien zu entziehen hofft.

Gerade Zuhälter, für die Gewalt eher typisch ist, versuchen, wie wir schon sahen, »ihre« Prostituierte mit Gewalt an sich zu binden.

Ich war selbst Zeuge einer solchen Aktion eines Zuhälters gegenüber »seiner« Prostituierten. Als ich in einem bei Zuhältern und Prostituierten beliebten Kaffeehaus saß, ging die Tür auf und eine junge Frau lief erregt in das Lokal. Einige junge Männer, offensichtlich keine Zuhälter, aber doch aus dem

Milieu kommend, spielten zusammen Karten. Das Mädchen stellte sich an einen der Tische und erzählte den Burschen, daß ein Zuhälter, mit dem sie einige Jahre befreundet war, mit Freunden hinter ihr her sei, um sie »einzuziehen«. Die Burschen stellten sich schützend vor das Mädchen. Es kamen nun die angekündigten vier Zuhälter. Einer von ihnen sagte, er würde ein paar von den Beschützern »auch noch zusammenschießen«. Und zur Frau gewandt meinte ein Zuhälter, daß man sie »niederstechen« werde. Das Mädchen versteckte sich verängstigt hinter ihren Beschützern. Ein anderer sagte nun, daß die Frau mit ihnen gehen müsse. Sie erwiderte: »Nein, ich scheiß drauf.« Die vier gingen nun und warteten vor dem Lokal. Damit dem Mädchen nichts passieren könne, begleiteten sie sieben Burschen zu einem Taxi. Diese Begebenheit zeigt, daß sowohl Gewalt für eine Reihe von Zuhältern sehr wichtig ist, um eine Frau an den Strich und an sich zu fesseln, als auch, daß die Prostituierte sich bemüht, solchen Strategien der Gewalt zu entfliehen. Eine Flucht ins Ausland mag wohl die Ausnahme sein, um sich den Nachsetzungen des Zuhälters zu entziehen.

Freikauf und Wechsel der Zuhälter

Andere Methoden, um sich den Zugriffen eines ungeliebt gewordenen Zuhälters zu entziehen, sind der Freikauf oder der Wechsel des Zuhälters, was meist mit der Zahlung einer »Ablöse« verbunden ist. Allerdings ist das alles kompliziert, da es um Geld und Geschäft geht. Der Zuhälter, der in eine Prostituierte einiges investiert hat, läßt nicht ohne weiteres zu, daß ihn die Dirne verläßt oder zu einem anderen Zuhälter überwechselt, besonders dann, wenn ihm die Frau einiges Geld einbringt. Läßt es sich nicht verhindern, so wird er versuchen, entweder von der Frau oder von ihrem neuen Zuhälter eine adäquate Ablösesumme zu erhalten. Um dies auch durchsetzen zu können, ist es für den Zuhälter oft notwendig, daß ihn Kollegen unterstützen bzw. ihm helfen, Drohungen wahrzumachen.

Die Erzählung einer Prostituierten, die ich in der Folge bringen will, gibt einen guten Einblick in diese Praktiken einiger

Zuhälter und deren Bemühen, die Frau von anderen »abzuschirmen«: »*Ich habe ihm also gesagt, daß ich es nicht mehr packe und ich von ihm weg will. Zum Schluß unserer Debatte hat er gemeint: ›Paß auf, ich laß dich gehen, aber du mußt mir zwei Jahre lang 1000 S pro Tag zahlen.‹ Man muß sich das einmal vorstellen, 2 Jahre lang. Und ich denke mir, Gott sei Dank, der haut mich nicht nieder. Als er gegangen war, drehte ich durch, weil mir das zuviel Geld war. Ich habe mir in der Zwischenzeit ein Auto auf den Deckel gekauft. 7000 S mußte ich pro Monat zahlen. Nebenbei habe ich noch andere Zahlungen gehabt. Natürlich ist jetzt das Geld knapp geworden. Immer habe ich nun den Tausender pro Tag nicht zusammengebracht. Dadurch, daß ich nun nicht mehr jeden Tag in der Hackn gestanden bin, sondern gemacht habe, was ich wollte, hat das Geld gefehlt. Zu dieser Zeit war ich mit einem Taxifahrer befreundet. Er ist zu mir gezogen obwohl er verheiratet war und ein Kind hatte. Der ist dann wieder zurück zu seiner Frau, weil ich ihn hinausgeworfen habe. Ich habe ihn hinausgehauen, weil er nicht mehr als Taxifahrer arbeiten wollte. Er war für mich nur eine Verlegenheitslösung. Er war kein Zuhälter und ziemlich in mich verliebt. Ich habe zu ihm gesagt: ›Du, weißt was, es ist am besten, du gehst zu deiner Frau zurück, papá und fall nicht.‹ Wegen der 1000 S am Tag, die ich zahlen hätte sollen, wollte ich nun nach Deutschland abhauen, damit er überhaupt kein Geld mehr bekommt. Damals hat mir einer helfen wollen. Ich bin aber nicht sofort draufgekommen, daß er mich einziehen wollte. Er war nämlich ein Freund von meinem Ex-Zuhälter. Denn es ist ja gescheiter, wenn die Frau zu einem Freund wandert, dann bleibt das Geld in der Familie. Mit meinem Ex-Freund habe ich das dann so geregelt, daß ich mich nur verpflichtete, ihm sein Auto um 220.000 S zu zahlen. Ich muß halt jeden Tag 1000 S hergeben bis es 220.000 sind. Dann bin ich frei, habe mich freigekauft und kann machen was ich will, dachte ich mir. Von dem Taxler bin ich weg und war genau eine Woche alleine. Ich wollte allein sein. Ich bin auf den Gürtel gegangen und bin die ganze Nacht im Kaffeehaus gesessen. Ich bin dann zu meinem angeblichen Freund, der mir helfen wollte, hin und habe ihm mein Auto geborgt. Bald darauf hat es schon geheißen, daß er herumerzählt, das Auto gehöre ihm. Er hat zu diesem Zeitpunkt gewußt, daß ich frei bin. Er hat sich ein-*

gebildet, ich würde ihn nehmen. Aber ich war damals schon gescheiter. Ich wußte bald, was er wollte. Er hat aufgepaßt auf mich, mit einem anderen, den er in das Geschäftsleben eingeführt hat. Er hat mich von der Hackn abgeholt und in sein Lokal geführt. Oder sein Sklave hat das gemacht. Einer von den beiden hat mich immer heimgebracht. Ich war keine Minute allein. Das war das Größte. Wenn ich am Abend oder in der Früh in sein Lokal kam, ist gleich einer der beiden neben mir gesessen. Und eines Tages ist mein jetziger Freund dort gewesen. Er war mir gleich sympathisch, er schaut nicht schlecht aus. Ein lustiger, netter Kerl, irgendwie kannte ich ihn schon von früher. Der steht von seinem Tisch auf und kommt zu mir und sagt: ›Komm, gehen wir woanders hin!‹ Meinen Aufpasser hat fast der Schlag getroffen. Die Augen sind ihm so herausgehangen. Der, der mich so freundlich angegrinst hat, war mit den Zuhältern, die es auf mich abgesehen hatten, sehr befreundet. Er war selbst Zuhälter. Mit ihm bin ich dann in ein Nebenzimmer gegangen. Wir haben uns gleich an den ersten Tisch gesetzt, haben gewürfelt und uns ein bißchen unterhalten. Viel haben wir nicht reden können. Denn auf einmal ist mein Wachhund da, setzt sich neben ihn, mir gegenüber und würfelt mit uns. Wir haben schon insgeheim lachen müssen. Während unser Wachhund kurz weggegangen ist, wir waren höchstens zwei Minuten alleine, hat er seine Telefonnummer auf einen Zettel geschrieben und mir herübergegeben und hat gesagt: ›Paß auf, wenn du aufstehst, weck mich auf per Telefon.‹ ›Ist in Ordnung‹ habe ich gesagt und habe den Zettel eingesteckt. Auf einmal kommt der Aufpasser und hat mich aufgefordert, mit ihm zu verschwinden. Vor meinem Freund, der ihm bekannt war, hatte er offensichtlich Respekt. Ich deutete ihm noch ein ›Servas‹. Am liebsten hätte ich vor Lachen geschrien.

Am nächsten Nachmittag wurde ich munter, ich war ganz hektisch. Zuerst habe ich die Nummer nicht gefunden und eine Zigarette nach der anderen geraucht. Endlich habe ich den Zettel mit der Nummer gefunden. Ich rufe an und niemand hebt ab. Dann aber hat er doch abgehoben und ganz verschlafen ›Hallo‹ gesagt. Und dann ›Guten Morgen, Servus, danke, daß du mich angerufen hast, fahren wir auf einen Kaffee.‹ Ich bin dann mit ihm auf einen Kaffee gefahren und habe mich mit ihm ausgeredet. Wir haben von allem Anfang ganz offen miteinander geredet. Er hat mich nicht angelogen, keine blauen Sachen vom Himmel erzählt, wie die anderen. Sondern er hat gesagt: ›Paß auf, wenn du willst, wir können es probieren.‹ Ich habe gesagt: ›Ich bin ein gebranntes Kind, das das Feuer scheut. Ich habe Angst. Ich bin eingefahren und zwei Jahre umsonst in die Hackn gegangen. Ich verkrafte das fast nicht. Ich bin noch nicht frei, ich muß dem noch etwas zahlen und ich habe Angst vor ihm.‹ Wir haben uns also zusammengeredet und ich muß ehrlich sagen, ich habe schon etwas Mißtrauen gehabt, aber ich habe mir gedacht, er redet sehr ehrlich. Und er hat sehr offen geredet. Kein Herumreden um den heißen Brei. Das kann er nicht. Er hat gesagt: ›Das und das ist und basta.‹ ›Na gut‹, habe ich gesagt, ›wir probieren es‹. Wir haben uns in ein Auto gesetzt und sind in das Lokal zurückgefahren, in dem ich ihn am Vortag kennengelernt habe. Und in dem Lokal sind mein Ex-Alter und der Aufpasser von gestern gesessen. Wir sind eingehängt hineingekommen. Die haben natürlich alle geschaut, die haben den Mund offen gelassen. Wir haben uns an einen Tisch gesetzt und mein neuer Freund ist zu meinem Ex-Freund gegangen und hat ihm gesagt: ›Paß auf, hast du 5 Minuten Zeit? Ich muß mit dir etwas reden. Ich bin jetzt mit der L. zusammen, sie ist nun meine Alte, wir müssen miteinander reden!‹ Die sind käseweiß geworden, denn sie kannten ihn, da er schon mit 16 Jahren eine auf dem Strich hatte und über Leichen gehen kann. Sie haben also gewußt, bei ihm scheppert es, wenn es drauf ankommt. Mein Ex-Freund hat ihn also ebenbürtig angesehen und war sehr freundlich zu ihm. Er hat ihm gesagt, daß er froh sei, daß er mit mir zusammen ist, weil da gibt es keine Probleme. Aber das Geld muß mein neuer Freund zahlen. Der hat zwar gesagt, er zahlt keine Ablöse, aber mein Exfreund wollte eine haben. Aber so Ablösen sind durchaus üblich. Man einigt sich auf einen bestimmten Betrag, sagen wir auf 500.000 S, und die Alte geht zu dem anderen über.«

Die Prostituierte, die dies erzählte, wurde also nun zum Objekt einer Verhandlungsdiskussion zwischen zwei Zuhältern. Sie war darüber froh, da sie nun ohne weiteren Ärger für einen neuen Zuhälter, der ihr sehr sympathisch war, auf den Strich gehen durfte. Allerdings mußte ihr neuer Zuhälter einen gewissen Betrag zahlen.

Über das Ritual der Ablöseverhandlungen und über die

Ablöse als solche sprach ich mit dem neuen Zuhälter dieser Frau. Er schilderte mir: »*Eine Ablöse muß man zahlen, weil ein Zuhälter seine Alte ja nicht hergeben will, die bedeutet ja Einkommen für ihn, das ist doch ein Geschäft. Wenn die Prostituierte weg will, geht das nicht so einfach, wenn ihr bisheriger Zuhälter es nicht will. Er kann sie terrorisieren und ihr auch sonst Schwierigkeiten machen. Die Frau wird da nur als Mittel zum Zweck, also als Geschäft gesehen. Ich habe mich nun mit ihrem Ex-Zuhälter zusammengesetzt, in einem Kaffeehaus. Er hat mich aufgefordert, daß ich zahlen solle. Jetzt habe ich ihm einmal gesagt:* ›*Ja, was weiß ich von ihr? Ich kenne sie erst kurz. Es könnte ja sein, daß sie sich mich aussucht, damit ich die Schwierigkeiten bereinige und dann sagt sie: Auf Wiedersehen und ich sitz vielleicht im Häfen.*‹ *Ich war damals noch in der Arbeit und habe nebenbei drei am Strich rennen gehabt. Mit ihr (der Neuen) war es wirklich leiwand, wir haben uns sofort gut verstanden. Wegen ihr habe ich die anderen drei stehen lassen und bin mit ihr zusammen. Wegen des Geldes, das ich zahlen hätte sollen, hat es dann noch eine Diskussion gegeben. Das, was er wollte, wollte ich ihm nicht zahlen. Im Endeffekt war es dann soweit: ich habe ihn gedrückt mit dem Preis. Aber vorher haben wir uns zusammengesetzt, ich habe Bargeld mitgehabt. Vier Stunden haben wir verhandelt. Er hat gesagt, er sitzt am längeren Ast, weil die Partie hilft ihm. Habe ich gesagt, das ist nicht wahr. Ich muß dazu sagen, ich habe einen Revolver gehabt im Sack, das hat er gewußt. Er hat gewußt, daß ich ihn umbringe, wenn es darauf ankommt. Und er hat nichts eingesteckt gehabt. Er ist mir vis à vis gesessen und ich habe eine Hand irgendwo gehabt, so daß er glaubte, ich greife zum Puffer. Er hat gewußt, ich kann über Leichen gehen. Wir haben 4 Stunden debattiert. Er hat geglaubt, er ist der Gescheiteste. Dann war er aber fertig. Mich selbst halte ich für intelligent, schließlich habe ich Gewerkschaftsschulungen hinter mir. Ich habe den so fertig gemacht. Er hat schon meinen Namen vergessen, er hat mich mit acht Namen angesprochen. Er ist aufgesprungen und hat sich den Kopf gehalten. Er hat gesagt:* ›*Du machst mich ganz deppert, ich weiß, du bist viel schlauer als ich, aber du mußt nachgeben usw.*‹ *. . . Mein Argument gegen ihn, weil er so viel Geld verlangt hatte, war:* ›*Sie hat dir schon so viel gezahlt.*‹

Insgesamt wollte er 240.000 S haben. Er hat gesagt, was sie ihm bis jetzt bezahlt hat, das ist ihm wurscht, das gilt nichts. Ich habe gesagt: ›Paß auf, ab 100.000 S bringe ich einen um. Was stellst du dir vor, bevor ich dir 200.000 S gebe, da kannst du dir ausrechnen, was da los ist.‹ Er hat gesagt: ›So einfach geht das nicht.‹ Sag ich: ›Wieso net?‹ Sagt er: ›Willst du mich erschießen?‹ Sag ich: ›Na, da kommst heim, ich wart beim Haustor, sag servas Hansl und gib dir eine.‹ Sagt er: ›Da kommst in Häfen.‹ Sag ich: ›Wieso? Ich habe ein Messer mit und mach mir selbst einen Gurgelschnitt, verletze mich und sage, du hättest mich umbringen wollen, du bist vorbestraft. Und sie (die Dirne) *wird auch sagen, du hast sie erpreßt und zur Prostitution gezwungen. Wenn du es überlebst, wirst du noch 5 Jahre eingesperrt. Und ich mache im höchsten Fall 6 Monate, wegen Notwehrüberschreitung.‹ Sagt er: ›Ja, aber die Partie!‹ Sag ich: ›Erstens glaub ich nicht, daß dir die Partie helfen wird und wenn, dann weiß ich schon, wo die Partie verwundbar ist. Ich geh da in der Finsternis mit Mantel und Schrotflinte und marschier in das Lokal, in das die von der Partie gehen und die Partie gibt es nicht mehr.‹ Er meinte: ›Ja, was du dir vorstellst‹, aber er war sich unsicher. Er hat fast angenommen, daß ich das alles wirklich mache.*

Außerdem wußte er ja, daß seine ehemalige Alte, meine jetzige, nicht mehr auf ihn hält. Sie wollte ihn sogar schon einmal verhaften lassen. Ich habe ihr da zugeredet, daß sie das nicht macht. Denn darunter leidet ja wieder mein Image, weil die ja dann alle sagen würden, ich hätte ihr das eingeredet. Da verliere ich mein Gesicht. Und er hat gesagt, er kann sie ja ärgern, er schickt ihr z. B. einen Gast, der sie am Zimmer niederhaut. Ich antwortete ihm: ›Geh schau, wenn die einen Niederschlag erhält, so hol ich mir den, der sie niedergehaut hat, oder ich schieß dir in den Schädel.‹ Genauso habe ich ihm das gesagt, weil dann sind alle Schwierigkeiten vorbei. Die Überlebenden schützen die anderen. Also wenn ich mit einem von der Partie eine Schießerei habe und bring den um und ich überlebe das, wird die ganze Partie für mich aussagen. Sie denkt sich, der Mann ist brauchbar, den kann man akzeptieren.«

Dieses rituelle gegenseitige Messen und die Drohungen verfolgen den offensichtlichen Zweck des Einschüchterns und treten an die Stelle gerichtlichen oder notariellen Aushandelns in der »legalen« Gesellschaft. Der Zuhälter versucht also, sein durch das Überwechseln der Prostituierten zu einem anderen Zuhälter entgangenes Geschäft auszugleichen. Wenn er über einen entsprechenden Ruf als Zuhälter und effiziente Sanktionen verfügt, kann er auch mit einer »Ablöse« rechnen, wie in dem geschilderten Fall. Beide Zuhälter einigten sich schließlich auf einen »angemessenen« Preis und der frühere Zuhälter der Frau verpflichtet sich damit, ihr keine Schwierigkeiten mehr zu bereiten. Mit dem Überwechseln der Ablösesumme – ähnlich wie im Fußballgeschäft – gilt der neue Zuhälter als jener Mann, der die Prostituierte zu schützen hat und von ihrem Verdienst profitiert. Grundsätzlich kommt es also zu Problemen und Ablöseverhandlungen, wenn die Prostituierte kein Interesse mehr hat, bei ihrem Zuhälter zu bleiben und sich einen neuen nehmen will, zu dem sie mehr Sympathien hat. Dazu ein Zuhälter, der etwas drastisch und lakonisch diese Thematik umreißt: »*Wenn du jemandem die Katz' wegnimmst, so kommt er zu dir und sagt, daß er dafür Geld will. Es kommt natürlich vor, daß Geld nicht gezahlt wird, dann haut der eine den anderen nieder oder er schießt sogar. Das alles kommt vor.*«

Und ein anderer Zuhälter meinte: »*Gewöhnlich geht es bei der Ablöse ohne Rauferei.*«

Das bedeutet jedoch nicht, daß immer Ablösen gezahlt werden. Sicher kommt es dann zu keinen Ablöseverhandlungen und nicht zum Zahlen einer Ablösesumme, wenn der neue Zuhälter ein hohes Prestige hat und einfach der Stärkere ist. Schließlich versuchen gerade sehr angesehene und attraktive Zuhälter, Prostituierte, die bereits einen Zuhälter haben, mit allen möglichen Tricks für sich zu gewinnen, dabei kommen Auseinandersetzungen zwischen Prostituierten und ihren alten Zuhältern einem solchen Versuch entgegen. Ein ca. 40jähriger erfahrener und kräftiger Zuhälter erzählte mir in diesem Sinn: »*Wenn eine mit ihrem Alten einen Wickel hatte, sagt sie vielleicht zu mir:* ›*Herst, hauen wir uns auf ein Packl.*‹ *Oder ich überrede sie, daß sie zu mir kommt. Jetzt war man einmal mit ihr ficken und da hat sie sich in dich verliebt. Meist will sie dann ihren Alten anbringen. Jetzt geht man zu ihm und redet einmal im Guten mit ihm. Wenn das nicht geht, haust du ihm eine Tetschen hinunter und sagst:* ›*Bester, paß auf, es hat keinen Sinn mehr, die Alte will*

nicht mehr bei dir bleiben.‹ Meistens läßt sich das so regeln. Aber
es gibt schon Schwierigkeiten, denn jeder rennt seinem Geld
nach. Und wenn die nun weg ist, ist das Geld weg.«

Den finanziellen Vorteil, den ihm die Prostituierte liefert, will
der Zuhälter also nicht so ohne weiteres aufgeben. Entweder
ist es ein Zuhälterring bzw. eine »Zuhälterpartie«, die dem
Zuhälter, wie in der obigen Erzählung, die notwendige Unterstützung bei der Eintreibung seiner Ablösesumme gewährt,
oder der Zuhälter versucht es selbst, ohne andere Unterstützung, vom neuen Zuhälter seiner Prostituierten oder ihr selbst
Geld zu erhalten.

Will eine Prostituierte also von ihrem Zuhälter weg, so
ist dies nicht so einfach, wie wir gesehen haben. Eine Prostituierte, der es nur mit Mühe gelang, sich von ihrem Zuhälter loszueisen, erzählte mir darüber: *»Er* (der Zuhälter) *hat*
noch einen Kredit zu zahlen gehabt. Es waren achtzigtausend
Schilling. Ich hätte sie zahlen sollen. Als ich ihm gesagt habe,
daß ich von ihm weg will, weil ich einen neuen Freund habe, hat
er herumgeschrien und gesagt, wenn er (der neue Freund) *dich*
behalten will, dann muß er achtzigtausend Schilling zahlen. Ich
habe darauf gesagt: ›Mir scheint, du spinnst, ich komme mir wie
ein Kamel vor, du kannst mich nicht einfach verkaufen.‹ Naja,
hat er gesagt, ich kann mir das aussuchen: entweder ich zahl ihm
das, dann habe ich meine Ruh, oder ich muß weiter für ihn arbei
ten. Ich habe gesagt, ich überlege mir das noch, denn ich war
wirklich geschockt. Das ist mir noch nie passiert, daß das jemand
zu mir sagt. Und das ärgste, was er zu mir gesagt hat, war: ›Das
ist klar, daß du meinen Kredit weiterzahlst.‹ Das hat mich
momentan zusammengehauen.« Der neue Freund dieser Frau,
der kein Zuhälter ist, wußte zum Zeitpunkt des Interviews
noch nichts von dieser Problematik und die Prostituierte hatte
auch nicht die Absicht, ihn damit zu konfrontieren. Für sie
schien es wichtig zu sein, daß ihr neuer Freund nicht zum
Zuhälter wird.

Es entspricht der auf Geld aufgebauten Struktur der Prostitution, daß Dirnen, die mit Zuhältern zusammenarbeiten,
nicht so ohne weiteres zu einem anderen überwechseln können.

Ähnlich wie die Vereine im Fußballsport sind auch die Zuhälter daran interessiert, den finanziellen Verlust, der durch das

Ausscheiden von für sie arbeitenden Personen entstanden ist, ersetzt zu bekommen.

Beziehungen und Konkurrenz zwischen den Zuhältern

Zwischen den einzelnen Zuhältern besteht grundsätzlich ein zumindest oberflächlicher Kontakt, denn um Zuhälter zu werden, bedarf es eines gewissen Lernprozesses im sozialen Milieu der Zuhälter bzw. der Prostitution. Ich habe darauf bereits oben hingewiesen und festgehalten, daß der neue oder junge Zuhälter ein ziemlich weites Spektrum an Alltagswissen benötigt, um in dieser Subkultur relevant handeln zu können. Und dieses Wissen erhält er durch andere Zuhälter.

Eine enge Beziehung sucht der Zuhälter zu Kollegen, wenn es z. B. gilt, als »Zuhälterpartie« oder »Zuhälterring« die Kontrolle an einem bestimmten Strich auszuüben oder gemeinsam ihren Prostituierten ein Haus zur Ausübung ihrer Profession zu besorgen.

Es gibt in Wien einige solcher Zusammenschlüsse von Zuhältern, die sich entweder von früher oder vom Strich her kennen.

Allerdings soll man die Bedeutung dieser »Partien« nicht überschätzen. Es scheint, daß überall dort solche »Ringe« aktiv werden, wo unmittelbare Interessen des Straßenstrichs verletzt werden. Zu diesen zählen, daß Mädchen auf einem bestimmten Strich unter einem bestimmten Preis sich nicht prostituieren oder bestimmte Übereinkommen verletzen, wie z. B., nur mit »Gummi« zu verkehren.

In den Bereich von Zuhälterringen gehört auch das Kassieren von »Standgeld«, welches manchmal und in besonderen Fällen von Prostituierten verlangt wird; so vor allem dann, wenn der betreffende Strich besonders attraktiv ist, weil er sich entweder in der Nähe eines guten Hotels oder eines der Häuser befindet, in denen z. B. von ehemaligen Zuhältern Zimmer an Prostituierte vermietet werden. Diese Standgelder können zwischen 200 und 500 Schilling pro Tag betragen.

Zu einer echten Konkurrenz bzw. zu Auseinandersetzungen zwischen Zuhältern kann es kommen, wenn Zuhälter versuchen, Prostituierte anderen Zuhältern auszuspannen, oder sie dazu zu bewegen, ihre »Bordelle« aufzusuchen. Hierbei können Zuhälterringe sich einschalten, wie ein älterer Zuhälter auch erzählte: »*Wehe es versucht einer, von der einen Seite des Gürtels eine Hur auf die andere Seite herüberzuziehen* (damit sie das Haus – s. u. – eines bestimmten Zuhälters mit ihren Kunden aufsucht), *da kommen sie schon mit den Krachen aufgesteckt. Es kommt so zur Konfrontation.*« Nach den Erfahrungen aus meinen Interviews hatten die »Zuhälterringe« früher größere Aktivitäten gesetzt. Der Bericht eines Zuhälters zu diesem Thema ist in diese Richtung zu interpretieren:

»*Damals 1975 war eine arge Zeit. Wir haben die ganze Länge kontrolliert und ein jeder hat brav sein müssen. Ist irgendeine Katz irgendwie fremd gegangen, wenn sie also ohne Gummi und zu einem anderen Preis, als ihn wir uns ausgemacht hatten, gearbeitet hat, haben wir sie herausgeholt. Ist es irgendwo am Strich zu einer Streiterei gekommen, so sind wir hingefahren. Wir waren ein richtiger Ring. Wir haben andere Zuhälterpartien überrumpelt und ihnen unsere Bedingungen gestellt: ›Entweder ihr macht das ordentlich oder gar nicht, schaut's, daß eure Weiber mit Gummi und 400 S auf 20 Minuten gehen. Macht es eine ohne Gummi, so passiert ihr etwas.‹ Heute gibt es eine solche Zusammengehörigkeit nicht mehr. Jeder zweite junge Zuhälter will sich einen Namen machen, indem er einen Alten bedient. Das paßt nicht.*«

Daß es früher in Wien zwischen Zuhältern gewalttätiger zuging als heute, bestätigt auch eine Prostituierte: »*Früher hat es zwischen den Zuhältern fürchterliche Szenen gegeben. Das gibt es im Großen und Ganzen nicht mehr, weil jeder schmalzfeig ist und jeder schon 5, 6 Jahre im Häfen war. Heute versucht man, soweit es geht, alles im Guten zu regeln.*«

Zu ernsten Problemen zwischen Zuhältern kann es jedoch dann kommen, wenn eine neue Prostituierte am Strich auftaucht und deren Zuhälter von den Zuhältern der anderen Frauen nicht akzeptiert wird. Aber auch hier scheint sich gegen früher einiges geändert zu haben, wie ein Zuhälter ausführt: »*Ich habe nie mit den anderen Zuhältern Ärger gehabt, weil ich meine Hur nicht dorthin gestellt habe, wo schon andere gestanden sind. Früher ist man mit Schlagringen oder mit Stahlruten aufeinander losgegangen. So wollte man sich einen Namen*

machen. Heute haben alle einen Puffer, um zu drohen. Solche
Auseinandersetzungen wie früher gibt es heute nicht mehr.«

Tatsächlich dürfte sich die Situation am Wiener Strich, was
die Auseinandersetzungen zwischen den Zuhältern anbelangt,
beruhigt haben. Auch die Möglichkeit des Wohnungsstriches,
bei dem die Konkurrenz zwischen den Zuhältern bzw. zwischen
den Prostituierten kaum deutlich und unmittelbar wird, hat
dazu beigetragen, Gewalttätigkeiten zwischen den Zuhältern
einzuschränken.

Zur Symbolik: Der Zuhälter als Repräsentant der Dirne

Aus der Tatsache, daß die wesentliche Legitimation für die Prostitution der finanzielle Erfolg ist und das Prestige von Prostituierten und Zuhältern an diesem gemessen wird, ergibt sich die
besondere Bedeutung des Geldes bzw. der in Geldeswert aus-
gedrückten Güter für die Kultur der Prostitution. Der erfolg-
reiche Zuhälter, oder der als solcher angesehen sein will, versucht, sich durch eine Reihe von Statussymbolen darzustellen.

Zu solchen Symbolen zählen große Autos, eine Vielfalt von
Schmuck, demonstrative Kleidung und manchmal auch
Hunde. Solche Symbole deklarieren die Verfügungsmacht über
Geld und somit auch die Leistungsstärke der Prostituierten.
Die Prostituierte wird ihrerseits wieder zuweilen am Zuhälter
und dessen Aussehen gemessen. Es liegt daher durchaus in
ihrem Sinn, daß der Zuhälter auf solche Symbole achtet: *»Der
Alte einer Hur ist ihr Aushängeschild, so wie der Alte aussieht,
so verdiene ich. Wenn der Alte abgesandelt daherkommt – das ist
der Spruch am Gürtel – tauge auch ich nichts«*, erzählte mir dazu
eine Prostituierte mit langer Stricherfahrung.

Dem Zuhälter nützt eine solche Einstellung, ihm wird es
dadurch möglich, sich mit »gutem Gewissen« diverse Sachob-
jekte zuzulegen, zu denen wohl als wichtigstes das Auto, meist
der große Amerikaner, zählt.

Von einem Zuhälter weiß ich, daß er einen »Buick« fährt,
um sich damit vor allem am Strich sehen zu lassen. Seine Dirne
erwähnte lächelnd, daß sie mit diesem Auto wegen des hohen
Benzinverbrauches »von einer Tankstelle zur anderen« fahren

müßten. Sie wollte mit diesem Hinweis offensichtlich demonstrieren, daß bei ihr und ihrem Zuhälter Geld keine Rolle spiele.

Das große Auto als Prestigeobjekt ist Gegenstand häufiger Diskussion und es verweist wohl am augenfälligsten auf die Geschicklichkeit des Zuhälters und die Attraktivität der Dirne. *»Damals war ich noch jung und schön, im Monat habe ich 30.000 S verdient (um 1965). Meinem Alten habe ich genug geben können. Ich habe ihm sogar einen Mercedes gekauft, der hat 90.000 S gekostet«*, erinnert sich eine heute 40 Jahre alte Prostituierte.

Auf meine Frage, wie sie die Bedeutung des Geldes für den Zuhälter sehe, meinte die Prostituierte: *»Wenn er einmal nicht mehr viel verdient, läßt er sie* (die Dirne) *rennen und sucht sich eine andere. Für sie und für ihn ist das Geld wichtig. Auch die Hur ist daran interessiert, daß ihr Alter gut angezogen ist. Sie ist ja stolz auf ihn, besonders wenn es sich um einen bekannten Zuhälter handelt. Zuerst ist es ein schönes Gewand, dann kommt der Sportwagen und dann das Gold. Wenn der Zuhälter daherkommt wie ein Speckknödel, so wird er nur geärgert: ›Deine Alte verdient ja nichts.‹ Kommt er gut geschalnt und mit Gold umhängt, so steht sie gut da.«* Diese Überlegung der Dirne umreißt das Thema des Prestiges und seiner Symbole eindringlich. In anschaulicher Weise tat dies auch ein mit Schmuck behängter ca. 37jähriger Zuhälter, der mich in seinem sehr schnellen Wagen durch Wien chauffierte, damit ich sehe, auf welche Weise er sich durch die Stadt bewegt. Seine Erzählung gibt einen guten Einblick in diese Welt der Prostitution und ihre Symbole:

»Den Madln ist es meist nicht recht, wenn ihr Alter arbeiten geht. Im halbseidenen Kreis ist das Prestigedenken sehr groß. Die gehen dort daher gut gesackelt und geschalnt. Jeder muß seinen Ami haben. Als ich noch keinen Status hatte, hatte ich 2 Ringe und von X. einen Anzug: einen Nadelstreif mit Gilet. Heute ist mir das wurscht. Heute fahre ich dafür den teuersten BMW.« Als ich ihn auf seinen Schmuck ansprach, beschrieb er ihn: *»Das Kreuz, das ich umgehängt habe, ist ganz besonders schön, es ist 30.000 S wert. Die Uhr und das goldene Uhrband sind zusammen 90.000 S wert. Das Bandl allein ist 40 bis 50.000*

S wert. Früher habe ich mir gedacht, wenn ich einmal ein großer Zuhälter bin, dann hänge ich mich an, weil ich dies bei den anderen bekannten Zuhältern gesehen habe. Mein ganzer Schmuck, den man sieht, ist ca. 200.000 S wert. Er ist mein Statussymbol und außerdem bin ich auf meinen Beruf stolz. Ich bekenne mich dazu, die Leute sollen sich nicht aufregen.« Große und deutlich sichtbare Goldringe in verschiedener Ausführung demonstrieren neben anderem Goldschmuck, daß ihr Besitzer über Geld verfügen kann.

Der Zuhälter wird somit zum Repräsentanten der Prostituierten. Es kehrt sich hier die übliche Rollenbeziehung zwischen Mann und Frau in gewisser Weise also um: die Rolle der Frau, die durch das Tragen besonderen Schmucks und teurer Kleidung die finanzielle Potenz des Mannes demonstrieren soll, wird so vom Zuhälter als dem »Freund« der Prostituierten übernommen.*

Speziell der Goldschmuck des Zuhälters wird so zum Symbol der erfolgreichen Dirne, durch welchen der Zuhälter wohl an einen reichen Geschäftsmann erinnern soll.

Für die Symbole des Zuhälters, wie gute Kleidung, Autos und Schmuck, ist charakteristisch, daß diese vom Zuhälter bzw. der Dirne für solche der oberen sozialen Schichten der Gesamtgesellschaft gehalten werden. Die am Geld ausgerichtete Welt des Zuhälters ist also in dieser Hinsicht ein Abbild der führenden Kultur, in der die Zuhälter durch ihre Herkunft so gut wie keine Chance haben, auf »regulärem« Weg einen hohen sozialen Status zu erreichen. Der Weg der Prostitution stellt sich daher als Ausweg dar, um die ursprünglich versagten Ziele erreichen zu können.**

---

*) Vgl. dazu die Überlegungen Th. Veblens, der meint, daß die Frau heute die Funktion des früheren Dieners übernommen habe, der durch eine kostbare Livrée den Reichtum seines Herrn deutlich mache; Veblen, 1971.

**) Vgl. dazu Mertons Überlegung vom Auseinanderfallen von Zielen einer Gesellschaft und Mitteln, diese zu erreichen, als Ursache für Kriminalität; Merton, 1959.

Ein einheitliches Bild des Zuhälters oder den Zuhälter schlechthin gibt es nicht. Grundsätzlich dürfte jedoch der Angehörige unterer sozialer Schichten eher dazu neigen, Zuhälter zu werden, als andere.

Unabhängig von seiner Herkunft ist die Typologie der Zuhälter durch zwei Extreme begrenzt. An dem einen Ende steht der partnerschaftlich ausgerichtete Zuhälter, der zu seiner Prostituierten ein enges Nahverhältnis hat, und am anderen Ende der meist junge Zuhälter, der gewalttätig ist und auch immer wieder Schwierigkeiten mit der Polizei hat. Deshalb wird dieser ja von den etablierten Zuhältern als »Burenhäutlstrizzi« bezeichnet.

Diese Typologie baut also auf den Strategien des Zuhälters auf. Wie ich oben bei der Diskussion um die Problematik der Gewalt aufzuzeigen suchte, ist Gewalt nicht typisch mit dem Zuhälter verknüpft. In der modernen Szene der Prostitution wird jener Zuhälter, der seine Strategien auf Gewalt aufbaut, eher als minderwertig und problematisch gesehen. In meinen Gesprächen mit Zuhältern hörte ich sehr häufig, daß der »gescheite« Zuhälter seine »Alte« grundsätzlich nicht schlägt, was aber nicht heißt, daß es wegen diversen Problemen nicht zu heftigen Auseinandersetzungen kommen kann. Es scheint, daß unter den Zuhältern in den letzten Jahren ein Wandel vor sich gegangen ist, wonach der bloß mit Gewalt arbeitende Zuhälter, der Frauen zur Prostitution zwingt, ein niedriges Prestige hat, vielleicht im Gegensatz zu früher. Ein solcher sogenannter »Burenhäutlstrizzi« ist meist ein eher jüngerer Mann, dem es nach der Angabe von Zuhältern an einer gewissen Eleganz und einem »Schmäh« mangelt, wie es ähnlich ein älterer und vornehm wirkender Zuhälter charakterisierte:

»Die bösen Zuhälter gibt es nicht, das sind die ganz miesen Buben, die so erzogen worden sind: Schatzili hin und Schatzili her. Auf der einen Seite sind sie verhätschelt, wie es heute üblich ist, und auf der anderen Seite spielen sie den wilden Mann. Als Kind durfte er alles machen, dann macht er Bodybuilding, damit er solche Muskeln bekommt. Und zur Sicherheit steckt er sich noch einen Revolver ein.«

Ich fragte diesen Zuhälter auch, aus welchen Schichten seiner Meinung nach die Zuhälter kommen würden. Er antwortete: »*Aus allen, von der untersten bis zu höchsten Schicht. Der eine, der viel Geld hat, der scheißt sich nichts. Wenn er gut aussieht, hat er vielleicht 5, 6 Hasen.*«

Auch Prostituierte, mit denen ich sprach, halten an einer solchen Typologie, wie sie hier versucht wird, fest. Folgende zwei Zitate von Dirnen verdeutlichen dies:

»*Wenn ein Madl einen solchen Zuhälter* (einen »Burenhäutlstrizzi«) *hat, dann muß sie, sagen wir, 1500 S am Tag bringen. Wenn sie diese nicht bringt, bekommt sie eine Flaschen oder irgend etwas ist dann meistens. Der andere* (erfahrene und partnerschaftlich ausgerichtete) *Zuhälter ist nicht so, denn er weiß, daß es Tage gibt, an denen es nicht so rennt. Der kennt das Ganze. Der Junge muß sich aufspielen. Ein typischer Zuhälter ist aber auch nicht der, der einen dicken Mercedes fährt, mit Diamantnadel in der Krawatte. Die sind eher in der Minderzahl. Die Zuhälter jedoch, von denen man sagen kann, die sind gescheit, haben sich Geld zur Seite gelegt, die haben Häuser und Wertgegenstände. Die fahren in einem normalen Auto, sicher mit einem etwas besseren, aber sie benehmen sich normal. Die protzen nicht mit ihrem Reichtum, den sie sich im Laufe der Zeit angeeignet haben. Der junge Strizzi aber, der führt sich oft furchtbar auf. Der ist angenommen 20 Jahre alt und lernt da eine Dirne kennen, die für ihn in die Hackn geht. Innerhalb kürzester Zeit kauft er sich ein Auto, irgendein protziges, einen Amerikaner, ein typisches Strizziauto. Bei den jungen Zuhältern ist das auch immer der Prestigewagen. Die sind sehr stolz darauf, daß sie ein Madl in der Hackn haben.*«

Eine andere Prostituierte: »*Die jungen Zuhälter spielen sich oft auf. Die glauben gleich, sie sind kleine Al Capone. Außenstehende, Studenten, Angestellte u. a., die in einem solchen Kaffeehaus sind, bekommen vielleicht Angst vor diesen Burschen* (den »Burenhäutlstrizzis«) *und sagen: mein Gott, ist der gefährlich, vor dem fürchte ich mich. Wenn ich oder sonst ein Madl, das in die Hackn geht, das sieht, wie die anderen Angst haben, muß ich oder es lachen. Sie kommen mir vor wie Hähne in der Balzzeit. Sie alle sind ein Belmondo oder sonst etwas. Wenn sie sehen, der andere ist nicht so stark wie sie, dann provozieren sie meistens einen Wickel, damit sie zeigen können, wie groß und stark sie sind.«*

Der junge Zuhälter, der sich durch eine demonstrative Art einen spezifischen Ruf verschaffen will, ist keineswegs angesehen. Die erfahrene Prostituierte und der etablierte Zuhälter stehen ihm mit meist begründeter Skepsis gegenüber. *»Das sind die ganz depperten Buben, die kannst du abschreiben, die alten haben wenigstens mit Hirn gearbeitet, aber die arbeiten mit Messer und Puffer. Das sind die ganz miesen Typen«,* erklärte mir dazu ein erfahrener und gut situierter Zuhälter.

Nicht uninteressant ist in diesem Zusammenhang die Meinung einer Kellnerin in einem von Zuhältern und Prostituierten häufig frequentierten Lokal: *»Ich habe sie alle gekannt, vom großen Zuhälter bis zu den Burenhäutlstrizzis. Diese Burenhäutlstrizzis sind die Möchtegerns, die kleinen miesen Zuhälter, die die Weiber salzen. Die meisten Zuhälter, die bei mir verkehrten, waren zu mir sehr freundlich, ich war für sie alles. Das habe ich gespürt, von ihnen habe ich kein Schimpfwort gehört.«* Es läßt sich also, dies sei abschließend festgehalten, nach dem Alltagswissen und der Alltagserfahrung von Zuhältern und Prostituierten und wie es auch ich erfahren habe, eine Zweiteilung in der Typologie der Zuhälter feststellen. Diese bestimmt auch das Ansehen, das der Zuhälter im sozialen Milieu der Prostitution genießt.

3. KAPITEL

DER KUNDE

Vorbemerkungen

Die folgende Darstellung und die hier versuchten Überlegungen beruhen auf qualitativen Interviews mit erfahrenen Prostituierten und Zuhältern, mit denen ich im Laufe meiner Forschung über die Lebenswelt und den Alltag der Prostitution in Kontakt kam. Es werden also keine Kunden der Prostituierten zu Wort kommen, sondern eben »nur« die Personen werde ich hier sprechen lassen, mit denen der Kunde zu tun hat.

Es wäre wohl das Naheliegendste gewesen, direkt mit Kunden über ihre Beziehungen zur Prostituierten und ihre Motive, eine Prostituierte aufzusuchen, zu diskutieren. Doch scheint dies ein unmögliches Unterfangen zu sein, denn nur die wenigsten Kunden – vor allem die aus höheren sozialen Schichten – werden bereit sein, über sich und ihre Beweggründe zu erzählen.

Trotzdem meine ich, daß die folgende Analyse ihre Berechtigung hat, zumal gerade Prostituierte – aber auch ihre Zuhälter – durch ihre oft jahrelangen Kontakte sich ein recht gutes Bild von der Welt der Kunden machen und sie auch sozial relevant einzustufen vermögen. Es sind also vor allem »Theorien«, wie sie im Milieu der Prostitution entstehen, auf die ich hier nun zurückgreifen werde.

Gründe, zu einer Prostituierten zu gehen:
Sexualität und Zuspruch

Die Gründe für einen Mann, zu einer Prostituierten zu gehen, sind vielfältig, und es ist schwer, darüber Gültiges auszusagen. Der hauptsächliche Grund mag wohl der sein, daß der Weg zur Prostituierten der einfachere und manchmal auch billigere ist, sexuelle Befriedigung zu erhalten, als ein Mädchen dazu zu bewegen, »mit ins Bett« zu gehen. Daß dies so ist, wissen die Prostituierten und richten sich danach. Eine Prostituierte, mit der ich über diese Fragestellung sprach, meinte in farbigen Worten dazu: *»Mit dem Aufreißen ist das so eine Geschichte. Was bringt das denn? Zuerst muß man sie einladen, damit man überhaupt einmal zusammenkommt. Dann muß man weiß ich was für Liebesschwüre abgeben, dann muß man sie abküssen, muß mit ihr in die Diskothek gehen und sie umschwärmen oder auf eine andere Art sich für sie einsetzen. Dann ist aber noch immer nicht gesagt, daß nicht, bevor die Diskothek zusperrt, noch ein Freund kommt und sie abholt. Oder was tut einer, der in der Nacht arbeitet? Oder einer, der dauernd verunsichert ist? Ja, und bei mir wissen sie, da können sie. Das Leben von vielen Männern ist total nach innen gekehrt, sie machen oft schwer auf, aber mit mir können sie reden.«* Diese Prostituierte spricht hier ein Doppeltes an: einmal, daß es problemlos ist, sich bei einer Dirne sexuell zu befriedigen, und das anderemal, daß Männer, die seelische Schwierigkeiten haben, diese bei der Prostituierten loswerden oder sie sich zumindest bei ihr aussprechen können.

In das Gebiet der sexuellen Befriedigung des Gastes gehören auch jene Praktiken, die ein Mann bei seiner Ehefrau oder anderen Partnerinnen kaum oder nicht erwarten kann. Dirnen bieten nun Dienste an, auf die ich unten noch detaillierter eingehen will, die eine Nichtprostituierte nur selten bietet. Ein Zuhälter, der sich mit dieser Frage intensiv zu beschäftigen schien, schilderte mir diese Tatsache so: *»Meiner Meinung nach ist es überhaupt ein Verdienst der Dirnen, weil durch die christliche Erziehung und das bürgerliche Milieu die meisten Frauen gewisse Dinge nicht machen. Hunderttausend Frauen machen kein Französisch, die blasen also nicht. In den Arsch läßt sich auch keine pudern. Es gibt Männer, die schimpfen gerne, das sind gemilderte Sadisten, sie sind gar nicht so brutal, die hauen z. B. gerne der Frau eine auf den Arsch, während sie von hinten pudern, und sagen: ›Scheißban‹. Das können sie bei ihren Frauen nicht machen, darum gehen sie zu einer Hure. Das ist der eine Kundenstock, also Leute, die gewisse Wünsche haben, das ist nichts Böses. Das zweite sind dann die, die abnorme Wünsche haben, also Masochisten und solche, die gerne griechisch* *machen, die Arschpuderer. Griechisch ist aber ganz harmlos, das gehört ja heute schon fast dazu.«*

Ergänzt wird diese Darstellung durch folgende Überlegungen einer 42jährigen Prostituierten, die auf die seelische Problemlage des Gastes anspielt: *»Es gibt viele Gäste, die Eheschwierigkeiten haben. Die kommen und erzählen alles, oft zweimal in der Woche sind die bei mir. Wenn in der Ehe wieder alles in Ordnung ist, dann vergessen sie meine Adresse. Oder: ein Gast ruft mich jeden Tag um vier Uhr nachmittag an und erzählt mir den Arbeitsablauf in seiner Firma. Er ist 41 und er lebt mit seiner 82jährigen Mutter zusammen. Er kann aus seiner Haut nicht heraus, er kann von seiner Mutter nicht weg. Dieser Mann hat eine Menge Probleme und Hemmungen, daher sucht er den Kontakt zu mir. Man muß viel Einfühlungsvermögen haben. Manche sagen sogar ›Mamsch‹ zu mir und manche: du bist wie eine Mutter, warum kannst du nicht eine Mutter sein?«*

Die Prostituierte ist also nicht bloß jemand, der sexuelle Dienste zur Verfügung stellt, sondern sie wird dabei auch zur Seelentrösterin. Und manchmal ist sie nur dieses. Es scheint, daß viele Dirnen, überhaupt wenn sie über ein gewisses Maß an Anpassungsfähigkeit verfügen, sehr oft als Frauen gesehen werden, zu denen man mit Problemen kommen kann. In einer Reihe von Interviews sah ich diese Tendenz von Männern, die Dirnen aufsuchten, um sich auszusprechen. Eine gebildete Prostituierte erzählte dazu aus ihrer Praxis: *»Vor einiger Zeit habe ich einen gehabt, der hat mir zwei Stunden von seinem Problem mit seiner Tochter erzählt. Die ist ungefähr in meinem Alter. Er ist total zerstört zu mir gekommen. Ich frage ihn: ›Hörst, was ist denn los?‹ Da hat er mir das Ganze erzählt, was seine Tochter so gemacht hat. Der ist jede Woche gekommen und hat mir die Zeit, die ich ihm zugehört habe, gezahlt. Wir haben nichts Sexuelles gemacht. Für eine dreiviertel Stunde habe ich einen Tausender verlangt. Meist war er zwei Stunden bei mir, dafür zahlte er zweieinhalb Tausend. Und wir haben nur über diese Probleme mit seiner Tochter geredet und was man da machen kann. Er hat gefragt, wie er sich verhalten soll, wenn sie mit diversen Burschen daherkommt. Seine Frau ist ihm vor ein paar Jahren davongelaufen. Die zieht nun alleine umher. Bei dem Geschäft kommt einem allerhand unter, sicher auch interes-*

sante Leute. Manchmal komme ich mir wie ein Psychiater vor. Meist spielt sich so etwas in den Wohnungen und nicht auf der Straße ab.«

Ähnliches erzählte mir auch eine andere Prostituierte: »*Ich habe einen gehabt, der ist mit mir zwei Stunden im Auto spazieren gefahren und hat mir 2000 Schilling gezahlt und mir seine Probleme erzählt. Der ist jede zweite Woche gekommen. Ich habe ihm nur zugehört. Der ist froh, wenn er sich ausreden kann. Nicht einmal gestreichelt hat er mich.*«

Wieder eine andere Dirne meinte: »*Es kommen oft Kunden, die muß man trösten und man muß ihnen zureden. Dann ist ihnen wieder leichter.*« Meine Frage, ob es für manche Kunden wichtig sei, auf diese Weise von der Prostituierten persönliche Anerkennung als Mensch mit seinen Problemen zu erhalten, bejahte diese Frau. Interessant ist auch die Darstellung einer ca. 30 Jahre alten Prostituierten zur Frage der Trösterrolle der Prostituierten: »*Einer meiner Kunden hatte einmal Streit mit seiner Frau, sechs Stunden haben sie gestritten. Er ist zu mir gekommen und war furchtbar aufgeregt. Ich sagte nach einer Zeit, weil er sich nicht beruhigen ließ, zu ihm: ›Bitte, beruhige dich, das Leben ist eh so kurz.‹ Wenn man so lange verheiratet ist, 25 Jahre, da müßte man sich doch verstehen. Wenn man streitet, muß man wieder zur Versöhnung bereit sein. Das sind so hirnlose Sachen, wenn man streitet, das bringt nichts. Das sagte ich ihm. Auch ich lerne dabei alles Mögliche. Ich versuche, ihm etwas mitzuteilen und ihm eine angenehme Zeit zu geben. Das ist das einzige, was ich kann. Ich kann aber auch produktiv sein. Ich kann irrsinnig viel mitteilen, aber auch viel zuhorchen. Ich habe für alles Verständnis. Mein Verständnis kann ich ihm entgegenbringen. Ich kenne einen 25jährigen, der wohnt mit einer 20jährigen zusammen, sie sind nicht verheiratet. Sie sagen ›Guten Morgen‹ und ›Auf Wiedersehen‹, das ist so ziemlich alles. Er ist total frustriert und sie genauso. Sie haben also ein frustriertes Gefühlsleben, das ist klar. Er hat mich zum Pizzaessen eingeladen, er wollte sich einmal normal mit einem Weib unterhalten. Er hatte ein verkorkstes, unzufriedenes Gefühlsleben, so daß er nicht schlafen konnte. Er war dankbar, sich ein bißl aussprechen zu können. Viele junge Männer sind total frustriert. Sie gehen zwar in Abendkurse, in Tanzkurse, aber trotzdem bekommen sie keinen Kontakt. Er trifft ein Madl und lebt mit ihr zusammen. Dann kommt er darauf, daß sie überhaupt nicht zusammenpassen. Und dann kommen die Folgen. So leben viele, man sollte es nicht glauben. Der heutige Mann kennt sich mit der Frau nicht mehr aus. Die Weiber sind immer selbständiger geworden. Und dann sind es die Frauen, die bestimmen: das hat zu geschehen und das hat zu geschehen. Das Geld verwalten sie, sie machen einfach alles, ja. Und wenn der Mann einmal alleine steht oder sich scheiden läßt, dann ist das das große Dilemma, weil er alleine nichts machen kann. Die totale Frustration, kann man sagen, ist da. Das ist in allen Gesellschaftsschichten, vom einfachen Arbeiter bis zum Direktor. Nach außen führen sie zwar eine gute Ehe oder haben eine leiwande Freundin. Es sind fesche Kerle darunter, Studenten usw. Aus allen Schichten kommen sie zu mir mit ihren Problemen. Der Sohn eines Uhrmachers z. B., der hätte es gar nicht notwendig, daß er zu mir kommt, der könnte ruhig in der Diskothek irgendein Madl aufreißen ... Für mich ist es wesentlich daher, daß die Männer bei mir eine Freude haben und sich entspannen ... Wenn die Männer also im Streß sind oder sonst etwas nicht hinhaut, im Sexuellen z. B., dann sind sie unausgeglichen, dann gehen sie zu einer Hur. Das verpflichtet zu nichts.«* Die Prostituierte, die mir dies erzählte, sieht sich in einer wichtigen Funktion für den Kunden, dem sie geradezu soziale Dienste anbietet, wodurch sie auch ihre Tätigkeit aufwertet.

In Übereinstimmung damit überlegt auch eine schon ältere Dirne, die so die obigen Zitate zusammenfassend unterstreicht: *»Es gibt verschiedene Gäste, die immer wieder kommen. Bei vielen stimmt es daheim nicht. Ich glaube, unter den Huren gibt es gute Psychologinnen, denn die hören täglich die Probleme der Kunden. Ein solcher Kunde, der sich ausreden will, zahlt für die Stunde 1500 Schilling, nur damit sie ihm zuhört. Es gibt aber auch Kunden, die zu Hause glücklich sind, diese sagen: ›Meine Frau ist leiwand, aber sie ist mir zu dünn, jetzt möchte ich ab und zu etwas anderes haben.‹ Die kommen zu mir, wie wenn ich eine alte Freundin wäre.*

Aber viele Kunden haben daheim ihre Probleme, bei ihrer Frau. Ich kann mir vorstellen, daß seine Frau heiß ist, wenn er bereits beim Gummihinaufgeben spritzt.

Es gibt auch viele Gäste, die geschäftlich oder auf Besuch in Wien sind, die kommen, weil ihnen fad ist. Ein solcher will sich keine aufreißen, das ist zu mühsam, der sagt: ›Ich bin ja nicht blöd und setze mich in eine Bar und werde gewurzt.‹«

Und damit der Kunde auch das Gefühl hat, ernst genommen zu werden, muß die Prostituierte ihm dieses Gefühl verschaffen. Dies gehört zu den vielleicht für sie wichtigsten Aufgaben: *»Man darf sich nicht wie ein Stück Holz hinlegen, sonst kann er ihn gleich in ein Astloch stecken.«*

Die erfahrene und intelligente Dirne wird daher dem Kunden menschlich begegnen, was natürlich – neben eventuellem finanziellen Vorteil – für sie die Gefahr miteinschließt, daß der Kunde sich in sie verliebt (besonders der »Stammgast«; siehe dazu unten Näheres im Kapitel über den »Stammkunden«). Obwohl der Kunde es grundsätzlich zu wünschen scheint, daß sich die Prostituierte um ihn auch freundschaftlich und »liebevoll« kümmert, sieht sie sich vorrangig als eine Person, die ähnlich einer Gewerbetreibenden etwas verkauft.

Wesentlich für die Beziehung von Prostituierter und Kunde ist, daß nach der Abwicklung des »Geschäftes«, für das die Dirne bezahlt wurde, zwischen beiden keine gegenseitigen Verpflichtungen mehr existieren.[*]

Auf dieses Thema in Verbindung mit der Frage, warum jemand eine Dirne für sich bemüht, geht eine Dirne plastisch ein: *»Der Großteil der Kunden ist verheiratet. Die meisten Kunden haben geschäftliche oder private Probleme, sie wollen sich abreagieren. Eine Freundin zu suchen, käme zu teuer, und außerdem gibt es mit Freundinnen immer Probleme, die die Männer mit uns nicht haben. Wenn der Mann nicht mehr will, hängt sich die Freundin an. Bei uns kann er sicher sein, daß es mit dem Zahlen erledigt ist. Ich grüße ihn nicht einmal, wenn ich ihn im Restaurant treffe. Ich sehe ihn nicht.«*

Der Kunde bezahlt für ihre Dienste und damit hat die Dirne keine Ansprüche mehr an ihn. Und er kann sicher sein, daß die Dirne ihn außerhalb der bezahlten Situation ignoriert. Somit sind Probleme mit denen er z. B. als Ehemann rechnen muß,

---

[*]) Dazu S. 152 ff.

wenn er mit einer anderen Frau eine Beziehung eingeht, kaum wahrscheinlich.

Die Sexualität zwischen Dirne und Kunde

Im Kapitel 1 über die Beziehung der Prostituierten zu ihrem Beruf habe ich bereits auf ihre Einstellung zur Sexualität im Verkehr mit ihren Kunden hingewiesen. Mir war dabei wesentlich, deutlich zu machen, daß für die Prostituierte der sexuelle Kontakt zu einem Mann, der ihr dafür zahlt, grundsätzlich nicht mit sexueller Befriedigung, mit einem Orgasmus verbunden ist. Zu den Reflexionen über den Kunden möchte ich noch einige Gedanken und Interviewdetails hinzufügen.

Für die Prostituierte ist der Kunde grundsätzlich eine Person, die von ihr Sexualität bzw. sexuelle Befriedigung verlangt, wobei jedoch sie selbst im allgemeinen diese Sexualität von ihm nicht will und daher auch nicht bei ihm sucht. Für die Prostituierte ist es ja gemeiniglich der Zuhälter oder sonst ein Freund, bei dem sie die von ihr gewünschte Sexualität findet, nicht aber der Kunde. Die Prostituierte aber, für die der Kunde Quelle ihrer sexuellen Befriedigung ist, ist eher atypisch. Der Kunde ist also für die typische Dirne bloß als Geldgeber und Erwerbsquelle interessant, nicht aber als Mann, der sie als Frau sexuell befriedigen soll. Zwischen ihm und ihr besteht nicht jene Beziehung, die sie als Frau sucht und akzeptiert.

Bestätigt wird diese Überlegung auch durch die bei Biermann festgehaltenen Interviews und Diskussionen. In einer Diskussion mit einigen Prostituierten werden diese gefragt: »... also wenn ihr bumsen müßt, habt ihr da manchmal sexuell was davon?«

Alle antworten: »Nee!« und eine Dirne führt aus: »Ich glaub, das ist alles so ein Vorgaukeln. Du gaukelst vor. Ich jedenfalls, ich find's ekelhaft, daß die (Kunden) mich anfassen... Du beißt eben die Zähne zusammen, so ungefähr.«[*]

Zu einem ähnlichen Ergebnis kommt auch Röhr, die ferner

---

[*] Biermann, 1980, S. 108.

darlegt, daß der Prostituierten »solche Bedürfnisse« (sexueller Natur) »als Mittel der Diskriminierung« unterstellt werden.*

Bei meinen Interviews und meinen Kontakten in diese Welt der Prostitution wurde mir deutlich, daß es für die Dirne geradezu einen Prestigeverlust bedeutet, wenn sie behauptete, sie würde durch den Kunden zum Orgasmus kommen.

Der Kunde hat sexuell uninteressant zu sein, dies ist auch durchaus im Sinne des Zuhälters, der ja derjenige sein will und nach dem Willen der Dirne es auch ist, der sie alleine sexuell befriedigt. So erzählte mir ein Zuhälter, er wäre beleidigt, wenn seine Dirne bei einem Kunden einen Orgasmus erleben würde.

Ich wurde einmal Zeuge einer etwas hitzigen Auseinandersetzung zwischen Prostituierten in einem Nachtlokal, im Zuge derer eine Dirne der anderen in deutlich beleidigender Absicht vorwarf, ihr »wäre es bei einem Gast gekommen«, sie wäre also sexuell befriedigt worden. Die so degradierte Dirne wehrte sich mit einiger Schärfe gegen diesen Vorwurf. Diese Situation machte mir klar, daß tatsächlich für die Dirne eine für sie positive sexuelle Beziehung zu dem zahlenden Kunden subkulturell geringschätzig beurteilt und sie selbst stigmatisiert wird. Vor diesem Hintergrund ist auch verständlich, wenn eine Dirne auf den Vorschlag ihres Zuhälters, sie solle sich bei einem Kunden den Orgasmus holen, mit Betroffenheit reagiert.

Es entspricht also diesem subkulturellen Milieu, wenn die Dirne einen engeren sexuellen Kontakt zum Kunden meidet bzw. wenn sie »weiß«, daß die Beziehung zum Kunden grundsätzlich keine sexuell befriedigende sein kann, wie es auch eine Dirne formulierte: *»Man kann bei den Gästen nichts empfinden. Ich denke mir immer: Hoffentlich bist du bald fertig. Empfinden darf man nichts. Es ist ja nicht so, daß man auf den Strich geht, um sich jemanden aufzureißen.«*

Eine andere Dirne, die ich danach befragte, was sie sich während des Geschlechtsverkehrs mit dem Kunden denke, antwortete: *»Ich denke mir: Hoffentlich ist er bald fertig. Hat ein Kunde kein Geld, so kann er gehen und wichsen. Wenn man eine*

---

*) Röhr, 1972, S. 120.

richtige Hur ist, so ist dir der Kunde wurscht, dann ist es wurscht,
ob er schön oder häßlich ist, schielt oder bucklig ist. Hauptsache,
das Geld stimmt. Der Kunde ist das Objekt, von dem ich etwas
will. Privat und Geschäft muß man trennen.«

Ähnlich erzählte eine ca. 28 Jahre alte Prostituierte: »*Das,*
was der Kunde sexuell macht, nimmt man nicht ernst. Das
Ganze geht sehr schnell. Hauptsache, man hat das Geld. Er
kann aufstehen und gehen. Man kann auch vom Kunden keinen
Orgasmus bekommen. Wenn ich ein Mann wäre, würde ich zu
keiner Hure gehen, da müßte ich einen Vogel haben. Man muß
wirklich blöd sein, wenn man für eine halbe Stunde 500 bis 1000
Schilling hinlegt. Der Kunde kann nichts anderes machen wie
zack-zack-zack, wie ein Hase, und dann von der Hure hinunter
und gehen.«

Eine Prostituierte, die den Männern sehr positiv gegenüber-
steht, und die in ihrer Arbeit einen beinahe sozialtherapeuti-
schen Zweck sieht, beschrieb ihre Beziehung zur Sexualität im
Kontakt mit dem Kunden so: »*Es ist aber nicht so* (trotz des
Nahverhältnisses zum Mann), *daß mir das einen Genuß ver-*
schafft. Ich bin auch nicht geil, das bin ich überhaupt nicht. Vor
kurzem fragte mich einer: ›Bitte, wie lange brauchst du, bis du
einen Orgasmus hast?‹ Sag ich: ›Nur, wenn ich will.‹ Wenn ich
will, habe ich zehn Orgasmen hintereinander. Der Gast ist ja
nicht dazu da, daß er mir einen Orgasmus verschafft. Ich muß
ihn ja verwöhnen und schauen, daß er einen Orgasmus hat,
einen guten, das ist alles. Das ist ja das einzige, das man in kur-
zer Zeit machen kann, so sehe ich das. Weil sonst derpackt man
das nicht. Das ist wahrscheinlich reiner Selbstschutz (daß man
sich den Männern nicht selbst hingibt), *sonst wird man irgend-*
wie geschädigt. Sonst hätte ich praktisch eine schlechte Bezie-
hung zu den Männern und die habe ich nicht. Die will ich auch
nicht haben.«

Mit solchen Überlegungen versucht die Prostituierte wohl
auch, sich selbst eine gewisse Autonomie zu geben, um sich
nicht zum bloßen Objekt zu degradieren. Würde die Prostituierte mit ihrer Profession den Wunsch verbinden, sexuelle
Befriedigung zu erlangen, so würde dies (das ergibt sich schlüssig aus den Interviews) bedeuten, daß sie zur Nehmenden
wird, die sie ja nicht sein will. Sie ist es ja, die den sexuellen

Genuß anbietet und die für ihre Leistung bezahlt wird. Auch wenn sie ihrem Gast Erregung vorspielt, so behält sie sich doch eine Souveränität dadurch, daß sie die innerliche Distanz zum sexuell erregten Kunden bewahrt.

Auf diese Distanz spielt auch die Äußerung eines Zuhälters an, die mir für diese Thematik maßgeblich erscheint: *»Der Kunde ist für die Hure einer, der für den sexuellen Genuß zahlt, aber sonst schon nichts. Wenn meine Alte einen Gast bei sich hat, denkt sie einfach an mich, wie sie es mir schon öfter erzählt hat. Sie denkt z. B. daran, daß sie mit mir irgendwo spazieren geht. Und läßt das, was der Kunde macht, über sich ergehen.«*

Die Hure als »Ware«?

In Weiterführung der vorherigen Erörterung will ich auf eine häufig gestellte Frage eingehen: ob die Prostituierte, die ja Sexualität verkauft, selbst zur Ware wird bzw. sich als Ware sieht. Grundsätzlich ist die Dirne genauso wenig bzw. genauso viel Ware, wie ein Kellner, der Gäste bedient, ein Verkäufer von Obst oder ein Sänger, der gegen Geld mit seinem Gesang erfreut.

Es ist daher nicht richtig, in der Prostituierten lediglich eine Art Gegenstand zu sehen, der beliebig gehandhabt werden kann. Dadurch, daß sie selbst eine innere Distanz zum Kunden hält und nur bestimmte Tätigkeiten an sich zuläßt, behält sie sich ein gewisses Maß an Autonomie. Für sie ist es wichtig, keine innere Beziehung zum Gast herzustellen. Dazu gehört auch, daß grundsätzlich die Prostituierte nicht zuläßt, daß der Kunde sie auf den Mund küßt, denn dadurch würde eine intime Bindung angedeutet, die sie ja nicht will. Die Dirne gibt dem Kunden vielleicht die Illusion, daß er ein »guter Liebhaber« sei, oder sie versucht, mit ihm seine Probleme zu besprechen, aber sie wird für sich im allgemeinen keine echte Bindung zum Kunden zulassen. Dies ist notwendig, damit sie psychisch ihre Tätigkeit bewältigt und sich so selbst schützt.

Diese Disposition wird im folgendem Auszug aus einem Interview mit einem Zuhälter deutlich gemacht. Der Zuhälter versucht (ähnlich wie auch ich es oben getan habe), die Prostituierte als »Verkäuferin« der Ware Sexualität zu begreifen, die jedoch Distanz zum Kunden behält, welche sie unter anderem dadurch herstellen kann, daß sie über den Kunden schimpft: *»Die Prostituierte ist wie ein Greißler, der kennt dich aufgrund irgendwelcher Merkmale, du bist der X. und du willst jeden Tag drei Semmeln o. ä. So ist es auch bei den Prostituierten. Der eine Kunde ist ihr lieber als der andere. Im Prinzip hält sie nur wenig von ihrem Kunden. Das ist ja Selbstschutz, daß sie wenig von ihm hält. Sie läßt sich von ihm bezahlen, daher muß sie sich auch vor ihm schützen. Wenn sie über den Kunden schimpft, so rechtfertigt sie sich damit selbst. Wenn die Hur sich auf den Standpunkt stellt: ›Das ist ein Arschloch, der pudert mich, aber ich habe sein Geld im Sack‹, dann ist das praktisch für sie ein Selbstschutz.«*

Eine Dirne meinte zu dieser Fragestellung, daß sie für den Mann »bloß eine Matratze« sei. Damit wollte sie aber nicht ihren eigenen Warencharakter ausdrücken, denn sie fügte hinzu: *»Für mich ist der Mann ein Mittel zum Zweck.«* Die Prostituierte zeigt also damit offensichtlich an, daß sie sich selbst nicht als Ware sieht, sondern den Kunden als ihr Objekt interpretiert, von dem sie lebt. Daß sie als Frau nicht gekauft wird, sondern etwas anbietet, sieht auch eine andere Dirne: *»Der Mann kauft sich ja nicht eine Hure, er sucht ja immer nur die Befriedigung, er braucht ja ein Weib.«* In einem Interview mit einer eher jüngeren und nicht sonderlich erfahren scheinenden Prostituierten ergab sich allerdings, daß sie im Kontakt mit manchen Kunden sich nicht als Mensch angesprochen sieht: *»Bei bestimmten Kunden hat man das Gefühl, man ist nur ein Stück Fleisch, für das man zahlt und mit dem man machen kann, was man will. Manche lassen das einen auch spüren, was man ist. Andere wieder nicht. Die bauen einen wieder auf und das freut mich wieder. Bei solchen Gästen war ich oft gut aufgelegt und habe mir gedacht: ›Das ist leiwand‹. Da ist man gleich anderer Laune. Ich bin extrem sensibel.«*

Diese Prostituierte – sie steht hier im Gegensatz zu anderen Dirnen – verkraftete es offensichtlich nicht, daß manche Kunden sie zu kaufen glauben und meinen, sie einfach wie eine Waschmaschine benützen zu können. In diesem Fall übernimmt sie die Interpretation als Ware, als die sie der Kunde vielleicht sehen will; sie hat noch keine Strategie wie die anderen Prostituierten entwickelt, um dem Kunden klar zu machen, daß sie als Mensch respektiert werden will.

Zu den Strategien von Prostituierten, die sich gegen bestimmte Typen von Kunden wehren, zählt, daß sie dem Kunden mehr oder weniger diktieren, wie er sich zu verhalten hat. Hat nämlich der Kunde einmal bezahlt – dies ist stets das erste, das die Dirne verlangt, bevor sie sich mit ihm überhaupt einläßt –, so kann die Prostituierte das Weitere mehr oder weniger bestimmen.

Als ich eine Prostituierte, die auf eine längere Erfahrung zurückblicken kann, einmal fragte, ob sie sich als »Ware« vorkäme, meinte sie: »*Das ist ein vollkommener Blödsinn. Es ist eher im Gegenteil: er, der Kunde, ist der Tepperte. Dafür sagt man ja Gogl zu ihm. Ich habe es so gemacht, wenn er* (der Kunde) *sekkant geworden ist, habe ich mich angezogen und bin gegangen.*«

Da der Kunde im Augenblick keine effizienten Sanktionen gegen die Dirne setzen kann, liegt es nahe, daß sie sich dem Kunden gegenüber mehr oder weniger willkürlich verhält – nachdem er gezahlt hat. Im Sinne des Geschäftsganges wird sie jedoch nur in Ausnahmefällen nach der Zahlung des ausgehandelten Preises gegen die Erwartungen des Kunden handeln.

In diesem Zusammenhang paßt auch die folgende Äußerung einer Prostituierten: »*Die Leute haben das Gefühl, sie haben etwas gekauft. Er* (der Kunde) *glaubt, er kann tun und lassen, was er will. Das glaubt er nur. Die Sache schaut aber so aus: er zahlt meine Zeit. Er zahlt im Auto eine Viertelstunde. Wenn er eine Viertelstunde redet, ist mir das scheißegal. Ich sage auch jedem: wir können uns eine Viertelstunde auch nur unterhalten. Ich mache nicht das, was er will, sondern er muß machen, was ich will. Ich bestimme den Preis und was damit verbunden ist. Daran muß er sich halten.*«

Der Kunde kann also nicht so ohne weiteres vor allem die erfahrene Prostituierte »benützen«, wie er will. Er braucht dazu das Einverständnis der Prostituierten, die es jedoch grundsätzlich nicht duldet, daß man sie als ein »Stück Fleisch« betrachtet. Die innere Distanz, die sie sich zum Kunden aufbaut und auch dessen Abwertung (z. B. durch die Verwendung des degradierenden Vokabels »Gogl« für Kunde) gemeinsam mit diversen Strategien, die den Kunden disziplinieren sollen, verschaffen der Prostituierten die Sicherheit und das Gefühl, sich als vollwertiger Mensch, den man nicht einfach »kaufen« kann, dargestellt zu haben.

Demnach ist es also nicht berechtigt, davon zu sprechen, die Prostituierte mache sich zur Ware bzw. sie werde als solche behandelt.

Vom Prinzip her versteht sich demnach die Prostituierte eher als »Herstellerin einer Ware« als sich selbst als Ware. Ein Zitat aus einem Interview mit einer Prostituierten gibt abschließend diese Beziehung der Prostituierten zu ihrer Leistung gut wieder: *»Es ist kein wesentlicher Unterschied zwischen einer Frau, die in einem Großkaufhaus einer Kundin etwas andrehen will und sie dazu überredet, und mir. Es ist ja beinahe dasselbe. Beide prostituieren sich.«*

Versuch einer Typologie des Kunden

Wie ich oben bereits angedeutet habe, wurde die folgende Typologie vor allem aufgrund von Gesprächen mit Prostituierten und Zuhältern erarbeitet.

Die Kunden der Dirne lassen sich zwar nicht auf genau abgrenzbare soziale Schichten fixieren, man kann aber Überlegungen über die soziale Herkunft der Kunden anstellen.

Bei meinen Interviews mit Dirnen und Zuhältern, in denen ich das Gespräch auf den Kunden und seine soziale Zuordnung brachte, erhielt ich wiederholt die Antwort, daß es »alle Schichten« seien, aus denen die Kunden kommen.

»Jede Schicht, vom Bauarbeiter bis zum Geschäftsmann, geht zur Hur. Die Bessergestellten sind oft die größten Schweine«, klassifizierte ein Zuhälter die Kundschaft der Prostituierten, wobei er die Angehörigen der sozialen Oberschicht (darauf ist noch einzugehen) als die eher zu abnormen Praktiken neigenden Kunden identifizierte.

Also nicht eine einzige soziale Schicht, sondern Angehörige aller Schichten, kontaktieren die Prostituierten nach deren eigenen Aussagen. Eine Dirne meinte daher stolz: »*Ich habe bis zu den Flugzeugkapitänen alles.*«

Die Typologie, die ich nun versuchen werde, richtet sich nach den Wünschen aus, die an die Dirne gerichtet werden, nach den Formen des Zugangs zur Prostituierten, nach dem Verhalten des Kunden u. ä. Sie ist nicht starr, da sich notwendigerweise bisweilen deutliche Überschneidungen ergeben.

Der unbefriedigte Kunde

Zu diesem Idealtyp zähle ich die Männer, die bei ihren Partnerinnen keine entsprechende sexuelle Befriedigung erfahren bzw. die, denen die Chance dazu überhaupt fehlt. Unter diese Kategorie fällt zwar auch der Kunde, der eine »perverse« Behandlung durch die Prostituierte wünscht, auf ihn will ich jedoch gesondert und detaillierter eingehen.

Hier sei lediglich festgehalten, daß manche Kunden bestimmte Formen sexueller Betätigung nur bei der Dirne erwarten können.

Ein Zuhälter charakterisierte diesen Typus so: »*Dazu gehören die Leute, die daheim ihre Wünsche nicht erfüllen können, weil es die Partnerin nicht will. Dazu gehören Analverkehr und Französisch. Es sind die jungen Leute und die Ehemänner, die zur Hur gehen. Ein Viertel der Kunden sind junge Leute, die mit dem Sex etwas anfangen wollen und vielleicht noch keine Partnerschaft haben, also niemanden haben, zu der sie hingehen können. Ein Drittel sind die Ehemänner, die sich daheim nicht trauen, was sie sich bei der Hure trauen.*«

In diesen Bereich der Kunden gehören aber auch die Männer, für die es aufgrund ihrer Herkunft und ihres Aussehens schwierig oder beinahe unmöglich ist, sexuellen Kontakt zu einer Frau zu bekommen, wie Gastarbeiter, Ausländer, Männer mit körperlichen Mängeln und Männer, die lange den Kontakt zu Frauen entbehren mußten (Haftentlassene u. ä.). Eine interessante Schilderung des Kundenstocks seiner Dirne gab mir ein Zuhälter, der besonders auf die Bedeutung von Ausländern als Kunden hinwies: »*Zu ihr sind Türken gekommen, auch von der Botschaft. Eine normale Österreicherin geht ja nicht mit ihnen, weil die Türken Filzläuse haben.«*

Der Neuling bzw. der Schüchterne

Für die Prostituierte sind schüchterne Männer und Neulinge immer ein gewisses Problem, da diese Männer sich schwer tun, ihre Wünsche zu formulieren oder überhaupt eine Dirne zu kontaktieren. Der Neuling und der Schüchterne »trauen sich nichts zu sagen« und die Prostituierte muß oft einige Mühe einsetzen, um ihnen die Scheu zu nehmen.

Über den Schüchternen erzählte eine Dirne, die in einem Animierlokal arbeitet: *»Der Schüchterne ist der, der gesenkten Hauptes und mit flatterndem Blick hereinkommt; er setzt sich heimlich in eine Ecke und hofft, daß man ihn anspricht, denn er ist von sich aus viel zu schüchtern, das Geschäftliche in die Wege zu leiten.«*

Dem Schüchternen und Neuling kommen die Inserate in Zeitungen, mit denen Prostituierte sich anbieten, sehr entgegen, denn er muß sich nicht der Öffentlichkeit des Straßenstrichs aussetzen, um eine Prostituierte zu kontaktieren, sondern er kann sie in einem Privathaus aufsuchen.

Für die am Straßenstrich tätige Dirne ist es ein Problem, einen scheuen potentiellen Kunden auf die richtige Weise anzusprechen. Dem Kunden muß dabei die Scheu genommen werden, mit der Prostituierten überhaupt zu reden. Das weiß auch die erfahrene Straßenprostituierte. Eine beschrieb dieses für sie geschäftliche Problem so: *»Die Kunden sind oft verschreckt und sind froh, wenn sie angesprochen werden.«*

Eine andere Straßendirne ergänzt diese Aussage, wobei sie auch darauf eingeht, wie mit dem Kunden zu reden ist, wenn man ihn einmal im Hotelzimmer hat: *»Viele Kunden, die zu einer Hur am Strich gehen wollen, kommen leicht alkoholisiert. Das gibt Mut. Wenn ein paar Madl beisammen stehen, trauen sich manche Kunden nicht, mit ihrem Auto stehen zu bleiben. Die jungen Burschen, die zum ersten Mal kommen, die sind recht nervös. Denen muß man gut zureden. Meistens sagt so einer im vorhinein: ›Das mache ich das erste Mal!‹ Jetzt redet* *man einmal mit ihm und erklärt ihm einiges (nachdem man mit ihm bereits im Zimmer ist). Wie man ihn* (den Penis) *hineinstekken soll, das wird er um Gotteswillen ja wissen. Trotzdem bringt er oft nichts zusammen, der junge Bub. Gezahlt hat er schon vorher, das ist für mich wichtig.«* Die Dirne ist sich also der Schwierigkeit bewußt, die sich dem scheuen Kunden stellen und sie weiß, wie sie mit diesen fertig wird. Schließlich ist es auch im Sinne ihres Geschäftsganges, daß sie alles unternimmt, um auch einen schüchternen Mann dazu zu bringen, sich mit ihr einzulassen. Die Wohnungsprostitution kommt daher den Wünschen des schüchternen Kunden entgegen, da er so am ehesten mit der Prostituierten ohne viele Probleme Fühlung aufnehmen kann (– auf diese Thematik gehe ich unten noch näher ein).

Der »Draufgänger«

Das Gegenstück zum Schüchternen ist der »Draufgänger«, der die Dirne mit Scherzen direkt anspricht, mitunter derbe sexuelle Anspielungen macht oder ihr einfach lästig fällt.

Ich verbrachte einige Male mehrere Stunden in einem Animierlokal, in dem die Dirnen auf Barhockern saßen und auf Kunden warteten.

Ich saß in einer Ecke des Lokals und beobachtete mehr oder weniger ungesehen die einzelnen Szenen. Die Prostituierten, die ich vorher schon mit Erlaubnis des Lokalbesitzers z. T. interviewt hatte, wußten von meiner Absicht, die Kunden zu beobachten. Ich sah nun die verschiedenen Typen von Kunden, die in das Lokal kamen. Die eher schüchternen Männer setzten sich auf einen Hocker und wagten zunächst nicht, eine Dirne anzusprechen. Meist bedurfte es der Initiative einer Prostituierten, damit sie ihre Wünsche äußerten. Anders verhielten sich die Draufgänger. Mit einem lautstarken Gruß, wie »Hallo Mädels«, betraten sie das Lokal und luden sofort eine oder mehrere Prostituierte zu einem Drink ein. Eine Prostituierte charakterisierte diese Kunden so: *»Die kommen herein und sind goschert. Sie glauben, sie sind die Größten. Meist sind es die, die am wenigsten zahlen. Die haben das Maul am weite-*

sten offen und bei einem Bier zittern sie schon wegen des Preises. Die wollen sich nur wegen der Mädchen wichtig machen. Die angenehmsten Gäste sind die leicht betrunkenen, die etwas erleben wollen. Die trinken etwas und gehen dann aufs Zimmer.«

Nach diesen beiden Typen, dem schüchternen und dem draufgängerischen Kunden, bestimmt sich zunächst das Handeln der Prostituierten. Die erste Einstufung des Kunden ist für die weitere Vorgangsweise der Dirne wichtig.

Der »unangenehme« Kunde

Schwierigkeiten machen der Prostituierten jene Kunden, die sich an gewisse Regeln nicht halten, die sie attackieren oder sie bei der Ausübung ihrer Tätigkeit stören. Ein solches Verhalten des Kunden ist sicherlich auch auf psychische Komponenten zurückzuführen – wie »Haß« gegenüber der Frau u. ä.

In dieser Richtung definieren nämlich Prostituierte solche Formen ihnen unangenehmen Handelns. Mit einer Prostituierten sprach ich über solche Kunden. Sie meinte, diese wären nicht so selten, sie würde sie jedoch meist als solche sofort erkennen: *»Meist kann man ungefähr einschätzen, ob einer grün ist oder nicht. Einer, zu dem ich ins Auto gestiegen bin, hat mich bis zur Autobahn geführt. Dort hat er mich aussteigen lassen. Ich mußte per Autostop zurückfahren.*

Das ist wahrscheinlich ein Haß gegen die Dirnen. Er hat überhaupt nichts gewollt. Er ist wie ein Irrer mit mir gefahren und hat mir den Revolver angesetzt. Gezahlt hat er nichts.« Ich fragte sie, wie sie darauf reagierte. *»Da muß man ruhig bleiben. Man darf ihm auf keinen Fall mit der Polizei oder sonst etwas drohen. Ein anderer ist auch so mit mir herumgefahren. Darauf ist die Kiberei gekommen. Der Kiberei habe ich erzählt, daß er mich bedroht hat. Sie hat ihn darauf ordentlich in die Kandare genommen.«*

Die Prostituierte, die auf den Straßenstrich geht und in Autos einsteigt, hat mehr Probleme, mit gefährlichen oder unangenehmen Kunden fertig zu werden, als jene Prostituierte, die in einer Wohnung bzw. bei Hausbesuchen oder in einem Hotel tätig ist. Hier hat sie die Möglichkeit durch Telefonanrufe, die Hinterlegung der Adresse des Kunden u. ä. sich zu schützen. Gerade bei Hausbesuchen besteht aber für die Prostituierte einige Gefahr, der sie jedoch begegnen kann (siehe unten).

Soweit wie möglich versucht die Prostituierte, sich vor problematischen Gästen zu sichern. Eine wichtige Rolle spielt dabei zweifellos der Zuhälter, wie ich oben schon aufgezeigt habe. Andererseits weiß die Prostituierte auch, wie sie sich selbst schützen kann. Ein entsprechendes resolutes und kaltblütiges Handeln der Dirne vermag den aufdringlichen Kunden in die Schranken zu weisen.

Von einer Prostituierten weiß ich, daß sie in Fällen, in denen Kunden sich nicht korrekt verhalten, ihnen nahelegt, das Zimmer zu verlassen. Das kann so geschehen, daß die Dirne die Kleidung des Gastes vor die Tür des Hotelzimmers befördert.

Zu den unangenehmen Kunden zählen auch diejenigen, die brutal vorgehen oder der Prostituierten in aufdringlicher Weise zeigen, daß sie menschlich minderwertig sei. So meinte eine Prostituierte: »*Manche werden ausfallend und behandeln einen wie einen Dreck. So einer glaubt, der kann eine Hure wie einen Untermenschen behandeln. Ich sage da zu ihm:* ›*Wenn dir etwas nicht paßt, kannst du dich schleichen.*‹« Und eine andere erzählte ähnlich: »*Ein besonderer Typ ist der brutale Hund, der zeigen will, wie gut er ist.*«

Unangenehm sind ebenso jene, die sich durch eine betont widerlich-scherzhafte Weise darzustellen versuchen. Ich selbst wurde Zeuge eines solchen Auftretens eines Gastes in einem Animierlokal. Der Gast, der laut redend in das Lokal gekommen war, setzte sich auf eine Barhocker und begann, die dort sitzenden Prostituierten zu provozieren: »*Ich habe Komplexe bei den Frauen, mein Becken ist gebärfreudig und mein Zipferl ist zu klein und außerdem habe ich kein Geld.*« Die Dirnen reagierten darauf nicht. Dann fragte der Mann: »*Wo bleiben die Spießbürger heute?*« Dann erzählte er vom Linzer Nachtleben und den Bauerndirnen, die da auftreten, und schließlich forderte er eine Dirne auf, ihn für 500 Schilling zu küssen, was diese mit den Worten ablehnte: »*Nicht einmal für 1000 Schilling schmuse ich mit dir.*« Nach einigen Scherzen, bei denen er merkte, daß die Prostituierten sich nicht mit ihm einlassen wollten, ging er.

Mit solchen u. ä. Anpöbelungen durch potentielle Gäste oder Männer, die manchmal zu Sprecherotik neigen, rechnet die Prostituierte und sie weiß auch, wie sie diesen zu begegnen hat. Entweder ignoriert sie sie oder sie antwortet in eher derber Weise, die dem Kunden nahelegt, das Weite zu suchen.

Eine latente Drohung mit dem Zuhälter ist für die Dirne ebenso ungemein wichtig. Der Kunde muß wissen, daß er gewisse Grenzen nicht überschreiten darf, da ansonsten ein Zuhälter eingreifen könnte.

Etwas anders liegt das Problem für die Dirne, wenn sie es mit einem Kunden zu tun hat, der sie durch sein Äußeres anekelt, sei es durch schmutzige Kleidung, Trunkenheit oder eine Verunstaltung. Einige Prostituierten betonten mir gegenüber, sie würden daher »nicht jeden Kunden nehmen«. Das heißt, sie würden sich die Kunden aussuchen. Sagt ihnen ein Kunde nicht zu, so lehnen sie den sexuellen Kontakt ab. Besonders junge und attraktive Prostituierte reagieren so. Sie weisen sogar mit einigem Stolz darauf hin, daß sie dies nicht notwendig hätten. Auch hier der Versuch, sich ein gewisses Maß an Autonomie zu bewahren.

Ältere Prostituierte, die nicht mehr die Atraktivität der Jugend besitzen, sind freilich gezwungen, mit jedem Kunden sexuell zu verkehren, wollen sie zu Geld kommen.

Eine junge, hübsche Dirne, die gemeinsam mit einer Kollegin in einer Wohnung arbeitete, erzählte mir dazu aus ihrer Erfahrung: »*Ich kann mich nicht so in das Ganze einfinden. Den anderen ist es mehr oder weniger wurscht. Ich habe oft zu meiner Freundin gesagt, daß ich das nicht schaffe. Da ist z. B. einer gekommen, der hat irgendwie grauslich ausgeschaut und war ungustiös. Da habe ich zu meiner Freundin gesagt: ›Das kann ich nicht, das wird mir schlecht.‹ Sie hat es dann mit ihm gemacht.*«

Der gefährliche oder unangenehme Kunde stellt die Prostituierte also vor einige Schwierigkeiten. Einerseits will sie Geld verdienen und andererseits will sie nicht belästigt oder körperlich abgestoßen werden.

Dazu paßt ein Zitat aus einem Interview mit einer attraktiven, etwa 23 Jahre alten, intelligenten Dirne, die eine Zeit aus Liebe zu ihrem Zuhälter – also um des guten Verdienstes wegen – jeden Kunden »nahm«, allerdings war das gegen ihre Intentionen: *»Ich habe in der Wohnung keinen ausgelassen. Ich habe nicht geschaut, wie der aussieht. Normalerweise suche ich mir sie aus. Wenn mir einer nicht taugt, wenn er mir unsympathisch ist und wenn er so zu mir herkommt: ›Na, was ist, was kostet es denn?‹, wenn er sich so aufführt, dann sage ich ihm: ›Tut mir leid, auf mich wartet ein Stammgast, der hat sich schon angemeldet, es tut mir leid, ich habe keine Zeit.‹ Oder ich sage gleich einen irren Preis, daß er weitergeht ... Man sieht ja gleich im Vorraum, ob er abgesandelt, ungepflegt o. ä. ausschaut. Dann sage ich halt gleich: ›Ich habe keine Zeit, auf Wiedersehen.‹ Am Anfang ist man relativ freundlich. Sollte er trotzdem ungut werden, dann schimpft man ihn. Dann wird er hoffentlich verschwinden.«*

Über die Problematik des unangenehmen bzw. gefährlichen Gastes erzählt prägnant auch eine andere Dirne, die besonders gegen Ausländer und Betrunkene Aversionen zu haben scheint: *»Ich nehme keine Türken usw., weil ich Angst vor Schwierigkeiten habe. Besoffene nehme ich überhaupt nicht, besonders, wenn sie taumeln. Darauf kann ich verzichten. Wenn ich wirklich einmal ein Problem mit einem Kunden habe, rufe ich die Polizei. Wenn ein Gast gegen ein Madl bei uns im Hotel losgeht, so kommt er nicht aus der Haustüre hinaus ... Wenn ein Kunde glaubt, er kann mich sekkieren oder wenn er nicht fertig wird, schmeiße ich ihn hinaus. Wenn er sagt, er will das Geld zurück haben, so sage ich: ›Komm mit der Polizei, dann wirst du schon sehen.‹ Solche Kleinigkeiten gibt es schon, aber da rege ich mich nicht auf.«*

Der »perverse« Kunde

Für die Diskussion um die Schichtzugehörigkeit von Kunden ist wohl dieses Kapitel das interessanteste. In meinen Gesprächen mit Zuhältern und Dirnen hörte ich sehr häufig – neben der Feststellung, daß die Kunden der Prostituierten aus allen sozialen Schichten kämen –, daß vorrangig Angehörige höherer sozialer Ränge Perversitäten suchten.

Folgender Auszug aus einer Diskussion mit einem Zuhälter und einer Dirne, die eine »strenge Kammer« besitzen, unterstreicht diese Aussage plastisch:

Zuhälter: *»Die Kunden für die strenge Kammer kommen alle aus höheren sozialen Schichten, das sind die, die immer wieder die anderen unterdrücken, das sind meistens Leute, die sehr viele unter sich haben. Zu uns ist noch kein Hilfsarbeiter gekommen.«*

Prostituierte: *»Auf normal kommt alles her, buntgemischt. Aber auf streng sind es in erster Linie Bankdirektoren, Geschäftsleute, also eher Höhergestellte. Alles Leute, die viele unter sich haben, die sie regieren können. Jetzt wollen sie selbst unterdrückt werden.«*

Interessant ist an diesen beiden Überlegungen die an psychoanalytische Theorien anklingende Feststellung, daß gerade Angehörige aus höheren sozialen Schichten den Zugang zur Prostituierten suchen, um von ihr in der »strengen Kammer« erniedrigt, gepeitscht und gequält zu werden.

Auch in einem Interview mit einer anderen Prostituierten wird diese besondere soziale Zuordnung der Kunden deutlich: *»Meist weiß man eh, was für ein Typ der Kunde ist, je nachdem, wie er angezogen ist. Ich habe schon extrem Feine gehabt, die am Zimmer die ärgsten Schweine waren. Das sagt gar nichts, wie einer angezogen ist, ob er ein Schwein ist oder nicht.«*

In durchaus übereinstimmender Weise reflektierte ein Zuhälter über die »perversen« Kunden seiner Dirne: *»Die, die sich Knöpfe auf den Schwanz nähen lassen oder die, die sich peitschen lassen, sind meist Staatsbeamte. Es gibt ziemlich viele Perversler darunter.«*

Während die »Unterschicht« vorrangig den »normalen« Geschlechtsverkehr, eventuell in Verbindung mit Analverkehr, sucht, ist vor allem der Kunde aus der Oberschicht an einer solchen Erweiterung des sexuellen Kontaktes mit der Prostituierten interessiert. Nach der Interpretation von interviewten Dirnen ist der die Perversität suchende Oberschichtler grundsätzlich verheiratet.

Nach Meinung einer Prostituierten soll der verheiratete »perverse« Kunde, wenn er bei ihr gemartert wird, sich vorstellen, seine Frau sei die »Herrin«, die jedoch tatsächlich an solchen Aktionen nicht interessiert ist. Und umgekehrt, wenn er mit seiner Frau »normal« geschlechtlich verkehrt, würde dieser Kunde an sie, die ihn peinigende Dirne denken.

Einigen auf sadistische Aktivitäten wie Auspeitschen spezialisierten Dirnen fiel auf, daß sich neben Angehörigen der Oberschicht auch relativ viele junge Männer das sexuell Abnorme und die Erniedrigung wünschen: »*Ich habe schon Angst, daß bald fast nur mehr junge Leute kommen, so zwischen dem 20. und 30. Lebensjahr. Das lehrt mich das Fürchten. 20jährige Burschen! Früher waren es nur Alte, die schon alles gehabt haben. Heute sind es auch schöne junge Burschen. Wirklich, das kann doch nicht normal sein, daß man so etwas wünscht, daß einem das Blut von den Striemen der Peitsche herunterrinnt.*« So erzählte die Besitzerin einer »strengen Kammer«. Eine andere Prostituierte mit derselben Ausrichtung meinte dazu, daß es wahrscheinlich »Punkertypen«, also Jugendliche mit der Tendenz zur Gewalt seien, die sie aufsuchen würden. Auch sie schilderte: »*Ein alter Mann ist mir lieber als ein junger. Die Jungen haben das Geld vom Haschverkauf o. ä. Es sind aber mehr ältere Männer, die zu mir kommen.*«

Vielleicht ist dieser heute immer mehr sich verbreitende Wunsch nach sexuellen Perversitäten, wie Sadismus und Masochismus, ein kulturspezifisches Problem, welches auf das Brechen von Tabus zurückführbar sein mag.*)

Der »Stammgast«

Eine Prostituierte, die auf »Stammgäste« verweisen kann, tut dies meist mit einigem Stolz, denn schließlich spricht es für sie, daß sie von denselben Männern häufig aufgesucht wird. Wie lange ein Mann eine Prostituierte kontaktiert, ist freilich individuell verschieden. Es dürfte jedoch bei manchen Männern eine Art Gewöhnung entstehen, die sie immer wieder zur derselben Dirne gehen läßt, überhaupt, wenn diese Frau bereit ist, mit dem Mann über dessen Probleme, wie eheliche Schwierig-

---

*) Zu den angebotenen Perversitäten siehe S. 211 ff. und 232 ff.

keiten und anderes zu sprechen. Eine Prostituierte, mit der ich über das Thema des Stammgastes sprach und die selbst eine Reihe von Stammgästen hat, meinte zu mir: »*Wenn eine zu mir sagt, sie hätte einen Stammgast 10 Jahre gehabt, dann lügt sie. Man hat einen Stammgast höchstens zwei Jahre. Dann hat er schon genug, dann könnte er mich ja schon heiraten.*« Unter den Stammgästen sind vorrangig jene Männer vertreten, von denen ich oben bereits geschrieben habe, daß sie das Bedürfnis hätten, sich bei einer Prostituierten auszusprechen. Sie bedienen sich dabei also der Prostituierten als einer Art Psychotherapeutin.

Stammgäste gibt es sowohl im Straßen- als auch im Wohnungsstrich. Für die typische Dirne sind sie sehr wichtig, denn schließlich rechnet sie auch mit ihnen. Eine am Straßenstrich paradierende Prostituierte erzählte über ihre Stammkunden: »*Zu den anderen Kunden kommen noch die Stammkunden hinzu. Die kommen immer wieder, im Durchschnitt jede Woche einmal. Sie sind auf mich erpicht. Sie suchen mich schon, wenn ich einmal nicht auf meinem Platz steh. Meistens sind diese Stammkunden ältere und verheiratete Männer.*« Diesen Hinweis auf die »älteren und verheirateten Männer« werte ich als Indiz für die angestellte Überlegung, daß Stammkunden vor allem Männer mit Problemen sind, die sich mit einer Prostituierten aussprechen wollen.

Es scheinen aber auch solche Männer Stammgäste zu sein, die bestimmte sexuelle Praktiken einer Prostituierten bevorzugen, bzw. solche, die einen längeren Kontakt zu derselben Frau suchen und daher damit rechnen können, bevorzugt und freundschaftlich behandelt zu werden.

So wird es, wenn überhaupt, fast nur Stammkunden gestattet, ohne Präservativ mit der Prostituierten zu verkehren. Die sogenannten »Laufkundschaften« haben nur gegen Bezahlung eines hohen Betrages diese Möglichkeit.

Unter den Stammgästen finden sich demnach eher etablierte, verheiratete und Männer, die finanziell großzügig sein können. Ihnen kommt es wesentlich darauf an, zu der betreffenden Prostituierten ein intimes Nahverhältnis herzustellen, welches ihnen auch gestattet, ihre persönlichen Probleme vorzutragen. Allerdings bedarf es einigen Geschicks und Charmes auf seiten der Dirne, damit überhaupt Männer daran interessiert sind, mit ihr eine »Quasi-Verbindung« einzugehen. Es bildet sich also dabei so etwas wie eine »Fast«-Liebesbeziehung heraus, bei der jedoch beiden Seiten klar ist, daß diese Beziehung durch den Preis und die Zeit begrenzt ist.

Es ist jedoch auch möglich, daß für den Stammgast die Beziehung zur Prostituierten eine tiefe wird, er sich also in sie verliebt, was für beide, vor allem für die Dirne, problematisch sein kann. Für diese ist es nun mitunter nicht einfach, dem Kunden klarzumachen, daß sie seine Liebe nicht erwidern könne.

Eine Dirne erzählt dazu: *»Wenn du so ein Tschapperl hast, der dich anbetet, so kannst du damit rechnen, daß er jeden Monat kommt, der spart für dich. Einem habe ich sogar Geld gegeben, damit er die Feiertage schön verbringt, dem wollte ich nicht weh tun. Er sagte: ›Ich bin so traurig, ich träume von dir . . .‹ Was soll man da machen?«*

Die Dirne selbst wird sich prinzipiell nicht in einen »Stammgast« verlieben. Es wäre für sie psychisch belastend und für ihre Tätigkeit von Nachteil. Ihre Einstellung gegenüber dem Kunden ist daher, wie ich es schon angedeutet habe, grundsätzlich neutral und sie bemüht sich auch, daß es im Sinne ihres Geschäftes dabei bleibt.

Eine echte professionelle Dirne wird sich also keineswegs in einen Stammgast verlieben, was dieser auch weiß oder zumindest wissen sollte.

Eine kritische Situation ergab sich jedoch einmal für eine mir bekannte Studentin, die eine soziologische Studie über das Treiben in einem Animierlokal schreiben wollte. Um einen möglichst guten Einblick zu erhalten, »spielte« sie (gegen meinen Rat) für zwei Wochen ein Animiermädchen und ging mit Gästen in das Separée.

Dabei verliebte sie sich in einen Gast, der sie beinahe täglich aufsuchte. Damit zeigte sie, daß sie keine »gewöhnliche« Prostituierte ist und ihr Partner sah sie auch nicht mehr als solche an.

Bereits in den vorhergehenden Überlegungen zu den Typen des Kunden bin ich auf den Kunden am Straßen- und am Wohnungsstrich eingegangen. Hier soll nur einiges zusammenfassend festgehalten werden.

Dirnen in Wohnungen werden eher von den Männern kontaktiert, denen es unangenehm ist, eine Dirne auf der Straße anzusprechen. Die Angst vor dem Gesehenwerden bestimmt schließlich den Mann, eine Prostituierte, die z. B. annonciert hat, anzurufen. Stammkundschaft, die es wohl auch am Straßenstrich gibt, ist konsequent eher in der Wohnungsprostitution möglich, bei dem dem Gast in großem Maße Anonymität und auch eine behagliche Atmosphäre garantiert werden kann. Der Kunde, der die Wohnung vorzieht, braucht also nicht die Öffentlichkeit der Straße, um zu einer Prostituierten zu kommen. Die Kontaktaufnahme durch das Telefon ist problemlos und verschafft dem Kunden das Gefühl, unverbindlich mit der Dirne zu verhandeln. Er ist durch den Anruf nicht zu einer längeren Kommunikation mit ihr gehalten, er kann sie so gestalten, wie er will, wenn die Dirne ihm überhaupt zuhört. Schließlich hat er die Möglichkeit, die Kommunikation jederzeit abzubrechen. Am Straßenstrich ist das nicht so einfach, denn hier wird die Dirne einen Mann, der sich über sie lustig macht, beschimpfen. Bei der telefonischen Kommunikation mit der Dirne fallen solche Probleme für den Anrufer weg – für den Fall, daß er die Prostituierte bloß necken will.

Ein wesentlicher Vorteil der Wohnungsprostitution, aber auch des Bordells, liegt für den Kunden schließlich darin, daß er die Wohnungsprostituierte auch während des Tages aufsuchen kann, im Gegensatz zur Straßenprostitution, die er erst ab Einbruch der Dunkelheit vorfindet.* Es gibt allerdings auch Prostituierte, die bereits während des Tages an bestimmten Straßen um den Gast werben. Da solche Plätze traditionell nicht nur den potentiellen Kunden bekannt sind, sondern auch der Polizei, muß die Dirne damit rechnen, festgenommen zu

---

*) Siehe näher S. 187 f.

werden, wenn sie am Tag dort geht – oft auch, wenn sie etwas anderes vorhat (siehe dazu meine Arbeit über den »Polizei-Alltag«, 1980).

Der Gelegenheitskunde

Dieser Kunde zählt nicht immer zu den angenehmsten Gästen der Dirne. Er sucht sie nur dann auf, wenn sich entweder ein besonderer Anlaß bietet, z. B. nach einem lustigen Abend im Kreise von Freunden, der mit einem Besuch von Dirnen abgeschlossen wird, oder wenn er »sich einmal ausleben« will. Aber auch der Kunde gehört hierher, der nach längerer sexueller Enthaltsamkeit, wie nach einem Gefängnisaufenthalt, Befriedigung bei der Prostituierten sucht. Dazu kommt schließlich der Kunde, der plötzlich aus irgendeinem Grund zu Geld gekommen ist und meint, er müsse es großzügig mit einer Dirne ausgeben.

Ein Zuhälter erzählte beispielsweise zu diesem Kundentyp: »*Superkunden sind die Kriminellen, die eine Hacken, einen Einbruch, gemacht haben und dabei, sagen wir, 100.000 Schilling erwischt haben. Der ist bestrebt, dieses Geld in kurzer Zeit auf den Schädel zu hauen. Das sind die Kunden, die die horrenden Beträge bezahlen.*«

Der Zuhälter als Kunde

Eher angenehme Gäste scheinen Zuhälter zu sein, die sich nicht immer als solche zu erkennen geben. Der Grund, eine Prostituierte aufzusuchen, liegt für einen Zuhälter oft darin, »querzubraten«, d. h. eine Prostituierte für sich zu gewinnen, sie ihrem Zuhälter auszuspannen oder sie dazu zu bringen, den Hostessenbetrieb zu wechseln. Über diese Kategorie von Kunden führte ein älterer Zuhälter aus: »*Die Kunden, die selbst braten wollen, also die halbseidenen Kunden, das sind gar nicht die schlechtesten Kunden. Man muß sagen, daß die meisten Strizzis, die irgendwo anders eine Alte haben und sich eine neue Alte wo wegziehen wollen, gar keine schlechten Zahler sind. Das ist nämlich das, was die wenigsten wissen und die meisten abstreiten, daß dieser Teil der Kunden nicht die schlechtesten Kunden sind. D. h., sie gehen in einen anderen Betrieb, wollen ein Weib abziehen und daher braten sie sie ein.«*

Tatsächlich versuchen Inhaber von Häusern, in denen sie Zimmer an Prostituierte vermieten (s. u.), Prostituierte dazu zu überreden, bei ihnen ihrem Gewerbe nachzugehen. Eine Möglichkeit, um sie in dieser Richtung zu kontaktieren, besteht eben darin, bei ihr als Kunden aufzutreten.

Es scheinen Zuhälter bzw. Männer aus diesem Milieu, weil sie eben »Gefühl« für die Prostituierte und ihre Probleme haben, die angenehmsten und freundlichsten Kunden zu sein.

Ich ging nun daran, diese These zu prüfen, indem ich einige Prostituierte dazu befragte. Die Antwort einer intelligenten und jungen Prostituierten ist für mich typisch. Sie erzählte: *»Ich habe Stammkunden, das sind Zuhälter. Das sind mir die liebsten Leute. Die wissen genau, was sie machen dürfen und was nicht. Von 100 Zuhältern erkenne ich 98, glaube ich. Ich erkenne sie an der Art, wie sie reden und sich mir gegenüber benehmen. Auf die Art, wie sie fragen, kommt ein Normalbürger gar nicht. Der Normalbürger fragt z. B. – das ist eine typische Standardfrage –: ›Warum machst du das? Du hast es doch nicht notwendig, du bist intelligent, du schaust gut aus, du hast das nicht notwendig usw.‹ Solche Fragen würde ein Strizzi niemals stellen. Die Normalbürger wollen sich vielleicht als Moralapostel aufspielen. Der Strizzi benimmt sich mir gegenüber ganz anders. Der weiß genau, was er darf und was er nicht darf. Das weiß er von seiner Alten. Daran erkennt man den Strizzi, denn im Laufe der Zeit lernt er von seinem Madl.«*

Diese Schilderung deutet darauf hin, daß der Zuhälter, eben durch die Sozialisation in dieser Welt der Prostitution, viel mehr Verständnis und Entgegenkommen gegenüber der Prostituierten zeigt, als jeder andere Kunde, dem die Prostituierte vielleicht als geheimnisvoll, hexenhaft und abnorm erscheint. Vor einem solchen Wissenshintergrund handelt der Kunde in einer Weise, die die Prostituierte bisweilen als unangenehm und auch als unfair empfindet.*

---

*) Siehe dazu die Diskussion S. 159 ff.

Ich habe hier also versucht, eine Reihe von Kundentypen her-auszuarbeiten, wobei mir die Begrenztheit eines solchen Unter-nehmens selbstverständlich bewußt ist.

Mir war wesentlich zu zeigen, daß die Kunden der Dirne mit verschiedenen Vorgehen und aus verschiedenem Anlaß, von ihr als Frau Sexualität, für die sie zahlen, verlangen und erwar-ten. Durch seine Bereitschaft zur Bezahlung, hat der Kunde die Möglichkeit, die Prostituierte zumindest in einem Kontakt-gespräch soweit zu bringen, daß sie ihn anhört und auf ihn auch in irgendeiner Weise reagiert. Die innere Beziehung zwischen dem Kunden und der Prostituierten kann vielfältig sein. Wäh-rend beim »Stammkunden« eine beinahe freundschaftliche Zuneigung möglich ist, ist beim Straßenkunden, der nur gele-gentlich zu einer Dirne geht, der Kontakt oberflächlich, so daß so etwas wie echte Sympathie zwischen Dirne und Kunden kaum aufkommen kann. Der Kunde tritt hier lediglich als Käu-fer von Sexualität auf, den die Prostituierte als Mensch meist gar nicht interessiert.

Umgekehrt ist es ähnlich: die Prostituierte sieht im Kunden jemanden, der ihr für eine Tätigkeit zahlt, bei der sie aus-schließlich als Verkäuferin von Sexualität fungiert. Die Sexuali-tät – und dies ist typisch für das Geschäft mit der Prostitution – wird also vom Menschen und dem, was dem Menschen essen-tiell ist, abstrahiert. Das wissen beide: die Dirne und ihr Kunde.

Abgeschwächt wird jedoch dieses Kaufverhältnis dann, wenn die Prostituierte z. B. als eine Art Psychotherapeutin auf-tritt oder wenn der Kunde ihr eine echte Zuneigung entgegen-bringt, wie es im Fall des Stammkunden möglich ist.

4. KAPITEL

DER ZUGANG ZUM STRICH –
DIE EINFÜHRUNG

Das Erlernen des Gewerbes

Ich habe schon darauf hingewiesen, daß der Zuhälter eine wichtige Rolle bei der Zuführung der neuen Dirne zum Strich spielt. Bei Prostituierten ohne Zuhälter übernehmen diese Aufgabe gewöhnlich Freundinnen. Für die Frau ist, wie wir sehen werden, dieser erste Schritt in die Prostitution von großer Bedeutung, denn sie muß lernen, sich am Strich richtig zu verhalten, um z. B. nicht mit anderen Dirnen in Konflikt zu geraten, den entsprechenden Preis zu verlangen, mit lästigen Kunden fertig zu werden.

Für eine Prostituierte, die auf den Straßenstrich gehen will ist es zunächst wichtig, überhaupt einen Platz zu erhalten, an dem sie Männer anwerben kann. Hat sie einen Zuhälter und hat er einiges Ansehen unter Zuhältern und Dirnen, so ist die Platzwahl kein Problem, wie es auch ein Zuhälter erzählt: »*Ich bin dann mit ihr in die Rustenschacherallee gefahren. Dort habe ich ein paar Zuhälter gekannt von früher, durch das Autogeschäft. Die haben dort ihre Madln gehabt. Zu einem von ihnen habe ich gesagt: ›Herst, ich stell‹ dir eine dazu.‹ Der hat dann gesagt, wo ich sie hinstellen soll.*«

Hat das Mädchen keinen Zuhälter, so ist es in der Regel eine Freundin, die sie auf den Strich mitnimmt und ihr erklärt, was sie als Prostituierte wissen muß. Recht anschaulich wird dies im folgenden Auszug aus einem Interview mit einer etwa 23 Jahre alten Prostituierten geschildert: »*Ich habe also mit meiner Freundin geredet, wie man auf den Strich gehen kann. Die erste Zeit bin ich bei ihr gestanden. Das war auf der Mariahilferstraße. Ich bin als totaler Laie dorthin gekommen. Ich habe also keine Ahnung von dem ganzen Geschäft gehabt. Ich habe nicht einmal gewußt, wie man einen Gummi auf das Glied rauf gibt. Meine Freundin hat sich mit mir nun in der Nähe des Westbahnhofs auf einen freien Platz gestellt. Jetzt sind wir zu zweit gestan-*

den. *Sie war schon seit 8 Jahren in der Hackn. Die hat alles gewußt, was es auf diesem Gebiet gibt. Die war ausgebraten bis zum Gehtnichtmehr. Die ersten vier oder fünf Gäste hat sie auf zwei gebraten (damit sie als zweite Dirne in das Hotel mitgehen darf). Wir waren also zu zweit. So hatte ich am ehesten die Möglichkeit zu sehen, wie man sich verhalten und was man tun muß.*

Sie hat gesagt zu mir im Zimmer: ›Da setzt dich her und schau zu.‹ Sie hat mir das Ganze gezeigt, wie das funktioniert. Bei drei Gästen habe ich zugeschaut, beim vierten hat sie sich dazugesetzt und hat gesagt: ›Jetzt zeig mir, was du kannst.‹ Man lernt es sehr schnell. Ich muß ehrlich sagen, ich habe mit ihr viel Glück gehabt. Sie war ein irrsinnig feiner Kerl.«

Das Lernen durch Kolleginnen ist ungemein wichtig für die neue Prostituierte, will sie vom erfahrenen Kunden nicht übervorteilt werden.

Nicht jede Prostituierte hat jedoch das Glück, durch eine bereits längere Zeit am Strich arbeitende Frau eingeführt zu werden. Auch der Zuhälter ist grundsätzlich daran interessiert, daß die junge Dirne durch andere Dirnen lernt, was sie am Strich zu tun hat. Daher wird er versuchen, seine Prostituierte zu Frauen zu stellen, die oder deren Zuhälter er kennt, damit sie die Chance erhält, die nötigen Praktiken zu erfahren.

Ähnlich ist es beim Wohnungsstrich, bei dem allenfalls der Zuhälter ihr zunächst einmal ihre Tätigkeit dadurch schmackhaft macht, daß sie sieht, wie schnell und gut die anderen arbeiten und verdienen. Eine junge, vom Land nach Wien gekommene Dirne, die erst durch den Kontakt zu einem Zuhälter auf die Idee gekommen ist, auf den Strich zu gehen, schildert ihre ersten Schritte als Wohnungsprostituierte: *»Er ist mit mir zu dieser Wohnung hingefahren. Es war eine ganz normale Wohnung mit einem Gasseneingang. In der Wohnung war eine Hausbar. Zum Zimmer sind Stufen hinaufgegangen, in dem war ein großes französisches Bett. Auch Küche, Bad und WC hat es gegeben. Ich habe mir das Ganze einmal angeschaut. Ich bin den ganzen Tag bei der anderen* (der Zuhälter hatte bereits eine Frau in dieser Wohnung) *gesessen und habe ihr beim Telefonieren zugehört, weil der G. gesagt hat, ich soll das lernen. Es war also eine Wohnung mit Telefon* (die Telefonnummer wurde inseriert). *Ich habe nun den ganzen Tag zugehört, das Telefon ist* *ununterbrochen gegangen. Dann habe ich gemerkt, wie die Leute gekommen sind. Ich habe mir gesagt, ich schaue mir das einmal an. Ja und die hat es auch relativ gut und schnell gemacht. Also die war in ein paar Minuten fertig und hat dabei viel verdient. Ich habe dann zum G. gesagt: ›Ich möchte das auch machen, ich bleibe da.‹ Zunächst habe ich ohne Karte gearbeitet... Der G. hat dann gesagt, ich muß mir die Karte holen, denn wenn mich die Polizei erwischt, sitz‹ ich wieder. Ich habe sie mir dann geholt. Er hat mich nun jeden Tag in die Wohnung geführt und abgeholt und hat gefragt, was ich verdiene...«* In der Folge zwang der Zuhälter sie schließlich, ihm das verdiente Geld abzuliefern, von welchem er ihr allerdings das gab, was sie benötigte (zum Problem des Zwangs, s. o.). Dieses Zitat zeigt einmal gut die bereits reflektierte Funktion des Zuhälters für die Prostitution und zum zweiten auch den Lernprozeß, den diese Dirne durchmachte.

Ich will nun einen längeren Auszug aus einem Interview mit einer 22 Jahre alten und sehr attraktiven Prostituierten bringen. Auch sie stammt aus ländlichem Milieu und wurde durch einen Zuhälter Schritt für Schritt in die Lebenswelt der Prostitution eingeführt. Die erste Station war ein Animierlokal, in dem sie lernte, wie man auf Männer wirkt und sie dazu bringt, mit in ein Separée zu kommen: *»Mein Freund hat mich also in den Club gebracht. Ich bin dort hineingekommen und habe mein erstes Separée gemacht. Ich hatte damals alle Zustände und auch einen Schwips. Der Ober und die Mädchen, die schon dort arbeiteten, erklärten mir, daß ich ein langes Kleid mit Schlitz anziehen müsse, immer schön geschminkt sein solle, nicht laut sprechen dürfe, langsam reden müsse, nett hergerichtet sein müsse, mit den Hüften ein bißl wippen müsse usw. Ich bin dann in den Sitzgruppen unten gesessen. Der Ober und auch die anderen haben mich den Gästen empfohlen. Der Ober hat mir einen Wodka-Juice oder einen Armagnac gebracht und für den Gast das, was er wollte. Mit dem Gast bin ich dann meist ins Separée gegangen...«*

Der Ober achtete schließlich darauf, daß diese Frau keine Komplikationen mit Kunden hatte und er warnte sie auch vor bestimmten Typen von Männern: *»Einmal ist der Kellner zu mir gekommen und hat zu mir gesagt: ›Paß auf, da ist einer da,* der will immer eine neue haben, er ist aber sehr schwierig. Ich rate dir, daß du am besten im nächsten Separée verschwindest, damit er dich nicht sieht. Weil den packst du nicht, bei dem haben bis jetzt noch alle zum Weinen angefangen, weil bei dem muß man alles machen.‹«

Zu dieser Zeit hatte die junge Frau noch keine Kontroll-karte, sie war ja noch keine offizielle Prostituierte, wenn auch auf dem Weg dazu. Um sie nun endgültig auf den Strich zu brin-gen, versuchte ihr Freund einen Trick. Eines Abends holte er sie mit einem Freund von der Bar ab. Sie gingen in ein Kaffee-haus und setzten sich an einen Tisch. Nach einiger Zeit stand ihr Freund auf und sagte, er würde aufs Klosett gehen, doch er kam nicht mehr zurück. Sie saß nun mit dem Freund ihres Freundes alleine im Kaffeehaus. Der Freund versuchte nun, sie davon zu überzeugen, daß es günstiger sei, auf den Strich zu gehen, als in einer Bar zu arbeiten: *»Ich glaube heute, das war eine abgemachte Geschichte. Wahrscheinlich hat er sich nicht getraut, mir zu sagen: ›Bitte mach das‹, weil er nicht gewußt hat, wie ich reagiere … Der Freund hat nun mit den schönsten Worten mit mir gesprochen. Und auf einmal rede ich mit ihm über die Bar und sage: ›Du, die Sauferei, die geht mir auf die Nerven, ich pack es nicht, mir ist jeden Tag schlecht, ich war dreimal eine Alkoholleiche.‹ Und dann sagt er: ›Schau, da gibt es nur mehr eine Möglichkeit, entweder du gehst arbeiten oder du holst die Karte.‹ Sag ich: ›Na, was für eine Karte?‹ In der Bar braucht man keine Kartn … Sicherlich, wenn eine Razzia kommt und die kommen drauf, dann ist es schlecht. Sag ich also: ›Wie ist das mit der Karte?‹ Sagt er: ›Ganz einfach, da stehst du draußen auf der Straße. Du kannst kommen und gehen, wann du willst, du brauchst nichts trinken, du kannst mitgehen mit ihm, wenn du willst, du kannst dir frei und Urlaub machen, wann du willst.‹ So hat er mir das erklärt. Na und ich denk so darüber nach und sage: ›Ich kenne mich da nicht so richtig aus, wie ist es dann wei-ter?‹ Sagt er: ›Na, gar nichts, da kommen die Leute ganz einfach zu dir, die fragen dich, und wenn er dir nicht paßt, dann schickst du ihn einfach weg. Es ist nicht so wie in der Bar, daß du dich da an alles halten mußt, was dir gesagt wird.‹ Das Gespräch ist beendet und auf einmal kreuzt mein Freund auf. Wir fahren heim und ich erzähle ihm, was mir sein Freund erklärt hat, und ich* sage, daß ich das auch machen will. Ich war von der Idee begeistert. Ich bin nämlich leicht zu beeinflussen. Darauf sagt mein Freund: ›Na ja, wenn du es machen willst, dann anständig.‹« Der nächste Schritt, um problemlos auf den Strich gehen zu können, war nun die Registrierung, also sich um die Kontrollkarte zu bemühen. Für den Zugang zum Strich ist dies notwendig. Ich werde daher unten noch auf den Prozeß des Registrierens eingehen.

Nachdem die Prostituierte die »Karte« erworben hatte, entstand für sie nun das Problem, die notwendigen Dinge zu lernen, um relevant als Dirne handeln zu können. Einiges hatte ihr ihr Freund bereits erzählt, das andere erfuhr sie schließlich durch den Portier des Hotels, das sie mit den Kunden frequentierte, sowie durch die anderen Dirnen. Sie führte aus: »Ich habe jetzt die Karte gehabt. Mein Freund hat nun mit dem Besitzer von dem Hotel (ein spezielles Hotel, welches für Prostituierte eingerichtet ist) geredet. Vormittags habe ich den Deckel geholt und am Abend bin ich schon bei dem Hotel gestanden. Wieder einmal mit Bauchweh. Eine andere Umgebung, alles anders, mir war wieder einmal schlecht. Der Portier hat mir gesagt: ›Paß auf, wenn du einen Gast hast, kommt du zu mir. Anschlagen tust du mit 300 S für dich und 100 S für das Zimmer. Die 300 bleiben bei dir, den Hunderter zahlt der Gast gleich bei mir. Das wird mit der Uhrzeit eingetragen. Ich sag dir dann das Zimmer.‹ Er hat mir dann alle Räume gezeigt und hat gesagt: ›Paß auf, da hast du den Film‹ usw. Und dann sind die Madln zu mir gekommen. Sie haben in manchen Zimmern einen Projektor. Da kann der Gast dann (Pornofilme) schauen. Man kann ihm da mehr Geld herausreissen. Das hat mir der Portier gesagt. Dann hat er mir zwei Madln geschickt. Mein Freund war mit dabei und hat den Madln gesagt: ›Das ist meine Alte, sie heißt X., die hat im Club gearbeitet, zeigt ihr ein bißl was.‹ Dann hat mir ein Madl das alles genauer erklärt: ›Paß auf, um 300 S machst du nicht viel, zack-zack, unten ausgezogen, Rock in die Höh, 5 Minuten.‹ Und dann hat sie mir erklärt, wie man den Preis steigert. Ich habe gesagt: ›Ist in Ordnung.‹

Ich bin dann auf der Straße gestanden und habe den Mund nicht aufgebracht. Als der erste Mann vorbeigekommen ist, hat er mich angeschaut. Ich habe mir gedacht: ›Bitte, geh weiter, bleib ja nicht stehen.‹ Ich habe vor dem Ganzen eine Angst gehabt. Ich habe mir gedacht, um Gotteswillen, was will der jetzt von mir. Damals war es für mich fast unmöglich, was man von mir verlangt hat. Ich habe es nur wegen des Geldes gemacht. Ich habe mich immer gefreut, wenn ich Geld heimgebracht habe, es war relativ viel. Mein Freund hat gesagt: ›Bist du brav, schau, da können wir uns jetzt das und das kaufen!‹ Kennengelernt habe ich ihn mit einem weißen VW-Käfer, einer Klapperkiste, die schon polizeilich verboten war. Und wie er gesehen hat, ich verdiene gut, hat er sich einen Mercedes auf Leasing bestellt. Die Monatsrate war 3000 S. Ich habe mich natürlich gefreut über das neue Auto, das ich verdient habe.«

Diese Erzählung zeigt lebendig sowohl die psychische Problematik, die charakteristisch für eine Reihe von Prostituierten ist, als auch den Prozeß des Erlernens eines gewissen Wissens durch die Personen, die in diesem sozialen Milieu bereits integriert sind. Mich interessierte nun weiter, wie sie den Kontakt zu ihrem ersten Kunden erlebt hat. Ich bringe diese Erzählung gesondert im nächsten Unterkapitel, denn sie scheint mir wegen ihrer Farbigkeit ein gutes Beispiel für den ersten Zugang in die Prostitution.

Daß diese Anfangsphase des Erlernens der diversen Praktiken nicht so einfach ist, wird in weiteren Passagen des Interviews deutlich: »Natürlich habe ich am Anfang einigen Blödsinn zusammengedreht, mit dem Zimmer und dem Geld u. a. Der Portier hat daher zu mir gesagt: ›Paß auf, du bist zu lange am Zimmer, das geht nicht, du mußt es kürzer machen.‹ Mein Freund ist heiß gerannt, wenn ich immer wieder dieselben Fehler gemacht habe, entweder Gäste verärgert habe oder zu lange im Zimmer geblieben bin. Da haben sich auch die anderen Madln aufgeregt.

Die erste Zeit habe ich nur nachts gearbeitet. Ich habe da anscheinend zu wenig verdient. Da hat mein Freund gesagt: ›Wenn du mehr verdienst, können wir mehr machen.‹ So schnell habe ich gar nicht schauen können und schon war ich in meiner ersten Hostessenwohnung. Dort habe ich von 10 Uhr vormittag bis um 8, 9 Uhr nachts gearbeitet. Dann bin ich zum Gürtel, vor das Hotel. Dort war ich dann bis 4 Uhr früh, von Montag bis Sonntag. In der Hostessenwohnung war ich nun mit einem Madl zusammen, die habe ich das erste Mal gesehen. Sie hat mir einiges erklärt, was ich wissen mußte. Die war sehr lieb zu mir.«

Solche und ähnliche Erzählungen von Dirnen über ihre Eintrittsphase in das Alltagsleben im Rahmen der Prostitution hörte ich häufig, so daß mit Recht anzunehmen ist, daß die typische Prostituierte vor allem durch ihre Kolleginnen, aber auch durch Kellner und Zuhälter in die wissensnotwendigen sexuellen und finanziellen Praktiken eingeführt wird.

Ich sprach auch mit einer Prostituierten, die ohne Zuhälter arbeitet und zunächst über dieses Wissen noch nicht verfügte, was sie später, als sie sich bei einer erfahrenen Dirne informiert hatte, bedauerte.

Sie erzählte über ihren Lernprozeß: »Ich habe am Anfang, das gemacht, was der Kunden so wollte. Hätte er gesagt, ich soll für das Geld einen Kopfstand machen, ich hätte ihn gemacht. Er hat ja gezahlt dafür. Bis ich mit einer zweiten Dirne im Zimmer war und gesehen habe, die bekommt für das und das Geld, fürs Ausziehen usw. Dann war ich gescheiter. Ich hätte vorher mit anderen darüber sprechen sollen, doch ich bin mir selber ziemlich gescheit vorgekommen.«

Leichter als die Straßen- und Wohnungsprostituierte hat es die Dirne, die in Bars und Separées ihrem Gewerbe nachgeht. Das Erlernen, wie schon gezeigt wurde, wird ihr durch den direkten Kontakt zum Personal und zu anderen Dirnen erleichtert. Daß dieser Lernprozeß für solche Prostituierte sehr rasch abläuft, erfuhr ich von einer jungen Prostituierten, die erst seit einer Woche im Separée arbeitete. Sie meinte, grundsätzlich würde ihr das Geschäft – sie hat einen Zuhälter – wegen des Geldes »Spaß« machen. Wegen des Geldes würde es sie auch nicht ekeln, »ohne Gummi« mit Gästen zu verkehren. Gelernt habe sie, was sie so brauche, von den anderen in dieser Bar arbeitenden Dirnen.

Ohne diese Hilfe durch erfahrene Personen hätte es eine Prostituierte schwer, sich am Strich entsprechend zu bewegen und zu verdienen. Die vielleicht wichtigste Funktion dabei kann dem Zuhälter zufallen, überhaupt, wenn es gilt, am Straßenstrich der Prostituierten einen Platz zu verschaffen. Abschließend will ich noch auf die Erzählung eines ehemaligen Zuhälters, der heute ca. 55 Jahre alt ist, verweisen, da sie knapp aufzeigt, daß die Prostituierte einer gewissen Unterstützung bedarf: »*Dem Ferdl hat die Alte nie etwas eingebracht. Da sage ich zu ihm: ›Hörst, die ist unproduktiv, da rennt nichts. Nur mit der Liebe alleine ist nichts drinnen. Gib sie mir, ich führe sie ein und zeige ihr einen Standplatz, wo sie etwas verdient.‹ Ich habe zu ihr gesagt: ›Paß auf, du kannst genug verdienen, fifty-fifty. Ich paß auf dich auf. Ich führe dich überall hin und zeige dir den Platz.‹*«

Der erste Kunde

Die besondere Art der Tätigkeit der Prostituierten, also ihr Intimkontakt zum Gast, verschafft ihr, wie ich oben deutlich zu machen versucht habe, vor allem am Beginn ihrer Tätigkeit psychische Probleme. Es tritt wohl eine Gewöhnung ein, die jedoch nichts an der Tatsache ändert, daß die Dirne zumindest eine Zeitlang einer deutlichen Belastung ausgesetzt ist, der durch Alkoholgenuß u. ä. begegnet wird.

Es liegt daher nahe, daß für die Prostituierte gerade der Kunde, der mit ihr die für sie erste geschäftliche sexuelle Berührung hat, zunächst auch unangenehm sein kann, wie es mir eine Dirne, die allerdings mit ihrem ersten »Gast« Glück hatte, schilderte:

»*Daß man neu ist als Dirne, ist oft ganz gut. Manche freuen sich darüber, wenn sie eine neue, eine frische haben. Wie ich das erstemal am Strich gestanden bin, kommt einer zu mir und sagt: ›Dreihundert und hundert für das Zimmer.‹ Ich habe mir gedacht: ›Na bitte, geh weiter.‹ Nein, der bleibt da. Na gut, ich gehe mit ihm ins Zimmer hinauf. Ich war wieder total weiß im Gesicht und hatte einen kalten Schweißausbruch. Ich bin hinauf-gezittert und habe mir gedacht: ›Was will der von mir um Gottes-willen?‹ Ich dreh dabei noch einen Blödsinn zusammen. Ich habe vergessen zum Portier zu gehen. Der ruft mich: ›Geh, komm her da!‹ Sag ich dem Gast: ›Paß auf, dem gibst du gleich das Geld fürs Zimmer.‹ Bezahlt wird immer im Vorhinein, bevor ich noch etwas mache. Dem Portier gibt er gleich die 100 S und dann geh ich mit ihm ins Zimmer. Der Portier hat mir die Zim-mernummer gesagt und die Uhrzeit aufgeschrieben auf meiner*

*Spalte. Ich komme da in das Zimmer hinein und sage natürlich
nichts vom Mehrmachen etc. Fragt der Gast mich: ›Na wie lange
machst du das schon?‹ Habe ich gesagt: ›Na, heute den ersten
Tag.‹ ›Ja leiwand, geh, da brauchst du keine Angst zu haben, ich
tu dir ja nichts, ich werde das schon machen, brauchst nicht viel
zu tun.‹ Ich habe mir gedacht: ,Jessas, der ist lieb!‹ Der war echt
nett. Der zieht sich aus, ich ziehe mich unten aus. Damals habe
ich mich noch geniert, ich wollte mich zunächst nicht ausziehen.
Ich habe mir gedacht: ›Schau mir ja nichts ab!‹ Ich habe ihn auch
gar nicht angeschaut. Ich habe ihm den Gummi in die Hand
gedrückt. Er hat ihn sich selbst hinaufgegeben. Dann hat er
gesagt: ›Jetzt legst du dich so her, weil da geht es schnell.‹ Ich
habe das dann so gemacht, bin aber irrsinnig verkrampft dagele-
gen. Er war nett und ist dann gegangen. Er ist später wiederge-
kommen. Ich muß sagen, der kommt heute noch manchmal. Wir
zerwutzeln uns, wenn wir über damals reden. Der ist wirklich
nett. Ich freue mich irgendwie, wenn der kommt, weil er immer
nett war. Es war so um die 30. Weiß Gott viel habe ich am Anfang
nicht verdient. Ich habe mich nicht sagen getraut: ›Gib mir einen
Hunderter mehr.‹ Ich habe Angst gehabt, den Mund aufzumachen. Ich war froh, wenn der Gast wieder draußen war. Das hat
mich am meisten interessiert.«*

Der »Deckel« (= Kontrollkarte) – die
Geheimprostituierte

Auf Grund gesetzlicher Vorschriften hat sich die Prostituierte
wöchentlich an einem bestimmten Tag, der ihr zugeteilt wird,
amtsärztlich untersuchen zu lassen. Die erfolgte Untersuchung
wird in einem Ausweis, der mit dem Lichtbild der Frau versehen ist, durch Datum und Unterschrift des Amtsarztes bestätigt. Die Prostituierte ist verpflichtet, diesen Ausweis Polizisten auf Verlangen vorzuzeigen. Hat die Prostituierte entweder
keinen Ausweis oder fehlt der entsprechende Untersuchungs-
vermerk, so wird sie von den Polizisten auf das Kommissariat
mitgenommen und der amtsärztlichen Untersuchung zuge-

führt.* Als Geheimprostituierte gelten demnach Frauen, die keinen Kontrollausweis haben bzw. jene, die schon einige Zeit der amtsärztlichen Untersuchung ferngeblieben sind.

Die Kontrolle der Polizei bezieht sich nicht nur auf den Straßen-, sondern auch auf den Wohnungsstrich. Natürlich werden sämtliche Frauen, die bei einem Polizeibesuch in einer Prostituiertenwohnung angetroffen werden, verdächtigt, als Prostituierte zu arbeiten. Hat nun eine dieser Frauen keine Kontrollkarte, so muß sie damit rechnen, von der Polizei mitgenommen und dem Amtsarzt vorgeführt zu werden. Es kann dabei allerdings passieren, daß die in der Wohnung der Prostituierten sich aufhaltenden »franken« Frauen Opfer einer polizeilichen Kontrolle werden. Eine Dirne führte aus:

»Bei der Polizei haben sie sogar eine eigene Annoncenabteilung. Wenn zufällig eine andere Frau auch da ist, muß sie für 48 Stunden mit. Einmal haben sie (die Polizisten) *eine Bedienerin mitgenommen. Bei meiner Freundin war es auch so. Deren Schwester haben die Polizisten für 48 Stunden eingezogen. Sie hat wirklich nichts gemacht... Meistens schauen sich die Polizisten die Wohnung an, ob noch ein zweites Madl da ist, das keinen Deckel hat... Meist kommen die Polizisten zu zweit. Aber vor der Tür steht immer nur einer, damit man glauben soll, er wäre ein Gast.«*

Voraussetzung, um überhaupt zu einem »Deckel«, wie der Ausweis in der Sprache der Dirnen und Zuhälter genannt wird, zu kommen, ist nicht nur das Erfordernis, von Geschlechtskrankheiten frei zu sein, sondern auch ein bestimmtes Mindestalter.

Für die Karriere einer Reihe von Prostituierten, die aus Heimen oder vom Land in die Stadt kamen, ist typisch, daß sie zunächst – meist auf Wunsch eines Freundes – eine Zeit ohne Kontrollausweis, also nicht registriert, auf den Strich gehen. Oft ziehen sie es erst vor, sich um einen »Deckel« umzusehen, wenn sie einigemal am Strich von der Polizei aufgegriffen werden. Ähnlich führte es eine Dirne aus: *»Die Madln gehen eine Zeit solid, also noch ohne Deckel. Sie werden erwischt, wandern*

---

*) Siehe dazu: Girtler, »Polizei-Alltag«, 1980.

auf die Heh und sitzen eine Zeitlang. Dort lernen sie alles, was ihnen noch fehlt. Die, die solid aufgegriffen werden, lernen, wenn sie es nicht eh schon kennen, alles von den anderen Madln, die auch in der Liesl sitzen.«

Auch hier finden wir den Hinweis auf den Lernprozeß, der für die typische Dirne notwendig ist, aber auch auf die Bedeutung des Kontrollausweises. Geheimprostitution wird so beinahe unmöglich gemacht.

Es ist für Frauen, die noch nicht als Prostituierte bekannt sind, gar nicht so einfach, als Prostituierte registriert zu werden, denn man versucht von seiten amtlicher Stellen zunächst einmal, auf die künftige Prostituierte einzuwirken, sie möge sich ihren Schritt nochmals überlegen. Vielleicht etwas überzeichnet meinte dazu ein Zuhälter: *»Meine Alte wollte von Anfang an den Deckel, deswegen ist sie dreimal bei der Polizei hinausgeschmissen worden. Dann hat sie den Deckel bekommen. Normal, heißt es, muß sie schwarz erwischt werden, dann bekommt sie automatisch den Deckel.«* Tatsächlich werden, wie ich bei meiner Untersuchung über die Polizei sehen konnte, Frauen, die ohne Kontrollausweis auf dem Strich aufgegriffen wurden, von der Polizei dem Amtsarzt zur Untersuchung und Registrierung zugeführt.

Der Prozeß des Registrierens einer Frau als Prostituierte und die Schwierigkeiten, die damit verbunden sind, wurden mir sehr deutlich in einem mit einer erfahrenen und reflektierenden Prostituierten geführten Interview (aus dem ich in vorhergehenden Kapiteln bereits einiges zitiert habe). Ich will einen Teil dieses Interviews nun wiedergeben, weil es, so glaube ich, diese Thematik sehr treffend darstellt: *»Da sagt mein Freund zu mir* (nachdem sie beschlossen hatte, als Prostituierte zu arbeiten): *›Wir müssen in die Berggasse fahren, dort sagst du gleich, daß du schon in einer Bar gearbeitet hast, weil die dich dort bekehren wollen. Sie werden sagen:‹ ›Mach das nicht Madl, da bist du 40 Jahre registriert, du kommst aus dem Ganzen nicht mehr heraus. Die wollen dich eh nur ausnehmen, sei nicht so dumm. Die in der Berggasse probieren es mit allen Mitteln.‹*

Dort in der Berggasse (Polizei – Abteilung GM – Geschlechtskrankheiten und Mädchenhandel) *sind eine Frau und zwei Männer. Einer der Männer redet mit einem. Die Frau* dort macht nur das Schriftliche. Wenn ein Madl das erstemal hingeht, braucht es Staatsbürgerschaftsnachweis, Meldezettel, Geburtsschein. Genau weiß ich es nicht mehr, was alles. Ich komme also dorthin, allein. Man darf dort nicht sagen, daß man einen Freund hat. Ich sag Guten Tag und meinen Namen. Kommt der eine Mann zu mir und sagt: ›Bitte, was wollen Sie?‹ Sag ich: ‚Ja, ich will die Karte.‹ Da wollte er eben damit anfangen, ob ich schon einmal in einer Bar gearbeitet habe. Sage ich: ›Ja und jetzt will ich die Karte, weil ich hasse den Alkohol.‹ ‚Haben Sie sich das genau überlegt?‹ Ich habe gesagt: ›Da gibt es nichts zu überlegen, ich will die Karte und basta. Ich komm‹ nicht hierher, daß ich mir die Geschichten anhorche, ich will die Karte, ihr bringt mich nicht davon ab.‹ Da habe ich gleich einen Ton angeschlagen, der mir von meinem Freund geraten worden ist. Sagt der Mann zu dem anderen: ›Paß auf, das ist sinnlos, die will so oder so.‹ Dann haben sie mich gefragt, ob ich schon einmal Geheimprostitution gemacht habe. Ich habe gesagt: ›Nein, ich war in einer Bar, aber ich habe keine Geheimprostitution gemacht.‹ Ich bin mir gegenüber der Polizei ziemlich gut vorgekommen. Dann nimmt der eine meine Daten auf und sagt, ich soll ein bißl später kommen. ›Ist in Ordnung‹, habe ich gesagt und bin wieder gegangen. Mein Freund hat auf mich im Auto gewartet. Ich steig ein, da fragt er: ›Was war?‹ › In einer Woche soll ich wiederkommen.‹ Ich warte also die Woche ab.

In der Woche habe ich einen anderen wieder getroffen, der hat mir eingeredet: ›Da gehst hin und machst einen Tango, die müssen dir das früher machen.‹ Sage ich ihm: ›Was soll ich sagen?‹ ›Ganz einfach, die sollen dir die Karte früher geben, weil sonst gehst du geheim.‹ Ich Idiot höre auf ihn und mach dort einen Tango. Ich sag: ›Was ist, ich will die Karte haben!‹ Ich habe einen Spruch hingelegt als wäre ich schon 10 Jahre im Prater gestanden. Ich habe früher nie so geredet. Der dort hat gesagt: ›In einer Woche können sie die Karte haben, nicht jetzt.‹ Da krieg ich eine Wut, reiß die Tür auf und will sie zuhauen. Sagt er: ›Na Moment Madl, wenn du das machst, dann sehen wir uns gleich wieder.‹ Ich habe die Tür abgebremst, habe gesagt: ›Auf Wiederschaun‹ und bin gegangen. Nach einer Woche bin ich wieder hingegangen. In der Neutorgasse (Amtsarzt) wurde ich untersucht und in der Berggasse wurden mir die Fingerabdrücke abgenommen.

Auch die Lungen wurden geröntgt und Blut wurde mir abgenommen. Dann mußte ich noch warten, bis der Blutbefund vom Labor kam. Beim ersten Mal untersuchen sie einen genauer. Wenn man zur wöchentlichen Visite geht, machen sie bloß einen Abstrich und schauen unter das Mikroskop. Wenn dabei etwas unklar ist, nehmen sie die Karte weg und schicken das Blut ins Labor. Ich bin also wieder in die Neutorgasse gegangen wegen des Blutbefundes. Sagt der Arzt dort zu mir, daß ich den Tripper habe. Sag ich: ›Ich habe keinen.‹ Sagt er: ›Wenn ich sage, Sie haben einen Tripper, dann haben Sie einen.‹ Darauf haut er mir zwei Penicillinspritzen hinein, so daß ich nicht mehr kriechen konnte. Dann mußte ich zur Fürsorge gehen im selben Haus. Fragt mich die Frau drinnen: ›Haben Sie einen Freund?‹ Sag ich: ›Ja.‹ Ich gebe nun seine Adresse und seinen Namen an, was man ja normal nicht machen darf. Als ich zu meinem Freund komme, der vor dem Haus wartete, fragt mich der: , Was ist, was hatscht du so?‹ Darauf ich: ›Ich habe zwei Spritzen bekommen.‹ ›Warum?‹ ›Ich habe den Tripper.‹ ›Hast du mich eh nicht angegeben?‹ ›Oh ja.‹ ›Bist denn du wahnsinnig, du Volltrottel, du Idiot du, ich möchte dich in die Goschn hauen.‹ Solche Sachen sagte er zu mir. Ich bin total verschreckt dagesessen und habe am ganzen Körper gezittert. Ich habe gedacht, jetzt ist es aus. Der war richtig heiß auf mich.

Tatsächlich war ich gar nicht geschlechtskrank, das war ein Schmäh von denen. Das machen sie, damit es mir unangenehm ist. Ich bin zu einem Geschlechtsarzt gegangen und habe den Bescheid bekommen, daß ich keinen Tripper habe. Bei mir haben sie das gemacht, weil ich in der Berggasse goschert war. Sobald die aus irgendeinem Grund auf ein Madl einen Haß haben oder auf ihren Freund, dann schauen die, daß sie das Madl fertig machen können. Verdienen kann ich ja nur ohne Probleme, wenn ich die Karte habe. Ich bin wieder zur Neutorgasse gegangen und habe denen gesagt: ›Ich war bei meinem Arzt und der hat gesagt, daß ich keinen Tripper habe, das habe ich schriftlich.‹ Darauf hat mir die Amtsärztin gesagt: ›Das ist uninteressant, sobald wir sagen, Sie haben einen Tripper, dann haben sie einen, basta.‹ Ich habe dann, wie ich offiziell gesund war, das dauerte wieder eine Woche, endgültig die Karte gekriegt. Das war im September 1980, an einem Donnerstag. Damit war meine

Visite immer Donnerstag und es ist auch heute noch so.«

Diese Schilderung aus der Sicht einer Prostituierten deutet recht eindringlich an, daß die Prozedur, um zu einer Kontrollkarte zu kommen, nicht einfach ist. Ich habe dieses Zitat aber auch gebracht, weil es aufzeigt, welche Verpflichtungen einer registrierten Prostituierten obliegen. Wichtig ist der Hinweis auf die wöchentliche »Visite«, den Besuchstermin beim Amtsarzt.

In diesem Rahmen ist auch darauf zu verweisen, daß Geheimprostituierte, also nicht registrierte Frauen, von den anderen, regelmäßig zur Untersuchung gehenden Dirnen auf dem Strich abgelehnt werden. Geheimprostituierte müssen also damit rechnen, daß sie von anderen Prostituierten vom Strich vertrieben werden. Dies hat einen doppelten Sinn: einmal kann man so unliebsame Konkurrenz beseitigen, zum anderen wird damit der Verbreitung von Geschlechtskrankheiten begegnet.

Daß Prostituierte tatsächlich darauf bedacht sind, Geheimprostituierte nicht zuzulassen, zeigte sich mir in einer Äußerung einer heute etwa 30 Jahre alten Dirne: »*Vorher war ich solid. Mich haben sie* (die Polizei) *kein einziges Mal erwischt. Ich habe es gescheit gemacht, damit ich nicht meier gehe. Rund um mich sind rundherum welche gegangen, die unter Kontrolle waren. Die haben mich mit dem Fangschmäh gefragt: ›Wann gehst du zur Visite?‹ Darauf habe ich immer einen Tag angegeben. Die fragen das wegen der Konkurrenz.«* Und eine andere Prostituierte erzählte ergänzend dazu: »*Das eine will ich in puncto Geheimprostitution sagen. Ich bin selbst auf diese Weiber heiß. Denn wenn ich es mache, dann muß ich dafür auch einstehen, dann muß ich auch sagen: ›Ich mach es‹, dann muß ich soweit sein, daß ich mir eine Karte hole. Solche Weiber schleppen, weil sie nicht wissen, wann sie zum Arzt gehen sollen, dann Krankheiten mit sich herum. Die nehmen die miesesten Jugos mit, die nehmen alles mit. Solche Frauen machen es auch um 200 oder 300 S. Da wird einer nicht 400 oder 500 S zahlen, wenn er es da billiger bekommt. Das ist ja klar. Auf diese Weiber bin ich heiß. Bevor die Polizei so auf uns aufpaßt, soll sie lieber darauf aufpassen, das sie die Geheimdinger erwischen. Sie sollen nicht immer nur auf uns herumtrampeln, die eh‹ registriert sind.«*

Die Geheimprostitution wird somit nicht nur als Konkurrenz empfunden, sondern auch als jemand, der die Polizei anzieht und den anderen Prostituierten eine dauernde, lästige Kontrolle verschafft.

5. KAPITEL

DAS LEBEN AM STRICH*

Unter dem Wort »Strich« verstehe ich im folgenden jenen Ort, also Straße, Wohnung oder Bordell, an dem die Prostituierte ihre Geschäfte eingeht und zum Teil auch abwickelt. Am Strich stellt die Prostituierte zunächst einmal den Kontakt zum Kunden her. Der Ort der Durchführung kann dabei von dem Platz, an dem der Kontakt geknüpft wird, verschieden sein, wie es vor allem beim Straßenstrich der Fall ist. Beim Wohnungsstrich oder im Bordell sind grundsätzlich diese beiden Orte identisch. Auf dem Strich bestehen, wie ich noch zeigen werde, eine Zahl von Regeln, die sich auf die Konkurrenz, den Preis u. ä. beziehen. Es handelt sich dabei um Regeln, die in einem außergesetzlichen Rahmen ablaufen, da ja das Handeln im Bereich der Prostitution nur zu einem sehr kleinen Teil durch das Gesetz geregelt ist. Es bedarf daher einer Reihe informeller Normen und informeller Sanktionen, die den Strich – vor allem auf der Straße – für den Zuhälter und die Dirne gleichermaßen unproblematisch machen. Diese außergesetzlichen Regeln gelten neben den auf den Strich sich beziehenden gesetzlichen Normen, wie z. B. daß nur bestimmte Straßen von den Prostituierten zur Kontaktierung der Kunden benützt werden dürfen, daß die Prostituierte dies erst ab einem festgelegten Zeitpunkt am Abend darf und ähnliches mehr.

Der Straßenstrich

Der Straßenstrich in Wien ist in bestimmten Gegenden, wie z. B. im Gebiet des Praters z. T. vom Auto abhängig, in das der

---

*) Der Ausdruck »Strich« stammt aus der mittelalterlichen Gaunersprache. Er bezeichnete zunächst die festen Routen, die die Bettler, Ganoven und andere Vaganten benutzten (vgl. A. Kopečný, 1980, S. 96).
Im »Liber Vagatorum« von 1510 gibt es das Wort »Senfstrich« für Bett. Und schließlich im »Wörterbuch der Diebs-, Gauner- oder Kochemersprache« (Wien, 1854) heißt es unter »Strich« im heutigen Sinn: »Der Weg, den Unzuchtsdirnen gewöhnlich zur Anlockung der Männer begehen.«

Kunde die Dirne bittet und ihr z. B. für oralen Verkehr zahlt.
Am Wiener Gürtel dagegen sind es hauptsächlich diverse
Hotels, Häuser oder Gassenlokale, die von den Dirnen
benützt werden können. Die an roten Lichtern als solche
erkennbaren Häuser oder ebenerdige Lokale direkt an den
Straßen (sogenannte Gassenlokale) bieten den Dirnen am
Straßenstrich die nötigen Zimmer an. Diese Häuser oder
Lokale wurden gerade in den letzten Jahren in vermehrtem
Maße für die Prostitution installiert. Das Vermieten der Zim-
mer scheint ein großes Geschäft zu sein.

So ein typisches Gassenlokal, welches äußerlich durch bunte
Lampen gekennzeichnet ist, richtete eine sehr geschäftstüch-
tige Dirne gemeinsam mit ihrem Freund und Partner, einem
gelernten Maler und Anstreicher, ein (zu beiden haben meine
Frau und ich einen freundschaftlichen Kontakt, der sich während meiner Forschung anbahnte).

Vorher war diese Frau in einer Wohnung als Dirne tätig.
Doch nach dem Inkrafttreten des »Wiener Prostituierten-
Gesetzes« (s. S. 197), welches Prostitution in Privathäusern
untersagt, sah sie sich mit ihrem Freund nach diesem Lokal
um. Ihr Freund hat mit viel Fantasie und Geschick dieses Lokal
eingerichtet. In diesem befinden sich im hinteren Teil sechs
Zimmer, welche an Straßendirnen jeweils vermietet werden.
Jedes Zimmer ist mit einer Liege ausgestattet. Ein kleiner
Fernsehapparat steht bereit, um den Wünschen der Kunden
nach Stimulans in Form von Pornofilmen begegnen zu können.

Auch eine »strenge Kammer« gibt es, sie liegt auf dem Weg
zu den anderen Zimmern. Sie dient vorrangig der Eigentümerin, um bestimmte Gäste wunschgemäß zu »behandeln«.

Ein gemütlicher Barraum, der in Gold gehalten mit roten
Tapeten sich dem Gast anbietet, beherrscht den vorderen Teil
dieses Lokals. Bei gedämpftem Licht in niedrigen geschmack-
vollen Polstermöbeln haben Dirnen die Möglichkeit, sich mit
ihren Gästen zu unterhalten und sie für den Geschlechtsverkehr in einem der Zimmer einzustimmen. Auch in der Bar ist
dezent ein Fernsehapparat angebracht, auf dem der Kunde mit
Pornovideos sich »vorbereiten« kann auf das, was noch
kommt. Ein länglicher und flacher Podest vermittelt vor roten
Tapeten den Eindruck der klassischen Bars, wie sie auch in den

fünfziger Jahren üblich waren und jetzt wieder modern werden. An der linken Seite, gesehen vom Eingang, befindet sich der geschwungene Schanktisch, vor dem einige Barhocker einen interessanten Flair vermitteln. Hinter dem Tisch stehen verschiedene Flaschen mit exquisiten Drinks an einer Art Spiegelwand. Biere, Coca Colas, Fruchtsäfte und andere durststillende Getränke sind in einem Kühlschrank, der sich gut in das Ganze einfügt, untergebracht.

Der Barraum dient nicht nur den Dirnen mit ihren Gästen, sondern manchmal auch Transvestiten, die – freilich gegen Bezahlung – hier in bunter Frauenkleidung sich produzieren können.

Den Gästen werden wohl Getränke angeboten, doch dürfen die Besitzer des Lokals für diese kein Geld verlangen, denn zu einem entgeltlichen Ausschank von Getränken fehlt die Gewerbeberechtigung, genauso wie in ähnlichen Lokalen (vgl. S. 199 f.). Formal darf der Gast also bloß zu Bier, Wein oder sonstigem Drink eingeladen werden. Das Geschäft besteht wohl darin, daß die Dirne, die auf der Straße vor dem Lokal den Gast angesprochen hat und die nach dem Einstimmen im Barraum mit ihm in einem der Zimmer verschwinden wird, von dem Betrag, den sie von dem Kunden verlangt und erhält, dem Besitzer das Entsprechende abliefert, gemeinsam mit der Bezahlung der Miete für das Zimmer.

Vor diesem Gassenlokal paradieren am Abend die Frauen, die die Zimmer benützen dürfen. Welche Frauen dort gehen, dies vereinbart der Freund der Dirne mit den Zuhältern der Frauen oder mit ihnen selbst. Er ist sehr darauf bedacht, daß immer genügend und gepflegte Frauen, an deren Mietzahlungen er ja verdient, vor dem Hause am Strich gehen. Um zu solchen Frauen zu gelangen, bedarf es freilich auch guter Kontakte in die Szene. Meist sind es die Frauen selbst oder ihre Freunde, die mit dem Eigentümer des Lokals vereinbaren, vor diesem auf Kunden warten und dann die Zimmer benützen zu dürfen.

Unmittelbar beim Eingang dieses Lokals ist eine Art Portierloge eingerichtet, in der entweder der Freund der Dirne selbst oder ein Angestellter über einen Fernseher den Eingang und die Straße vor dem Haus beobachtet. Die Aufgabe des »Por-

189

tiers« ist, darauf zu achten, daß alles »in Ordnung« abläuft, es keine Probleme mit Gästen gibt und gezahlt wird, was zu zahlen ist. Die Kontakte zu den Gästen für die »strenge Kammer« allerdings erhält die »Spezialistin« über Annoncen und dann durch das Telefon.

In Lokalen dieser Art vermischen sich die Prostitution auf der Straße, in der Wohnung (s. u.) und im Bordell bzw. in der »Animierhütte« (s. u.), denn die Frauen versuchen, vor dem Haus zu Kunden zu gelangen, im Barraum werden diese »animiert« und schließlich wird der Kontakt zu der in der »strengen Kammer« arbeitenden Dirne durch das Telefon hergestellt, wie es typisch für die Wohnungsprostitution ist.

Da dieses Lokal von Männern auch aufgesucht wird, um im Barraum mit Dirnen in Kontakt zu kommen, läßt es sich wohl auch als »Animierhütte« (bzw. Bordell) ansprechen. Der auffallende Anstrich der Hauswand und die an der Hausfront angebrachten roten Lichter deuten darauf hin. Trotzdem ist es der Straßenstrich, an dem der Eigentümer interessiert ist und woran er vorrangig verdient. Schließlich hat er das Lokal auch hauptsächlich dafür eingerichtet.

Für die Prostituierte ist die Attraktivität des Straßenstrichs grundsätzlich auch von der Jahreszeit abhängig. Im Sommer bzw. in der warmen Jahreszeit erfreut sich aus verständlichen Gründen die Straße eines deutlichen Interesses der Prostituierten, wie es auch ein Zuhälter meinte: »*Solange es warm ist, machen sie es nicht unfreudig. Wenn es kalt und regnerisch wird, da wollen sie nicht richtig. Wenn man da hart ist, schickt man sie weiter. Mir hat das keine Rolle gespielt.*« Eine Prostituierte, die sowohl auf der Straße als auch in der Wohnung arbeitete, ergänzte sinngemäß: »*Die einen sind lieber in der Wohnung. Im Winter fällt das am meisten auf, da wird der Straßenstrich immer lichter und in den Wohnungen häuft es sich. Wenn es kalt wird, will natürlich jede den warmen Ofen.*«

Daß der Winter für die Straßendirnen fatal und widerwärtig ist, ist auch aus folgender Äußerung einer Dirne zu ersehen: »*Im Winter stehen wir ja nicht weiß Gott wie lange. Nach einer dreiviertel Stunde gehen wir meist in ein Kaffeehaus.*«

Für die Besitzer von Hotels bzw. Pensionen, deren Zimmer von auf der Straße sich aufhaltenden Prostituierten frequentiert werden, ist freilich das Ausbleiben von Prostituierten während der kalten Jahreszeit ein Problem. Seit nicht allzu langer Zeit haben sich in Wien z. T. ehemalige Zuhälter auf das Vermieten von Zimmern an Prostituierte in Häusern, die sie erworben und entsprechend eingerichtet haben, spezialisiert. Es bestehen da u. a. auch Absprachen mit Zuhältern, damit diese ihre Dirnen anhalten, diese »Pensionen« zu benützen.

Eine Prostituierte, die regelmäßig ein Zimmer einer solchen »Pension« benützte und aus Krankheitsgründen die Wohnung der Straße vorzog, erzählte mir: »*Dadurch, daß ich längere Zeit krank war, hat der Besitzer der Pension zu meinem Freund gesagt: ›Das geht nicht, sie kann nicht mehr kommen, das dauert zu lange, bis sie wieder kommt. Sonst regen sich die anderen Weiber auf, daß sie im Winter daheim bleibt und im Sommer rauskommt. Das geht nicht, weil sonst machen es die anderen Weiber auch so. Das haut einem die ganze Organisation zusammen.‹ Ich habe gesagt: ›Das ist mir wurscht.‹*«

Damit diese »Pensionen« auch ihre Geschäfte machen, versuchen deren Besitzer Dirnen, die gut zu verdienen scheinen und bei einem anderen Hotel »stehen«, dazu zu überreden, zu ihrer »Pension« überzuwechseln. Diese meist von Zuhältern ausgestatteten »Pensionen« treten somit an die Stelle der klassischen Hotels, deren große Konkurrenten sie um das Geschäft mit der Prostitution nun sind.

Trotz der Möglichkeit, auch in einer Wohnung zu arbeiten, ziehen es nicht wenige Prostituierte vor, auf den Straßenstrich zu gehen, da hier, so meinen sie, die Chance, gut zu verdienen, größer ist. Für eine bestimmte Sorte visuell fixierter Kunden dürfte der Straßenstrich interessanter sein.

Das Sichdarstellen in einer typischen Kleidung, dem »Hackngewand«, bietet der Dirne die Chance, Kunden direkt anzulocken und sich vor allem dem Unentschlossenen durch aufmunternde Worte anzubieten. Solche Worte können sein: »Na, Schatzerl, was ist mit uns zwei?« oder: »Wie wärs, gehn wir auf ein Zimmer?« oder bloß: »Burli, gehst mit?« und dergl. mehr.

In Wien, wie auch in anderen Großstädten, gibt es traditionelle, aber verbotene Straßenstrichs, die trotzdem von Prosti-

tuierten frequentiert werden.* Am erlaubten Strich ist es den
Prostituierten gesetzlich gestattet, im Abstand von 10 Metern
voneinander zu stehen; darüber, wo sie wann stehen dürfen,
und in welcher Weise, erhalten sie von der Polizei ein entsprechendes Merkblatt.

»Wächst« eine neue Dirne einem Strich »zu« und wird ihr
dies durch eine andere, dort bereits paradierende Prostituierte
oder durch einen Zuhälter möglich gemacht, so schafft dies in
der Regel keine Probleme, wenn genug Platz da ist. Anderen-
falls kann es zu Streitigkeiten zwischen den Frauen oder ihren
Zuhältern kommen. Dies auch dann, wenn die neue Prostituierte auf dem Strich in irgendeiner Weise störend wirkt. Eine
Prostituierte erzählte recht anschaulich aus ihrer Erfahrung:
»*Die Zuhälter und die Madln schauen darauf, daß der Strich
sauber bleibt, das heißt, daß ein Grundstock an Madln da bleibt,
daß z. B. nicht mehr als vier an einem Häuserblock stehen. Das
funktioniert so: Wenn eine Neue kommt, so wird sie erst von den
anderen Madln angeschaut, ob sie typmäßig, preismäßig und art-
mäßig reinpaßt. Den Preis kann man z. B. so kontrollieren, daß
man Gäste ausfragt. Da werden Stammkunden hingeschickt, um
mit der Neuen ins Hotel zu gehen. Damit man weiß, was sie
macht. Wenn fünf Blonde stehen und da stellt sich eine sechste
Blonde hinzu, wird es wahrscheinlich einen Aufstoß geben.
Wenn sich eine Schwarze dazustellt, gibt es kaum ein Problem.
Sie muß typmäßig dazupassen. Wenn fünf mit langen Haaren
dastehen, werden wahrscheinlich alle fünf wenig verdienen. Es
hat ja jeder einen anderen Geschmack. Je mehr Typen von
Madln vertreten sind, desto größer ist die Chance, daß alle etwas
verdienen. Paßt die Neue nicht und stört sie so, daß die anderen
Madln am Strich benachteiligt sind, dann geht einmal ein Madl
zu ihr hin und versucht, sie zu stanzen. Zuerst redet sie einmal
höflich mit ihr. Sicher gibt es auch welche, die sagen: ›Putz dich!‹
Aber meistens geht sie erst hin und sagt freundlich: ›Du, paß auf,
das paßt nicht, schau drei Häuser weiter‹ oder ›Such dir einen
neuen Platz‹. Wenn die stur ist und nicht geht, kommen sie zu
mehreren. Es gibt auch Schlägereien unter den Madln, das ist*

---

*) Siehe Girtler, 1980.

aber in letzter Zeit selten. Vor zwei, drei Jahren haben sie sich mit dem Hacknbock getreten. Das sind die Schuhe mit dem hohen Plateau und sehr hohen Absätzen. Früher haben sie sich eher mit dem Bock getreten und Zigaretten am Körper ausgedämpft. Die alten Strizzis haben sich nicht in Weiberstreitigkeiten eingemischt, solange es nicht um den Platz gegangen ist. Bei reinen Preisstreitigkeiten haben sie sich nicht eingemischt. Die Weiber haben sich das alleine ausmachen müssen. Wenn sich natürlich ihr Zuhälter eingemischt hat, haben sich die Zuhälter das ausgemacht. Hat sich der aber noch nicht eingemischt und ist die Neue stur, so tritt ein Zuhälter in Aktion. Meist fragt er sie nach ihrem Zuhälter. Hat sie keinen, so ist es relativ leicht, dann ist sie innerhalb von ein paar Minuten gestanzt. Oder sie bekommt zwei Flaschen, bei denen sie sich eh umdreht und geht. Hat sie einen Zuhälter, so setzen sich die beiden im Kaffeehaus zusammen und machen sich die Sache aus. Die beiden kommen meist so in Kontakt: Der eine bleibt mit dem Auto bei ihr stehen und fragt: ›Wie heißt dein Alter?‹ Sie sagt darauf: ‚Ich kann ihm ausrichten, wo er dich treffen kann.‘ Das ist heute noch so. Der Wortlaut bleibt fast immer gleich. Der Zuhälter, der fragt, nennt dann seinen Namen und sagt, wo er zu finden ist. Dann geht sie zu ihrem Alten oder ruft ihn an und sagt ihm, was der andere will. Dann treffen sich die beiden. Meist ist es der Zuhälter des neben der Neuen stehenden Madls, oder, wenn es eine kleinere Gasse ist, der Zuhälter des gegenüberstehenden Madls, dort, wo eben das Geschäft beeinträchtigt wird.« Und zum Problem des Nebeneinanderstehens meint sie: »*Jetzt steigen sie sich z. B. an einigen Stellen am Gürtel schon gegenseitig auf die Zehen. Da steht eine neben der anderen. Beim X-Haus steht auch eine neben der anderen. Ob die viel verdienen, bezweifle ich. Wenn zu viele zusammenstehen, ist das fast ein Ding der Unmöglichkeit.*«

Diejenige Prostituierte, die an einem bestimmten Strich neu ist, muß also mit einigen Schwierigkeiten rechnen. Denn gerade auf der Straße ist der Neid und die Mißgunst unter den Prostituierten ziemlich groß, überhaupt, wenn sie sehen, daß das »neue Madl«, eben weil es neu ist, gut verdient.

Zwischen den einzelnen Straßen, auf denen traditionell Frauen auf den Strich gehen, besteht eine Art Hierarchie. Die besonders attraktiven Straßen, auf denen man die reichsten

Kunden antrifft, werden von den eher jüngeren und gut aussehenden Prostituierten benützt. Meist sind es die Zuhälter oder auch die Mädchen selbst, die darauf achten, daß die weniger attraktiven oder älteren Frauen auf einen anderen Strich überwechseln. Für die Karriere einer Prostituierten, die auf den Straßenstrich geht, ist also auch der Wechsel der Straßen charakteristisch. Früher, als der Autoverkehr noch nicht die heutigen Ausmaße hatte, war der 1. Bezirk in Wien mit der Kärntnerstraße der angesehenste Strich.

Eine Dirne dorthin zu bekommen, war für den einzelnen Zuhälter oft nicht einfach, er bedurfte eines beträchtlichen Durchsetzungsvermögens. Ein Zuhälter erzählte mir dazu: »Gewöhnlich ist es so, daß die jüngeren Huren, die nachkommen, die älteren verdrängen. Früher war sie zuerst im 1. Bezirk, dann kam sie in die Praterstraße und dann auf den Gürtel und schließlich in die Praterallee. Im Prinzip ist im Prater Endstation. Heute noch.« Gegen früher hat jedoch der Gürtel wegen der hohen Auto-Frequenz heute fast die größte Attraktivität. Der Kunde kommt vielfach nicht mehr zu Fuß, sondern mit dem Auto, in dem er eventuell mit der Dirne zum Hotel fährt.

Schließlich bietet das Auto einen gewissen Grad der Anonymität, die der zu Fuß gehende Kunde nicht so ohne weiteres hat, denn er muß damit rechnen, von anderen Passanten beim Aushandeln des Preises mit der Prostituierten gesehen zu werden. Es ist daher auch verständlich, wenn einige Kunden eine gewisse Scheu beim Ansprechen der Dirne entwickeln. Es bedarf hier einigen Raffinements der den Straßenstrich benützenden Frau. Eine Prostituierte meinte daher, daß viele Kunden sich etwas angetrunken der Dirne nähern würden. Der Alkohol würde ihnen den fehlenden Mut geben. Außerdem kämen viele Kunden nicht direkt zu der Prostituierten, sondern sie würden die Straße mehrmals abgehen, bei einem Häuserblock verschwinden, um dann wieder bei ihr aufzutauchen. Dieses »Kreisen« des potentiellen Kunden hat aber auch einen anderen Sinn, nämlich den, die herumstehenden Dirnen besser »goustieren« zu können. Ähnlich verhält es sich auch mit den eine Dirne aufsuchenden Autofahrern. Gut kommt eine solche Strategie des Kunden in der folgenden Schilderung einer Straßendirne zum Ausdruck: »Mit der Zeit sieht man, ob einer ein

Kunde ist. Der bleibt ja nicht gleich stehen. Er zieht zunächst eine Runde und schaut sich zunächst einmal alle an. Er überlegt: Soll ich oder soll ich nicht? Und die, die mit dem Auto fahren, die fahren oft fünfzigmal im Kreis. Und dann bleiben sie stehen, um selber eine Hure anzureden oder um angeredet zu werden: ›Schatzerl, gehst mit?‹ Wenn er zum Kreisen beginnt, weiß ich schon, er sucht sich eine aus. Jeder hat ja einen anderen Geschmack: der will eine Stärkere, der eine Dünnere, der eine Ältere usw.«

Nach der Meinung von Prostituierten finden sich unter den den Straßenstrich benützenden Kunden vorrangig »Normalbürger« mit ihren normalen sexuellen Interessen. Perversitäten werden hier weniger verlangt, sie sind eher am Wohnungsstrich gefragt.

Die Prostituierte ihrerseits hat auch die Möglichkeit, sich den Kunden »auszusuchen«, da sie ja nicht mit jedem mitgehen muß, besonders dann, wenn sie einigermaßen attraktiv ist und mit genügend ihr entsprechenden Kunden rechnen kann. *»Es kommen auch viele Proleten in ihren Autos daher. Ich steige aber nicht bei jedem dieser Leute ein. Der Großteil meiner Kunden sind Büroleute, Vertreter, also Normalbürger«*, erzählte dazu eine Straßendirne.

Ist nun einmal der Kontakt zwischen der Dirne und ihrem Kunden hergestellt, so ist die nächste Frage nach dem Preis, auf den ich noch detailliert eingehen will. Die Prostituierte nennt ihren Betrag, das heißt: sie »schlagt an«. Diesen als erstes angegebenen Preis wird die Dirne später zu erhöhen versuchen (s. u.). Ist der Kunde einverstanden, so steigt die Frau zu ihm ins Auto oder sie geht mit ihm ins Hotel.

Ein Problem für die den Straßenstrich frequentierenden Dirnen sind allerdings die Bewohner der umliegenden Häuser, die mit der Tatsache nicht immer fertig werden, daß ihre Gegend »verrufen« sei. Außerdem sollen sie die Gespräche der Dirnen mit ihren Kunden stören. Eine Frau, die das Pech hatte, in einem Haus zu wohnen, in dem Wohnungen an Straßendirnen vermietet wurden, erzählte mir dazu: *»Ich habe drei Kinder, von 10 bis 18 Jahren. Bereits ab 8 Uhr stehen die Huren vor unserem Haus. Meinem Sohn ist das unangenehm, wenn er am Abend vom Schwimmen heimkommt. Meine Kinder trauen sich* *nicht, die Adresse an Bekannte weiterzugeben, denn die Adresse ist verrufen. Wenn ich mit meinem Mann einmal von jemandem heimgebracht werde, so ist der darüber entsetzt, wo wir wohnen. Im Sommer, wenn die Fenster offen sind, werden wir immer wieder geweckt, entweder, weil Kundschaften läuten, oder weil die Huren mit ihren Kunden den Preis aushandeln. Man kann kaum schlafen.«* Die Welt der Prostitution ist also auch eine Welt, die nicht an die Oberfläche gesellschaftlichen Lebens dringen soll. Sie wird vom guten Bürger negativ empfunden, der sie einerseits braucht, sie aber fürchtet, wenn sie zu offensichtlich mit ihm in Zusammenhang gebracht wird.

Diese beiden Seiten, die der Öffentlichkeit der Straße und die der zu verheimlichenden Sexualität, werden bei der Straßenprostitution miteinander konfrontiert. Die Straßendirne wird als die verstoßene und abartige Frau definiert, die sich demonstrativ darstellt, vor allem durch charakteristische Kleidung und Bewegung. Die Symbolik ihrer Kleidung ist dabei sehr wesentlich. In der gegenwärtigen Mode sind es der grelle Minirock oder »Hot pants«, hohe Stiefel mit hohen Absätzen und eine provozierende Frisur, die dem potentiellen Kunden signalisieren, mit wem er es zu tun hat.

Kaum sonst wo wird das Symbol der Kleidung deutlicher und aggressiver eingesetzt als im Bereich der Prostitution. Beide, Dirne und Kunde, können sich so auf einem nichtverbalen Weg sofort verständigen. Der Kunde braucht keine Angst zu haben, an die »falsche« Frau zu kommen. Gerade wenn er gegenüber Frauen Hemmungen hat, ist dies von Vorteil. Der Straßenstrich ist der traditionelle Strich, dem allerdings durch das Bordell und den Wohnungsstrich, bei dem der Kontakt meist durch Telefon hergestellt wird, gerade heute, wie nie zuvor, Konkurrenz gemacht wird.

Der Wohnungsstrich*

Wie bereits angedeutet, hat der Wohnungsstrich gegenüber der Straße für die Prostituierte den Vorteil, von Witterungseinflüssen unbeeinflußt ihrer Profession nachgehen zu können. Für den Kunden ist der Wohnungsstrich interessant, weil er beim Aufsuchen der Dirne anonym bleiben kann.

Ein anderes wesentliches Kriterium für die Prostituierte, um die Wohnung der Straße vorzuziehen, liegt in der relativ hohen Verdienstmöglichkeit, denn die Kunden der Wohnungsprostituierten scheinen eher aus höheren sozialen Schichten zu kommen. Und schließlich können in den Wohnungen sexuelle Praktiken angeboten werden, die bei der »gewöhnlichen« Straßenprostitution grundsätzlich nicht möglich sind, wie z. B. masochistische Praktiken in der »strengen Kammer«.

Allerdings benötigt die Dirne bzw. ihr Zuhälter einiges Anfangskapital, da die Miete der Wohnung und diverse Spesen, wie die Kosten für Annoncen, teuer sind. Gerade weil in letzter Zeit in Wien die Wohnungsprostitution einen enormen Aufschwung genommen hat, ist es zu einer deutlichen Konkurrenzsituation auf diesem Markt gekommen, die manche Prostituierte veranlaßt, »Spezialbehandlungen«, also gewisse Perversitäten anzubieten. Diese Tendenz höre ich u. a. aus einem Interview mit einer Prostituierten heraus: *»Das Wohnungsgeschäft nimmt überhand. Es gibt heute viel zu viele Wohnungen, ca. 270 in Wien. Da sitzen oft zwei, drei Madln in einer. Das ren-*

---

*) Mit dem Gesetz vom 7. 12. 1983 »Zur Regelung der Prostitution in Wien« (Wiener Prostituiertengesetz), welches seit Februar 1984 in Kraft ist, ist Wohnungsprostitution nur dann erlaubt, wenn zu der Wohnung, in der die Dirne ihren Kunden empfängt, ein von den übrigen Wohnungen des Hauses separierter Eingang führt. Schließlich soll keine Störung der Nachbarschaft und keine »Gefährdung« der Kinder gegeben sein. Hier können sich freilich einige schikanöse Anzeigen ergeben.

Da ich vor der Inkrafttretung dieses Gesetzes bereits viele Interviews mit Dirnen gemacht habe, beziehen sich einige Passagen in diesem Kapitel auf heute »verbotene« Wohnungen.

Grundsätzlich besteht jedoch kein Unterschied zwischen den früheren, heute illegalen Wohnungen und den separierten Wohnungen und Gassenlokalen, in denen Dirnen Zimmer gemietet haben. Ähnlich verhält es sich auch mit den Häusern, die zur Gänze angekauft wurden, um Wohnungen bzw. Zimmer an Dirnen zu vermieten.

tiert sich bald nicht mehr. Eine normale Wohnung zahlt sich nicht mehr aus. Man kann heute nur mehr mit der ›strengen Kammer‹ verdienen. Aber es gehört viel Herz dazu, denn man muß viel einstecken.«

Bei meiner Suche nach kompetenten Leuten auf dem Gebiet der Wohnungsprostitution wurde ich mit einem ca. 38 Jahre alten Mann, einem ehemaligen Zuhälter bekannt, der mir erzählte, er hätte vor einigen Jahren in Wien mit »Hostessenbetrieben«, also der eigentlichen Wohnungsprostitution begonnen. Heute hat er drei »Hostessenbetriebe«, d. h. er vermietet Wohnungen an Prostituierte, von denen er angeblich auch Prozente kassiert. Insgesamt sollen es 12 Frauen sein, die seine Wohnungen benützen. Nach seiner Aussage würde er sich um »alles« in diesen Häusern kümmern und sein Kontakt zu den Frauen sei äußerst positiv. Es ist nicht uninteressant, was er über den Beginn der Wohnungsprostitution und die Schwierigkeiten, eine solche aufzuziehen, erzählte. Außerdem gibt sein Bericht einen guten, soziologisch relevanten Einblick in dieses Milieu: *»Da habe ich die große Idee gehabt, die hat mich in die Höhe gebracht. Damals war die Wohnungsprostitution verboten* (besser: noch nicht üblich), *es hat also in der Wohnung keine Hackn gegeben, d. h. in der eigenen (!) Wohnung hat eine Dirne nichts machen dürfen* (dies ist auch heute noch so). *Sie hat nur in gewissen Gebieten, die ihr vorgeschrieben worden sind, ihrer Tätigkeit nachgehen dürfen. Vorgeschrieben hat ihr das der Magistrat bzw. die Polizei. Man ist damals bis zum Obersten Gerichtshof gegangen und hat das ausgekämpft. So wurde der erste Hostessenbetrieb in Wien aufgezogen. Man kann sich vorstellen, daß man da in Wien, wenn man noch das Monopol hat, verdient. Wir haben bereits ein Bandl gehabt. Das haben wir aber nicht abgehoben, denn es gibt viele Wichser, die nur hineinkeuchen und dann auflegen. Der Telefonbeantworter sagt alles durch, was geboten wird. Bei uns braucht man also nur anrufen und das Band schaltet sich von selbst ein und sagt dir das. Mit den Anrufen haben wir sonst eine schlechte Erfahrung gemacht. Mein Betrieb existiert seit sechs Jahren (seit ca. 1977), er ist der die längste Zeit bestehende Betrieb in Wien, den es gibt. Wir haben noch nie eine Rauferei oder eine Streiterei oder einen echten Polizeieinsatz gehabt, bei dem wir bestraft worden wären. Es ist klar,* daß wir von der GM kontrolliert werden, aber wir haben noch nie Schwierigkeiten gehabt. Der Betrieb wird also einwandfrei geführt. Die Kunden bekommen auch das, was sie vereinbart haben, d. h. es werden keine Linken gemacht. Durch die vielen Jahre haben wir auch so viele Stammkunden... Für den Hostessenbetrieb braucht man keinen Gewerbeschein. Ich bin an der Grenze zur Legalität. Man darf keine Sachen (in den Hostessenwohnungen) machen, die ins Gewerberechtliche oder ins Verwaltungsrechtliche fallen, so darf man keinen Filmbetrieb haben, keinen Barbetrieb, keine Live-Show, das ist alles verboten, nicht weil es eine kriminelle Handlung darstellt, sondern eine gewerberechtliche, weil ich keinen Gewerbeschein habe. Die Madln, die bei mir arbeiten, schenken die Getränke wirklich ehrlich gratis aus. Der Kunde kann jede Menge umsonst trinken. Die Madln schlagen das natürlich zum Preis dazu. Es kommen ja genug Männer, als Kunden getarnt, die sagen: ›Ich zahle gerne 1000 Schilling, wenn Sie mir mehrere Filme vorspielen.‹ Oder: ›Was kostet der Whisky?‹ Es gibt da eine eigene Instanz im Rathaus, deren Beamte da herumschleichen. Ein Madl darf in der Wohnung nur sexuelle Handlungen im Rahmen der Prostitution ausüben. Allerdings darf diese Wohnung nicht ihre eigene sein. Sie darf aber sonst nichts. Wenn jetzt z. B. einer kommt und sagt: ›Ich will eigentlich nur mit dir zusammensitzen und ein paar Whisky trinken‹, so darf sie das nicht machen. Würde das Madl das machen, so müßte sie ein paar tausend Schilling Strafe zahlen. Sie darf also keine Filme oder Video gewerblich spielen, sie darf auch keine Live-Shows veranstalten. Verschiedentlich wird das schon gemacht, aber da muß man vorsichtig sein. Man kann sich vor den Beamten dadurch schützen, daß man die Leute, die sich in der Wohnung befinden, einfach als Kunden bezeichnet, um keine Probleme mit dem Gewerberecht zu haben...

Ich paß genau auf, daß die Untugenden der Prostitution ausgeschaltet werden. Also bei mir darf in keiner Weise abgestiert werden. Das ist eine Untugend. Ein Strizzi mit Namen schaut darauf, daß so etwas nicht geschieht. Der verdient zwischen 50.000 – 150.000 aufwärts im Monat, dem widerspricht so etwas. Die Frankisten lesen oft in der Zeitung, daß im Prater einer abgestiert und ihm 5.000 S genommen wurden. Aber so etwas läßt ein wirklicher Strizzi nicht zu. Und außerdem haben die Leute, weil sie ja

Schecks haben, nie mehr als 3.000–4.000 S eingesteckt. Das zahlt sich nicht aus. Viele Leute fürchten sich, in einen solchen Betrieb zu gehen, weil sie glauben, sie werden beraubt. Man liest das auch hin und wieder, aber das sind drittklassige Sachen, das sind Auswüchse. Aber normalerweise, wenn einer seinen Betrieb rein hält und gut verdient, hat er solche Sachen nicht notwendig, daß er jemandem sein Geld wegnimmt. Das gibt nur Schwierigkeiten. Wenn einer zu uns kommt und sagt, er will es um 500 S, denn er ist heute neger, und wenn das Madl sagt, sie macht das nackt, so lange bis er spritzt, so macht sie es ihm um 500 S, dann zahlt er nicht 200 oder 300 S mehr, das sind Untugenden. In einem gut geführten Hostessenbetrieb kommen Abstiererereien, Raufereien und Streitereien nicht vor. Der Kunde hat die Sicherheit, er geht hin und zahlt einen gewissen Betrag, angenommen 1000 S, dafür hat er ein bestimmtes Service. Und wenn das Madl gescheit ist, redet sie ihm noch ein, daß er ihr gefällt und sie es wegen ihm macht. Wenn sie ihn so psychologisch aufbaut, daß sie es nicht nur wegen des Geldes macht, sondern wegen ihm, weil er ein guter Liebhaber und das Geld Nebensache ist, dann bezahlt er halt, weil es dazu gehört. Wenn man einen Hostessenbetrieb gut führt, dann hat man Stammkunden, die kommen wieder. Die glauben, die sind der Hausfreund vom Madl. Wenn du dem Kunden die Illusion gibst, daß er nicht der Kunde ist, sondern der Freund, dann ist das eine Supersache.«

Diese sehr aufschlußreiche Schilderung eines »Hostessenbetriebes« zeigt einige interessante Dinge auf. So ist es wichtig – da man ja keine Gewerbeberechtigung besitzt –, nicht in Verdacht zu geraten, gegen Bestimmungen des Gewerberechts zu verstoßen. Bedeutsam finde ich den eindringlichen Hinweis auf die Seriosität des Unternehmens. Er und auch seine Kollegen, die solche Häuser besitzen, setzen alles daran, dem Kunden das Gefühl der Sicherheit zu geben, in ihm also nicht den Gedanken zu erwecken, in einer dieser Wohnungen »ausgebeutet« oder gar bedroht zu werden. Man ist also sehr bemüht, einen guten Ruf aufzubauen, was auch gelungen zu sein scheint.

Aber nicht nur die Besitzer von Häusern, in denen an Prostituierte Zimmer oder Wohnungen vermietet werden, sondern auch die Prostituierten und deren Zuhälter sind sehr daran interessiert, daß sich der Kunde in der Wohnung wohl fühlt und nicht Angst haben muß, »ausgenommen« oder gar bestohlen zu werden. Schließlich hofft man ja auch auf Stammkunden, die gerade bei der Wohnungsprostitution eher die Regel sind. Eine Dirne mit einer »strengen Kammer«, auf die ich unten näher eingehen will, erzählte mir ähnlich zum Problem der Sicherheit des Kunden: »*Die Gäste, die in der Kammer sind, haben keine Angst, daß ihnen die Brieftasche fehlt. Die können eine Stunde aufgehängt (bzw. gefesselt) sein und es fehlt ihnen kein Schilling aus der Brieftasche. Der Gast zieht sich in dem einen Zimmer aus und läßt alles auf dem Kleiderständer, auch die Brieftasche. Meine Kollegin ist auch da.*« Sie fügte dem noch hinzu, um den Unterschied zum Straßenstrich hervorzukehren, bei dem es weniger um Stammkunden geht: »*Die Kunden, die zu einer Straßenhure um einen normalen Geschlechtsverkehr kommen, würden am liebsten ihre Brieftasche unter den Kopfpolster stecken.*«

Wie oben schon (vor allem im Zusammenhang mit den Zuhälterringen) erwähnt wurde, versuchen die Besitzer von diversen Häusern, an der Vermietung von Wohnungen an Prostituierte zu verdienen. Ihr Verdienst besteht demnach entweder aus der Miete oder bisweilen in bestimmten Prozentanteilen von dem Lohn, den der Kunde der Dirne zahlt. Auch eine Kombination von beidem ist möglich.

Informativ schildert dies eine mit einer Kollegin in einer Wohnung arbeitende Dirne, die von einem Zuhälter zur Prostitution bzw. zur Wohnungsprostitution überredet wurde: »*Ab 1200 S, die ich verdiene, muß ich ihm 500 S Taggeld zahlen. Auch wenn ich 10.000 S verdiene, erhält er nicht mehr. Ab und zu habe ich ihn gelinkt, d. h. wenn ich oft nur zwei oder drei Gäste hatte, habe ich ihm gesagt, daß ich nur einen Gast hatte . . . Die Inserate zahlen wir uns auch selbst. Der N. gibt sie uns zwar auf, aber zahlen müssen wir sie. Jede Woche sind das ungefähr 1500 bis 2000 S für jedes Mädchen. Die Inserate sind wichtig, denn durch diese verdienen wir ja.*«

Das bereits erwähnte Problem der Konkurrenz am Markt der Wohnungsprostitution bewirkt nicht nur, daß »Spezialbehandlungen« vermehrt angeboten werden, sondern auch, daß der Kunde wählerischer wird. Daher sind Wohnungen, die neu

»aufgemacht« werden, besonders attraktiv, da sie »Neues« versprechen. Manche Prostitutierte, vor allem wenn sie über keinen Stammkundenstock verfügen, sieht sich daher veranlaßt, regelmäßig ihre Adresse bzw. ihre Telefonnummer zu wechseln, um konkurrenzfähig sein zu können.

Diese Thematik spiegelt sich gut in den Überlegungen einer 22jährigen Prostituierten wider, die mit einer Freundin gemeinsam in einer Wohnung tätig ist: »*Am Anfang, als wir in diese Wohnung einzogen, war es ein Bombengeschäft. Wenn die Wohnung noch neu ist, ist sie noch interessant. Aber mit der Zeit wird sie uninteressant. Das geht mehreren so, die eine solche Wohnung haben, daß sie nicht immer gleich gut geht. Am Anfang geht die Wohnung auf alle Fälle gut, denn ein jeder schaut sie sich an, eben weil sie neu ist. Da verdient man gut. Wenn man eine Wohnung neu aufmacht, muß man das ausnützen. Die Wohnung geht auch dann einigermaßen gut, wenn sie auf Stammkunden aufgebaut ist.*«

Zu dem Problem, zu Kunden zu kommen, gesellt sich schließlich das Interesse der Wohnungsvermieter bzw. der Hausverwaltung, mit der Wohnungsprostituierten indirekt ein gutes Geschäft zu machen, wie es eine Prostituierte formuliert, die auch auf das Thema des Kundenkontakts eingeht: »*Für diese Wohnung zahlt man am meisten der Hausverwaltung* (für den Fall, daß sich die Prostituiertenwohnung nicht in einem der oben genannten Häuser befindet). *Diese Hausverwaltungen annoncieren solche Wohnungen als Hostessenwohnungen. Die Miete ist sauteuer, oft mehr als das Doppelte der normalen Miete. Es war einmal ein gutes Geschäft. Kurz nachdem ich angefangen habe, war ich in einer Wohnung. Das war bereits eine fertig eingerichtete Hostessenwohnung, in der hat bereits ein anderes Mädchen gearbeitet gehabt. Ich habe die Wohnung durch Beziehungen bekommen, ich wollte nicht länger in der Kälte stehen. Telefon war natürlich dabei. In der Krugerstraße im 1. Bezirk, in der die Wohnung war, war es milieumäßig irrsinnig gut. Es waren gute Leute, die dorthin gekommen sind. Innerhalb von eineinhalb Monaten hatte ich mir einen Kundenstock zusammengesucht, denn ich hatte viele Leute aus den Hotels, Vertreter usw., die ununterbrochen unterwegs sind und die in einer fremden Stadt etwas unternehmen wollen. Mir ist dabei zugute gekommen, daß ich vorher in einem Hotel gearbeitet habe.*

Ich war zwei Jahre im Hotel A. bei der Rezeption. Ich habe den Großteil der Portiere gekannt. Das waren für mich wichtige Beziehungen.

Als ich in der Wohnung angefangen habe, habe ich die Portiere angerufen und gesagt: ›Ich habe meinen Berufsstand gewechselt, ich bin in den Sozialdienst getreten.‹ Das ist ja ein Sozialdienst, den ich mache. Ich lerne da relativ viele interessante Leute kennen, im Gegensatz zur Straße, wo man es nur mit Normalbürgern zu tun hat.«

Über die Kontaktaufnahme zum Kunden erzählte eine andere Dirne, die mit zwei Frauen in einer Wohnung arbeitet: *»Manchesmal versteifen sich die Kunden auf eine von uns. Wenn zwei oder drei Mädchen da sind, so macht die eine dem Kunden auf, wenn er läutet, und die anderen zwei schalten die Stereoanlage ein und drehen das Licht auf. Kommt also der Kunde, so stehen oder sitzen wir herum und fragen ihn, ob er etwas zum Trinken will. Wir unterhalten uns mit ihm und dann, wenn er das Geschäftliche zu reden beginnt, sagen wir, er soll sich eine aussuchen oder alle nehmen. je nach Wunsch.«*

Der Kunde, außer er ist ein Stammkunde, der an einer bstimmten Dirne interessiert ist, hat also die Möglichkeit, wenn er mehrere Frauen in der Wohnung antrifft, sich eine auszusuchen, was gerade am Beginn der Karriere einer Wohnungsprostituierten ihr nicht sonderlich angenehm ist: *»Am Anfang war es mir unangenehm. Ich bin dort gestanden und der hat uns von oben bis unten angeschaut. Aber zu diesem Zeitpunkt war ich schon so weit, daß ich mir gedacht habe: ›Vielleicht nimmt er mich‹, weil dann verdiene ich mehr und mein Freund ist besser aufgelegt.«*

Daß gewöhnlich zwei oder auch mehrere Frauen sich gemeinsam in einer Wohnung prostituieren, hat seinen Grund nicht nur darin, daß für die einzelne die Mietkosten billiger sind, sondern auch, daß beide sich vor komplizierten oder gewalttätigen Kunden geschützt fühlen.

Zum Thema des gemeinsamen Prostituierens erscheint mir folgende Erzählung als typisch: *»In die Hostessenwohnung bin ich gekommen, weil mein Freund mit dem Freund eines Madls, welches bereits in der Wohnung war, in Kontakt getreten ist. Er* *hat zu ihm gesagt:* ›*Ich will gerne meine Alte zu dir geben, wenn es möglich ist, wir bauen miteinander was auf.‹ Man schaut immer, daß mindestens zwei Madln in einer Hostessenwohnung sind, weil da die Gefahr geringer ist, daß etwas passiert. Zwei Madln können sich besser wehren als eine.*«

In der Wohnung fühlen sich Prostituierte also relativ sicher. Ein zusätzlicher Schutz besteht darin, daß der Freund (bzw. Zuhälter) für die Prostituierte rasch erreichbar ist, entweder weil er sich selbst in der Wohnung aufhält, oder weil er durch »Piepsgeräte« angerufen werden kann. »Piepst es«, so weiß er, daß irgendein Problem vorliegt und er in die Wohnung kommen soll. Daneben besteht freilich noch die Möglichkeit der Verständigung der Polizei.

Anzufügen ist noch: Symbolisch sind wohl die meisten dieser Wohnungen für den Kunden durch kleine Hinweise erkennbar. Oft ist das Namensschild der Dirne am Eingangstor des Hauses in Rot gehalten oder an der Wohnungstür befindet sich eine Zeitangabe, z. B. »10 h–22 h«, welche dem Kunden mitteilen soll, wann die Dirne für ihn bereit ist.

Sind Wohnungen im Parterre an der Straße gelegen, so ist auch eine rote Lichtreklame, z. B. das Wort »Love-Point«, in einem Fenster möglich, die jedoch unbeweglich zu sein hat. Lichtschlangen u. ä. sind gesetzlich für die Wohnungsprostitution untersagt.

Die Wohnungen selbst sind verschieden eingerichtet. Es finden sich darunter durchaus eher kleinbürgerlich anmutende Zimmer mit einem Bett durchschnittlicher Größe, aber auch Zimmer mit Doppelbett, Spiegeln und Vorführapparaten für Pornofilme.

Wohnungen, die von zwei oder drei Dirnen benützt werden, sind meist so eingerichtet, daß zwei Zimmer der Bedienung der Gäste dienen. Zusätzlich gibt es dazu in einer kleinen Küche noch eine Art Bar, in der dem Gast kostenlos Getränke verabreicht werden. Der Ausschank von Getränken und auch das Vorführen von Pornofilmen geschieht unentgeltlich, bzw. es ist stillschweigend im Preis für die sexuellen Aktivitäten der Dirne mitinbegriffen, da es im anderen Fall einen Verstoß gegen die Gewerbeordnung bedeuten würde.

Zum Problem der Konkurrenz im Bereich der Wohnungsprostitution ist noch anzufügen, daß vor einiger Zeit einige Wiener Tageszeitungen die Annoncen von Wohnungsprostituierten eingestellt haben. Vor allem ein Grund mag dafür maßgeblich gewesen sein: Die Besitzer der Häuser, in denen Zimmer bzw. Wohnungen für Dirnen eingerichtet sind, setzten alles daran, um die ihnen unliebsame Konkurrenz von Prostituierten, die eigene Wohnungen zur Ausübung ihres Geschäftes besitzen, auszuschalten. Damit erhofften sie sich mehr Zulauf von Kunden, die nun keine Möglichkeit mehr hatten, aus Zeitungen Adressen von Wohnungsprostituierten zu erfahren, und daher jetzt mit den deutlich z. B. durch rotes Licht gekennzeichneten Häusern (bzw. »Bordellen«, s. unten) vorlieb nehmen mußten. Übrigens soll noch eine zu erwartende Erhöhung der Abgaben für solche Annoncen bei dem Einstellungsentschluß eine Rolle gespielt haben. Die für die Einstellung angegebenen moralischen Gründen verlieren dadurch an Gewicht.

Der »Hausbesuch«

Ein Problem stellt der sogenannte »Hausbesuch« dar, nämlich das Aufsuchen des Kunden in dessen Wohnung. Durch ein bei sicherlich allen Wohnungsprostituierten ähnliches System versucht man, sich entsprechend abzusichern: »*Ruft einer an und will er einen Hausbesuch, so bitte ich ihn um Name, Adresse und Telefonnummer. Er gibt mir dann das alles und ich frage, ob er im Telefonbuch steht. Steht er nicht, so rufe ich die Auskunft an und dann bekomme ich von ihr die Telefonnummer. Stimmt sie mit der von ihm angegebenen überein, so schreibe ich das Ganze auf zwei Zetteln, den einen nehme ich mit, den anderen lasse ich in der Wohnung, damit die anderen beiden Madln wissen, wo ich bin. Dann fahre ich zu ihm hin. Nach einer Zeit, das mache ich mir mit dem einen Madl aus, z. B. nach 20 Minuten, rufe ich zurück. Habe ich das Geld vom Kunden einmal in der Hand, so kann er es mir ja nicht mehr wegnehmen, so rufe ich zurück und sage: ›Okay, ich komme ungefähr in einer dreiviertel Stunde zurück.‹ Vorher rufe ich nicht mehr an. Wenn ich nun nach 20 Minuten nicht anrufe, so ruft sie dort an und fragt, was mit mir los ist. Wenn der dann sagt, ich bin nicht da, oder er läßt mich* nicht ans Telefon, so weiß sie, daß irgend etwas Arges ist. Sie sagt es dann dem X. und der fährt zu der Adresse hin. Das ist schon öfters vorgekommen. Nie fährt ein Madl zu zwei oder mehr Männern gleichzeitig, also wenn mehrere Leute da sind. Einmal ist ein Madl angerufen worden, sie soll wohin kommen. Sie hat gefragt, ob der Betreffende allein ist, der hat gesagt: Ja.‹ Tatsächlich waren sie aber zu dritt. Und alle drei haben zu ihr gesagt, sie wollen mit ihr was haben. Sie hat aber gesagt, das geht nicht, mit drei kann sie es nicht, sie kann höchstens zwei Freundinnen anrufen. Die Männer waren schon ziemlich betrunken und haben gesagt: ›Nein, sie soll da sitzen bleiben, sie wollen es eben alle drei.‹ Sie hat wieder gesagt, sie macht das nicht. Sie wollte aufstehn und gehn, doch die haben sie abgefotzt und zurückgehalten. Dann habe aber ich dort angerufen, weil sie nicht zurückgerufen hat. Das war nach 12, 13 Minuten. Da ist einer der Männer zum Telefon gegangen und den habe ich gefragt, ob ich meine Freundin sprechen kann, und der hat gesagt: ›Nein, die ist nicht da.‹ Darauf habe ich gesagt: ›Wenn sie nicht da ist, dann werden wir sie schon finden.‹ Und will auflegen, dann fängt er an: ›Nein, nein, sie ist eh da.‹ Er ist ganz nervös geworden. Dann habe ich mit ihr gesprochen und sie hat gesagt, sie kann nicht so reden. Darauf habe ich gefragt, ob es grean ist. Sie hat gesagt: ›Ja.‹ Dann habe ich gefragt, ob sie nichts gezahlt haben. Hat sie gesagt: ›Ja.‹ Dann habe ich gefragt, ob ich den R. anpiepsen soll, und sie hat gesagt: ›Ja.‹ Das habe ich dann gemacht und er ist hingefahren und hat sie geholt. Er hat allerdings noch ein paar Freunde mitgehabt. Er hat ein paarmal geläutet und sie haben die Tür aufgemacht und er hat gesagt: ‚Das Madl wollen wir haben.‹ Die drei Männer haben sich nichts zu sagen getraut. Im Notfall, wenn wirklich etwas Ärgeres sein sollte und die ein Mädchen nicht hinauslassen sollten, dann ruft der R. die Polizei an. Die muß ja auf uns aufpassen, wir haben ja Kontrollkarten.«

Ergänzt wird diese Darstellung durch folgende Passage aus einem Interview, in dem auch das Problem der Geheimnummer diskutiert wird: »Wenn ich einen Hausbesuch mache, sichere ich mich genau ab. Wenn er mir seinen Namen, seine Telefonnummer und seine Adresse durchgegeben hat, mache ich einen Gegenanruf. Ist es dieselbe Stimme, die mich vorher um einen Hausbesuch am Telefon gebeten hat und die ich nun *anrufe, so ist es in Ordnung. Dann rufe ich die Auskunft an und gebe Name und Adresse des Kunden durch. Die geben mir dann die Telefonnummer. Stimmt sie mit der angegebenen überein, so ist es gut. Sagt mir der Anrufer, daß er eine Geheimnummer hat, rufe ich 08 an, das kostet mich 9 S. Von dort ruft man ihn an und verbindet ihn mit mir. Dann weiß ich, daß Adresse und Namen stimmen. Komme ich dort an, so mache ich einen Anruf bei uns (bei der Kollegin, mit der sie gemeinsam eine Wohnung hat) und sage: ›Du, es ist alles in Ordnung.‹ Innerhalb einer halben Stunde muß ich dann noch einmal anrufen ...«*

Eine andere Form des Schutzes wird notwendig, wenn die Dirne auf der Straße ihrem Gewerbe nachgeht und sie von einem Kunden gebeten wird, mit ihm in seinem Auto zu ihm nach Hause zu fahren. Hier besteht die Möglichkeit, den Portier des betreffenden Hotels einzuschalten: »*Will mich jemand heimnehmen, dann muß er mit mir zum Portier gehen und einen Ausweis herzeigen und auch den Autozulassungsschein mit Autonummer. Dann muß er dem Portier eine Art Ablöse zahlen, die bleibt beim Portier, damit der Kunde das Geld nicht wieder wegnehmen kann. Nachdem er die Adresse und das andere angegeben hat, fahre ich erst mit. Wäre ich nicht zu einer bestimmten Zeit zurückgekommen, so wäre der Hallo beinander gewesen, dann hätte man mich herausgeholt. Das ist eine wichtige Absicherung für die Mädchen.*« Für die Prostituierte, die zu einem Hausbesuch eingeladen wird, besteht also das Problem der notwendigen Absicherung. Als charakteristisch erscheint mir dabei zu sein, daß Prostituierte grundsätzlich nur alleine zu einem Kunden gehen. Wollen mehrere Kunden gleichzeitig den Kontakt zu ihr, so lehnt sie entweder ab oder sie fragt, ob sie eine oder mehrere Freundinnen mitnehmen kann. Ähnlich verhält es sich auch, wenn ein Kunde zu einer Wohnungsprostituierten kommen will. Nimmt er einen Freund mit, so muß er damit rechnen, nicht eingelassen zu werden. Ebenso wird die Prostituierte grundsätzlich nicht damit einverstanden sein, daß eine andere Frau – eine Freundin oder die Ehefrau des Kunden – an den erwünschten sexuellen Handlungen teilnimmt oder bloß zuschaut. Dazu der Gedanke einer ca. 30 Jahre alten Prostituierten, die sich u. a. auch darauf spezialisiert hat, masochistische Kunden auf deren Verlangen zu schlagen:

»*Einer ruft an wegen eines Hausbesuches und fragt, ob da seine Frau zuschauen darf. Sag ich: ›Wenn ich eine zweite mitnehmen kann, dann schon.‹ Wenn dort zwei sind, fahre ich nicht alleine hin, das ist nicht gut . . . Sobald eine zweite da ist, ist es für mich gefährlich. Wenn ich am Mann etwas mache, läßt sie sich vielleicht etwas nicht Gutes gegen mich einfallen. Ich will auch nicht, daß zwei zu mir kommen. Der eine legt sich drauf und der andere räumt die Bude aus. Wenn also jemand für zwei einen Hausbesuch will, sag ich: ›Wenn ich eine zweite mitnehmen kann, dann ja.‹ So eine zweite finde ich mir immer. Ich sag ihm dann: ›Gib mir die Telefonnummer wegen des Rückrufs.‹ Er gibt mir die Adresse und die für den Bezirk passende Telefonnummer. Einmal hat einer gesagt: ›Du, ich habe keine Zeit wegen des Abhebens, es hebt meine Frau ab.‹ Sag ich: ›Willst du nicht selbst abheben, was ist mit dir?‹ Ich rufe also zurück und es hebt eine Frau ab. Sag ich: ›Ist Ihr Gatte da?‹ Sagt sie: ›Was wollen Sie von ihm?‹ Es war also nicht seine Adresse. Ich habe gesagt: ›Entschuldigen Sie bitte‹ und habe aufgehängt.*

Ich will mit einem Gast alleine sein, da kann ich auch mehr Geld herausreißen. Ich kann mich dabei auf den Gast voll konzentrieren. Eventuell zwei Männer, wenn ich es auf streng mache. Das habe ich schon gehabt. Da ist der eine den ganzen Tag im Käfig gesessen und hat auf einen anderen Gast gewartet.«

Sprecherotiker und Scherzbolde

Die Intimsphäre, die die Wohnung bietet und die dem Kunden Anonymität sichert (s. o.), führt auch dazu, daß Männer mit dem deutlichen Wunsch nach Sprecherotik, also mit dem Verlangen, der Dirne erotische Worte durch das Telefon zuzuflüstern, hier einige Möglichkeiten haben. Ich hatte das Glück, daß eine Wohnungsprostituierte mir beispielhaft einige Sätze, die solche Männer auf ihren Anrufbeantworter durch das Telefon sprachen, mitteilte. Die markantesten sind vielleicht die: »*Ich brunz' dir in die Goschn*«, »*Ich steck dir einen Paprika in die Fut*«; »*Ich habe einen ganz dicken 45 cm langen Gummischwanz, mit dem fick' ich dich in den Arsch*« u. ä.

Von einer anderen Prostiuierten wieder weiß ich, daß sie bei Anrufen solcher Sprecherotiker sofort den Hörer auflegt. Keineswegs beschimpft sie den Anrufer oder läßt sich sonst am Telefon auf ihn ein, wodurch sie wahrscheinlich seinen Wünschen entsprechen würde. Sie meinte, wenn ein solcher Mann im voraus zahlen würde, dann würde sie ihn auch anhören. Zu den üblichen Anrufen gehört die Frage, ob man kommen dürfe, obwohl man »einen großen Dicken« habe. Tatsächlich sind manche solcher Sprecherotiker auch bereit, der Dirne dafür zu zahlen, daß sie ihm bei seinem Anruf zuhört.

Mit diesem System der telefonischen Kontaktaufnahme ist aber auch die Gefahr verbunden, daß die Prostituierte Ziel von Scherzen wird. So erzählte mir die oben zitierte Dirne über einen eigenartigen Anruf, der vielleicht nicht typisch ist, in dem jedoch die Problematik solcher Anrufe deutlich wird: *»Da ruft einmal eine Frau an. Zuerst habe ich geglaubt, das ist ein Theater, dann habe ich mir gedacht, die Frau ist solide. Sie hat mich gefragt, ob ich zum Semmering kommen will. Sag ich: ›Nein.‹ Sagt sie, das wäre kein Problem, sie könne mich abholen, Geld würde ihr keine Rolle spielen. Ich dachte mir, wenn das Geld stimmt, ist mir es wurscht. Sage ich also: ›Ja.‹ Sagt sie: ›Schaun sie, es betrifft nicht mich, seien Sie nicht ungehalten, ich habe einen Bruder, der liegt im Spital, der ist falsch gespritzt worden, sein Glied ist 35 cm lang.‹ ob ich das derpacke. ›Ja‹, habe ich gesagt. Wenn ich das Geld habe, sieht sie ja eh, ob ich es derpack oder nicht. Sage ich: ›Warum nicht?‹ Sie hat ja gesagt, daß ihr Geld keine Rolle spielt. Sie meinte dann: ›Sie müßten halt einen halben oder einen ganzen Tag bei ihm bleiben, weil er einen Viertelliter Samen hat, die gehören hinaus.‹ Sie hat dann noch einmal angerufen, sie will das genau wissen, ob ich komme, und sie will sich einen Termin ausmachen. Ich war freundlich; sie hat gesagt, sie ruft zurück. Bis jetzt hat sie aber nicht zurückgerufen.«*

Es bedarf einiger Erfahrung der Dirne, um solche Scherze auch als solche zu erkennen. Mir fiel aber auf, daß die meisten Dirnen Anrufen von vorneherein mit einer gewissen Skepsis gegenüberstehen. Sie verschaffen sich dadurch jene Distanz gegenüber Scherzen, die für ihre Tätigkeit als Prostituierte auch notwendig zu sein scheint.

Ein anderes wichtiges Thema im Zusammenhang mit der Wohnungsprostitution ist das der Arbeitszeit der Dirnen. Während am Straßenstrich die Zeit, in der die Prostituierte auf Kontakte warten darf, durch gesetzliche Bestimmungen eingeengt ist, gibt es bei der Wohnungsprostitution keine solchen Bestimmungen. Ist eine Prostituierte alleine in einer Wohnung, so richtet sie es so ein, daß sie zumindest während des ganzen Tages erreichbar ist. Eine Prostituierte, die den Kunden auch eine »strenge Kammer« anzubieten hat, machte einen genauen Unterschied zwischen »streng« und »normal«. Während sie »streng« nur am Tag, also von 9 Uhr vormittags bis 10 Uhr abends, durchführte, eine Zeit, die an der Tür zu lesen stand, hatte sie nichts dagegen, den »normalen« Geschlechtsverkehr auf telefonischen Anruf auch später zu praktizieren. Deswegen hatte sie auch zwei Telefonnummern inseriert, eine für »normal« und eine für »streng«. Das Telefon, welches die »normalen« Kunden anwählten, läutete in dem gewöhnlichen Glockenton, das andere Telefon gab Pfeiftöne von sich. So wußte die Dirne, wer was wollte.

Sind mehrere Mädchen in einer Wohnung beschäftigt, so warten sie entweder gemeinsam auf Kunden, oder sie teilen sich die Zeit auf, in der sie ihren »Dienst« in der Wohnung tun. In diese Richtung ist folgende Interviewpassage zu interpretieren: *»Ich habe nur mehr in der Nacht gearbeitet. Bei Tag hat immer nur ein Mädchen gearbeitet und in der Nacht waren es zwei oder drei, weil in der Nacht war immer viel mehr los. Wir haben zu dritt ein Zimmer gehabt. Wenn drei Männer kommen, so macht das nichts. Wenn es die Männer nicht stört, kann man auch zu zweit oder zu dritt reingehen. Uns stört das nicht, uns ist das egal. Oder eine nimmt das Privatzimmer, in dem ist noch eine Couch zum Ausziehen.«*

Viele Kunden, die Dirnen aufsuchen, sind an bestimmte Termine gebunden, in denen sie einen solchen Besuch einrichten können. Grundsätzlich sind es am Straßenstrich die Stunden des späten Abends, in denen Prostituierte mit den meisten Kunden rechnen. Vor allem an den Wochentagen von Montag bis Donnerstag wird ein bestimmter Kundentyp erwartet, für den die Prostituierte eine willkommene Abwechslung, vielleicht vom ehelichen Leben, bietet. Nach Auskunft von Zuhältern und Prostituierten sind diese Tage finanziell am interessantesten.

Bei der Wohnungsprostitution sind es vor allem die Mittagszeit und die Stunden des späten Nachmittags, die berufstätigen Männern für den Gang zur Dirne gelegen kommen.

Das Wochenende ist für die Prostituierte kaum von Bedeutung. Nicht umsonst werden daher die Tage des Wochenendes von Dirnen und Zuhältern spöttisch als »Familientage« bezeichnet, da an diesen die meisten Männer bei ihren Familien zu sein haben.

Gegenüber der Straße hat die Wohnung schließlich den großen hygienischen Vorteil, daß sich die Prostituierte auch entsprechend reinigen kann, was jener Prostituierten, die im Auto den Kunden befriedigt, nicht in dieser Form möglich ist. Dies geht auch aus einem Interview hervor: *»Ich kann mir das auf der Straße nicht vorstellen, weil man da nur 300 verdient. Mir tut es weh, wenn ich nur 500 bekomme. Ich habe mir oft gedacht, wenn man zwei oder drei Gäste im Auto hat und zu keinem Hotel kommt, das ist doch unangenehm. Ich habe mich oft gefragt, was machst du, wenn du zu keinem Hotel kommst? Wo wäschst du dich da usw.? Ich kann mir das einfach nicht vorstellen!«*

Die »strenge Kammer«*

Eine besondere Form der Wohnungsprostitution ist die Prostitution in der »strengen Kammer«. Während sonst grundsätzlich nur die üblichen geschlechtlichen Praktiken angeboten werden, kann der Kunde in der »strengen Kammer« besonders masochistische Spezialbehandlungen (s. u.) erhalten.

Mit der »strengen Kammer«, deren Einrichtung nicht billig ist, kann man heute gut verdienen. Die Karriere einer heute 42 Jahre alten Prostituierten macht dies auch deutlich: *»Mit der*

---

*) Siehe auch S. 232 ff.

Kammer kann man heute am meisten verdienen. Aber es gehört viel Überwindung dazu. Das ist eine Umstellung für mich gewesen. Ich bin nämlich nicht der dominante Typ. Vorher hatte ich nur normalen Geschlechtsverkehr. Von heute auf morgen bin ich in die Kammer gekommen. Das war eine furchtbare Umstellung für mich, aber es ist gegangen. Damals hatte schon im X-Haus eine Hur eine strenge Kammer gehabt, die habe ich mir angeschaut und habe gesehen, wie sie arbeitet. Ich habe mir nun die entsprechende Sexualfachliteratur dazu gekauft (sie lacht). Das war eine schwere Umstellung. Ich spiele nun den strengen, dominanten Typ. Ich selbst lasse mich niemals peitschen oder sonst etwas.

Die Kammer, die ich jetzt habe, ist überkomplett eingerichtet. Außer Nadelspielen – mit Nadeln kann ich nicht arbeiten – mache ich alles. Mit den Nadeln spielen, spicken usw. macht meine Kollegin, mit der ich die Kammer habe. Die hat vorher schon eine Hostessenwohnung mit einer Kammer gehabt. Die Gäste, die zu uns kommen, sind pervers. Man kann sich nicht daran gewöhnen, man bekommt oft eine Wut auf die Leute. Ich habe ein Vorzimmer, ein Wohnzimmer mit Spiegelschrank und Sitzgarnitur, dann das Arbeitszimmer mit französischem Bett und Spiegelwand, Aquarium, Beleuchtung, Spannteppiche usw., dann die Kammer, die Küche und ein Badezimmer. In die Kammer kommen hauptsächlich Stammkunden und auch junge Burschen zwischen 20 und 30, bei denen man sich an den Kopf greift. Ich arbeite nicht nur auf streng. Wenn ein Gast kommt, der nur Geschlechtsverkehr verlangt, mache ich das, aber ich verlange einen höheren Preis als in einer normalen Hostessenwohnung. Ich bin jetzt 42 Jahre alt, 170 cm groß und habe 90 Kilo. In der Kammer habe ich ein Lederkorsett an – Knautschlack – und hochhackige Schuhe oder Stiefel. Im Sommer nur Schuhe, Stiefel würden eine Qual sein. Wenn es kühler ist, auf jeden Fall Stiefel. Netz- und Gummistrümpfe, aber nicht im Sommer. Die Kammer ist mit einem Streckbett eingerichtet, der Raum hat ca. 20 m^2. Drinnen ist auch ein gynäkologischer Stuhl, auf dem Klistier verabreicht wird. Dann habe ich Flaschenzüge, um die Gäste aufzuhängen, mit Querbalken und Ledermanschetten. Am Streckbett kann ich variieren. Ich habe auch einen Pranger und verschiedene Arten von Peitschen, mit und ohne Sporen, *dann die verschiedenen Nadelspiele, mit denen die Kollegin arbeitet. Wenn die Kunden wollen, machen wir es gemeinsam.«*

Ähnliches erfuhr ich auch von anderen Prostituierten. Eine ca. 30jährige Wohnungsprostituierte mit einer »strengen Kammer« lud mich sogar zu sich ein, um mir die einzelnen Dinge vorzuexerzieren. Ihre »Kammer«, die sich neben ihrem Wohnzimmer befand, in dem sich meist ihr Zuhälter aufhält, war mit einer Art elektrischem Stuhl, einem Galgen, diversen Aufhängevorrichtungen samt Manschetten, einem Pranger, verschiedenen Peitschen, Nadelspielen und auch Vorrichtungen zum Elektrisieren der Kunden ausgerüstet.*

Meist sind es jedoch zwei Frauen, die eine »Kammer« gemeinsam und auch abwechselnd benützen. Alleine arbeiten typischerweise die Dirnen, die in einem sehr engen Kontakt zu einem Zuhälter stehen, der eine dauernde Kontrolle ausübt und den Schutz gewährleistet.

Frauen, die in einer »Kammer« nicht alleine sein wollen, suchen sich ihre Kollegin am besten bei den wöchentlichen Visiten, also den Untersuchungen im Gesundheitsamt. Man lernt sich dort kennen und spricht miteinander. Wichtig ist, daß die beiden Frauen sich »verstehen«.

Zusammenfassende Überlegungen zur Wohnungsprostitution

Die Wohnungsprostitution, die allerdings durch die Weigerung gewisser Zeitungen, Annoncen anzunehmen, erheblich getroffen wurde, hat für die Prostituierte und für den Kunden eine besondere Bedeutung, wie ich hier aufzuzeigen versucht habe.

Für den Kunden besteht der Vorteil, eine längerdauernde Beziehung zu einer Prostituierten als Stammkunde eingehen zu können, was ihm in psychischer Hinsicht mitunter wertvoll ist. Schließlich bietet das Aufsuchen der Prostituierten in einer Wohnung ein hohes Maß an Anonymität bzw. Intimität. Es wird ihm das Ansprechen der Dirne abgenommen, um die Bedingungen der sexuellen Betätigung, wie Preis und Art des Geschlechtsverkehrs, zu erörtern. Die telefonische Kontakt-

---

*) Zu den sexuellen Praktiken siehe ferner S. 232 ff.

aufnahme, bei der der Kunde oft durch ein Tonband von dem unterrichtet wird, was ihn erwartet, erleichtert das Vorgehen.

Schließlich hat der Kunde gerade bei der Wohnungsprostituierten eher die Gewißheit, daß er für einen festen Preis ein bestimmtes »Service« erhält, als bei der Straßendirne, die grundsätzlich versucht, den »angeschlagenen« Preis durch diverse Tricks zu erhöhen (dazu näher S. 223 ff.).

Das Bordell und die Bar mit Separée (die »Animierhütte«)

Von einer Bar mit Separées unterscheidet sich ein Bordell dadurch, daß die Frauen im Bordell offiziell auch als Prostituierte gelten.

Anders ist es in den Bars, den sogenannten »Animierhütten«, in denen die Frauen dort meist formal keine Prostituierten sind. Sie gelten als »Animierdamen«, deren vorrangige Aufgabe es ist, Gäste zum Alkoholkonsum, mitunter auch in einem Separée, anzuregen. Der Übergang zwischen Bordell und »Animierhütte« ist allerdings fließend, denn schließlich gehen auch die »Animierdamen« der Prostitution nach (vgl. dazu die Ausführungen am Beginn des Kapitels über den »Straßenstrich«).

Obwohl Bordelle in Wien als sogenannte »öffentliche Häuser« – trotz bald zweihundertjähriger Diskussion darüber (Sonnenfels setzte sich bereits dafür ein) – nicht eingeführt sind, gibt es aber auch Häuser, die man sehr wohl als »Bordelle« bezeichnen kann, da auf sie alle Charakteristika zutreffen. Allerdings bezeichnen die Besitzer diese Unternehmen als »Beherbergungsbetriebe«, die jeweils mit einem »Barbetrieb« verbunden sind. Damit wird die gesetzliche Schranke des Bordellverbotes umgangen. Der Besitzer stellt dabei bloß die Zimmer zur Verfügung, für die die Dirne bei Kundenbesuch Miete zu zahlen hat. Charakteristisch ist die Einrichtung des folgenden Bordells: Der »Empfangsraum« ist mit gedämpft rotem Licht erleuchtet. Einige kleine Tische laden neben einer Bar zum Sitzen ein. Im Nebenzimmer ist ein Fernsehapparat aufgestellt, über den Pornofilme laufen. Erst ab dem späten Nachmittag wird es für die sich dort aufhaltenden Dirnen aktuell, denn zu dieser Zeit kommen die ersten Kunden. Um sich ein Bild vom Kunden bereits beim Straßeneingang des Hauses zu machen, können die Prostituierten über einen Fernsehmonitor den eintretenden Kunden, dem mit einem »Summer« geöffnet wird, beobachten. Betreten Kunden das Haus, so bemühen sich die Dirnen, sie entsprechend zu empfangen, wie ich es selbst bei meinen Interviews in dieser Bar mit Erlaubnis des Besitzers beobachten durfte. (Die Frauen wußten von meiner Absicht.) Typisch für den Tagesablauf in dieser Bar, an die ein sogenannter »Beherbergungsbetrieb« angeschlossen ist, ist vielleicht die folgende von mir beobachtete Situation: Es läutet und zwei potentielle Gäste betraten das Haus. Die Frauen betrachteten die beiden am Fernsehschirm und deuteten mir, ich möge mich in eine Ecke der Bar setzen, um das Geschäft nicht zu stören, was ich auch tat. Die beiden Gäste, die nun eingetreten waren, setzten sich an die Bar, an der zwei der Dirnen saßen. Die eine der Frauen begann sich nun zu strecken und mit dem Becken schwingende Bewegungen zu machen. Die beiden Männer wechselten dann in den Fernsehraum über, um sich Pornofilme anzusehen, was zwei der Dirnen veranlaßte, ihnen zu folgen, um sich ihnen anzubieten und ihnen die Preise für sexuelle Aktivität zu nennen. Die Frauen waren mit Netzstrümpfen, Minikleidern, eng anliegenden Pullis bekleidet.

Besonderes Augenmerk richtete ich bei meinen Besuchen in Bordellen auf die Kunden, auf die ich zwar bereits eingegangen bin, auf deren soziales Handeln hier aber noch von einer anderen Perspektive hinzuweisen ist. Es fiel mir auf, daß ein nicht geringer Teil der Gäste das Bordell der Straße vorziehen, weil das Bordell einen gewissen Rahmen der Intimität gewährleistet, in dem Pornofilme zu sehen sind und mit Dirnen ungestört gesprochen werden kann. Ein anderer Teil sucht wohl das Bordell auf, um aus einem gewissen Übermut heraus mit Dirnen scherzen zu können. Ein solcher Gast sitzt längere Zeit an der Bar, trinkt schwere Alkoholika und lädt auch Dirnen zu Getränken ein, solange bis er sich überreden läßt, mit einer Dirne auf ein Zimmer zu gehen. Solche Gäste sind typische »Nachtgäste«, die sich von den »Tagesgästen« dadurch unterscheiden, daß letztere relativ kurz bleiben.

Treffend charakterisiert eine Prostituierte, deren Aufgabe es unter anderem ist, im Bordell Getränke auszuschenken, diese beiden typischen Besucher von Bordellen: »*Die Tagesgäste sind ganz anders als diejenigen, die in der Nacht kommen. Am Tag kommt der, der in seiner Mittagspause schnell etwas machen will, das geht ruck-zuck und er geht wieder. In der Nacht, da konsumieren die Gäste, da wird getrunken und Schmäh geführt, das ist anders als am Tag.*«

Und eine andere Dirne ergänzte: »*Die meisten, die kommen, sind prinzipiell einmal neugierig, die setzen sich in das Fernsehkammerl und schauen sich einen Fernsehfilm an. Und je nachdem, wie der Film sie aufgebaut hat und sie finanziell potent sind, ergibt sich etwas. Es gibt sicher auch viele Männer, die gar nichts vorhaben, die nur einmal dieses Lokal und uns Dirnen sehen wollen. Und dann gibt es auch viele, denen das da schlicht zu teuer ist, schon das Getränk, die gehen dann wieder. Fünfzig Prozent der Leute, die kommen, gehen gleich wieder . . . Viele glotzen nur herum oder schauen in den Apparat. Dann gibt's Leute mit einer ausgeprägten Sprecherotik, die wollen nur reden, so über Straps und so. Die sagen: ›Haben Sie nicht irgendein Mädchen mit Straps?‹ Und wenn dann eine kommt, dann gefällt sie ihm eh nicht, er will nur darüber reden.*

Dann gibt es noch welche, die geschlagen werden wollen, doch machen wir das nicht professionell . . . Die angenehmsten Gäste sind die, die leicht betrunken sind und auch etwas erleben wollen. Die trinken etwas und gehen auch auf das Zimmer.«

Die für die Prostituierten wichtigen Kunden sind also eher die Nachtgäste, die an der Bar konsumieren und den Kontakt zur Dirne suchen.

»*Die Gäste sind irgendwie verschieden. Man versteht sich mit den einen mehr und den anderen weniger. Das hängt von der Sympathie ab. Bei manchen fällt einem mehr ein, bei manchen sitzt man nur da, da fällt einem überhaupt nichts ein. Da gibt es welche, die sagen überhaupt nichts. Bei jedem Gast kann man sich ja nicht gleich verhalten. Bei manchen Gästen habe ich ein angenehmes Gefühl, zu denen bin ich gleich ganz anders. Wenn man bei jemandem sitzt, mit dem man nicht reden kann, da sitzt man irgendwie da und ist in allem unsicher, man stottert vielleicht. Ein bisserl muß man aber reden, weil man ja ein Geschäft machen will. Wenn man überhaupt nichts reden würde, dann denkt sich der Gast: Was mach ich mit der ? Da kann er ja gleich alleine ins Kino gehen oder sonst etwas ... Oft ist einer lustig und sagt: ›Setz dich her.‹ Und ein anderer sagt, daß ich erst später oder in zehn Minuten zu ihm kommen soll, denn er will noch überlegen. Da ist man innerlich schon ein bisserl zurückhaltend. Man glaubt da vielleicht, daß man ihm nicht gefällt. Man schickt dann ein anderes Madl hin. Man kommt sich dann ein bisserl ungut vor. Es gibt Abende, da hat man Pech. Jeder, zu dem man hingeht, sagt nein. Das sagt zwar gar nichts, aber man hat see-lisch ein bisserl einen Knacks. Wenn nichts gewesen ist und man nichts verdient hat, dann verdammt man alles und bemitleidet sich selbst und ist auf alles rundherum irgendwie unansprech-bar.«* Die interviewte Prostituierte stellt hier treffend dar, wie der Kontakt zum Gast abläuft, wie sie den Prozeß des Auswäh-lens durch den Gast empfindet und wie sie nicht nur finanziell darunter leidet, wenn es zu keinen Abschlüssen kommt.

Im Bordell bzw. in der Bar, in der der erste Kontakt zum Gast hergestellt und die Dirne vom Gast schließlich »ausge-sucht« wird, besteht naturgemäß auch zwischen den Frauen Konkurrenz: Man befürchtet, daß ein Kunde, der vielleicht anbeißen würde, von einer Kollegin weggeschnappt wird, oder man ärgert sich, wie es auch im vorigen Interview deutlich wird, daß man wieder einmal, im Vergleich zu den anderen Dir-nen des Bordells, zu wenig verdient hat.

Ganz ähnlich verläuft das Leben der Prostituierten in den »Animierhütten«. Die Separées, die jeweils mit einer Liege versehen sind, dienen offiziell lediglich der Unterhaltung des Gastes mit der Animierdame. Tatsächlich wird vom Gast sehr wohl Geschlechtsverkehr erwartet und erlebt. Die Mädchen in der Bar versuchen, mit allen möglichen »Schmähs« die Gäste des Lokals zur Konsumation und schließlich zum Aufsuchen eines Separées zu bewegen. Gewöhnlich bestellt man teure Getränke in das Separée, an denen das Mädchen profitiert. Da offiziell davon ausgegangen wird, daß sich die in der Bar arbei-tenden Mädchen nicht als Prostituierte betätigen, gibt es auch kaum Kontrollen durch die Polizei. Diese Animierlokale ähneln sich im allgemeinen. Neben der Bar mit Barhockern finden sich einige Tische, an denen bei gedämpftem Licht die Mäd-chen mit ihren Gästen oder alleine, wenn sie auf Gäste warten, sitzen. Oft setzt sich in einem Nebenzimmer diese Struktur fort. Charakteristisch für manche solcher Lokale ist das Angebot von Pornofilmen, ähnlich wie oben erwähnt, im Bordell. Allerdings ist dies nicht immer im Sinne der Mädchen, die in den Filmen eher eine Beeinträchtigung ihres Geschäftes sehen. Eine dieser Frauen meinte sogar abwertend: *»Die Männer, die sich diese Filme ansehen, sind lauter Wichser.«* Der Pornofilm bedeutet also Konkurrenz.

Die Kunst der Mädchen besteht darin, Gäste dazu zu bringen, mit ihnen in ein Separée zu gehen. Dafür, daß die Mädchen mit einem Gast auf dessen Wunsch beisammensitzen, erhalten sie ein »Tischgeld«, von durchschnittlich 500 S. Für den Aufenthalt im Separée erhöht sich dieses Entgelt z. B. auf 1000 S. In anderen Lokalen erhalten die Mädchen ein Fixum, das 250 S täglich sein kann. Zu dieser Entlohnung kommen jeweils 30 Prozent von den Getränken, die der Gast konsumiert.

Der Aufenthalt im Separée verbunden mit Geschlechtsverkehr ist für das Mädchen meist ein gutes Geschäft. Eine dieser Frauen unterschied zwischen zwei Arten von Separées: *»Da gibt es das große und das kleine Separée. Beim großen ist auch der Raum größer. Statt Sekt trinkt man da Champagner und noch irgend etwas anderes. Das kostet zweitausend Schilling mit Verkehr oder Französisch. Von dem sind mir etwas mehr als die Hälfte geblieben. Beim kleinen hat man nur Sekt und es ist billiger. Schneller geht es auch. Alles mit Gummi. Nur ein einziges Mal haben wir eine Partie ohne Gummi gemacht, das waren Hausgäste sozusagen. Freunde vom Besitzer.«*

Über die Taktiken, mit denen den Kunden das Geld entlockt wird, erzählt eine Prostituierte, die ihre Karriere im Separée begann: *»Im großen und ganzen soll man auf nette und ruhige Weise so schnell wie möglich, ohne daß es die Kundschaft mitkriegt, ihr soviel Geld wie möglich herausreißen, für die Bar und für einen selber. Dem Gast kostet es in Summe 1000 bis 1300 S, da ist das Getränk auch dabei. Manchmal habe ich und manchmal hat der Kellner das gesamte Geld, das der Kunde zu zahlen hatte, genommen. Hat es der Kellner gemacht, so ist das aufgeschrieben worden, und ich habe dann meinen Tausender bekommen. Was ich im Separée noch extra abgenommen habe, das war* *meine Sache, von dem habe ich nichts hergeben brauchen, das hat mir gehört. Das Geld für die Getränke hat dem Kellner gehört. Wenn der Gast also 1300 oder 1400 S bezahlt hat, dann gehörten 300 bis 400 S dem Kellner, nämlich für die Bar und das Getränk, und 1000 S waren fürs Madl und was man sonst herausgeholt hat. Ich habe dann die Sache nach einiger Zeit hingeschmissen, weil mir vor dem Alkohol graust. Ich will dann trinken, wenn es mir schmeckt.«* Über die Kontaktnahme zu Gästen erzählte eine Frau: *»Sobald sich ein Gast zur Bar gesetzt hat, ist man praktisch nur mit ihm in Kontakt. Er sucht sich eine aus, entweder deutet er oder er sagt dem Ober: ›Bitte, ich will das Madl haben‹ . . .«*

Die in einem Animierlokal oder »Bordell« arbeitenden Mädchen können sich die Arbeitszeit aussuchen. Es besteht jedoch manchmal eine Art Schichtbetrieb, wie es auch eine im Separée tätige Dirne schildert: *»Manche Mädchen sind am Tag da und wir eben in der Nacht. Teilweise kommen wir aber schon am Nachmittag auch, damit wir mehr Verdienst haben. Wir machen es uns unter uns selbst aus, wann wer kommt. Zwischen 11 Uhr Vormittag und 4 Uhr Nacht ist das Lokal offen. Die meisten sind am Abend da. Man macht es ja, weil man was verdienen will. Fixe Arbeitszeit ist keine, man teilt es sich aber so ein, daß man immer ungefähr zur selben Zeit da ist.«*

Das Animierlokal und auch das Bordell ist für eine nicht geringe Zahl von Prostituierten die erste Station in die gewerbsmäßige Prostitution. Im Animierlokal tritt die zukünftige Dirne noch als »Nichtregistrierte« bzw. als Geheimprostituierte auf. Das Animierlokal bietet ihr die ersten Möglichkeiten, das Rüstzeug zu erwerben, das sie für das Milieu der Prostitution benötigt. In geradezu launiger Weise schilderte mir eine jetzt sehr gut verdienende Prostituierte ihre Karriere, die durch ihre Tätigkeit in einem Animierlokal bzw. in Separées bestimmt war.

Die etwas längere Passage aus dem Interview mit dieser Frau spricht auch das Problem des Geldes, also des besonderen Reizes der guten Verdienstmöglichkeiten, noch einmal an, ergänzend zum 1. Kapitel: *»Ich war 17 Jahre alt und ohne Arbeit, da habe ich in einer Wiener Zeitung gelesen: ›Hostessen gesucht!‹ Ich habe mir nun gedacht, ich kann einmal bei der AUA anfra-*

*gen. Denn ich habe mir gedacht: das ist die AUA, die Hostessen
sucht. Ich habe dort also angerufen und man hat mir gesagt, ich
soll vorbeikommen. Die haben mit mir schön geredet. Mich hat
es gewundert, aber ich habe mir noch immer nichts Schlechtes
gedacht, obwohl die nicht nach Zeugnissen gefragt haben. Ich
dachte mir, fahrst hin, wahrscheinlich werden sie mich nicht nehmen, wenn sie nach meinen Zeugnissen fragen. Ich fuhr also zu
der angegebenen Adresse hin, das war ein Kaffeehaus. Ich
glaubte, dort treffe ich den zuständigen Mann. Da hatte ich
schon einen Verdacht, aber ich dachte mir noch immer nicht
das ... Ich sagte, ich käme wegen der Annonce, da kam der
Geschäftsführer des Kaffeehauses zu mir. Er redete mit mir und
nun kam ich drauf, was los ist. Ich war neugierig und habe es aus-
probiert ... Ich habe eine Freundin gehabt, die war damals 35,
also viel älter als ich, die hatte damals schon jahrelang in einer
Bar gearbeitet, sie ist in Separées gegangen, das habe ich gewußt.
Sie hat mich gefragt, ob ich mit ihr – sie traute sich nicht allein –
auf Arbeitssuche gehen würde. Ich bin nun mit ihr mitgegangen
und wir haben uns im 1. Bezirk in einer Bar vorgestellt. Der Chef
hat uns gefragt, ob wir schon irgendwo gearbeitet hätten. Sie hat
gesagt: ›Ja, dort und dort.‹ Er hat gesagt, wenn wir wollen, können wir gleich dableiben. Meine Freundin hat mich überredet,
auch zu bleiben. Ich habe keine Ahnung gehabt, wie das Ganze
funktioniert. Und am Abend habe ich zwei Separées gemacht, sie
hat nichts gehabt. Ich habe also zwei Gäste gehabt und sie keinen. Ich war da irrsinnig nervös und habe geschwitzt. Ich habe
dann gesehen, daß ich an einem Abend oft das doppelte Geld
gemacht habe wie sonst im ganzen Monat, als ich (vor dem 17.
Lebensjahr) um 8 Uhr früh das Haus habe verlassen müssen
(als Lehrmädchen) ... Das ist wie wenn man Suchtgift nimmt,
man kann da nicht aufhören. Am Anfang ist alles neu, da sieht
man nur das Geld. Den Gästen gefällt es, wenn man neu ist, die
sehen ja sofort, ob eine schon mehr professionell ist oder nicht.
Am Anfang hat man noch nicht alle Schmäh und das gefällt den
Männern. Da verdient man am besten. Ich habe nun weiterge-
macht in den Separées und habe in einer Nacht sehr viel verdient.
Das war für mich wahnsinnig. Daher kann man damit nicht
mehr aufhören. Man denkt nur an das Geld. Wenn man einmal
angefangen hat, kann man sich nicht mehr vorstellen, noch ein-*

mal etwas Normales zu arbeiten. Denn wo verdient man sonst soviel Geld? Die Nachteile dieses Berufs merkt man erst viel später. Man sieht also am Anfang nur das Geld, denn man kann sich nun mehr leisten. In der Lehrzeit kann man sich nichts leisten. Ich habe einige Zeit vorher gelernt und habe nie Geld gehabt. In der Lehrzeit konnte ich mir nie viel leisten. Und nun kam ich mir wie ein Millionär vor. Man lebt gleich ganz anders. Man kann sich nun Sachen leisten, die man schon immer haben wollte.

Der Hauptgrund (für die Prostitution) *ist das Geld. Spaß kann das* (der Geschlechtsverkehr) *nicht sein. Am Anfang macht es wegen des Geldes Spaß, das ist irgendwie neu. Es ist nicht so, wie wenn man privat mit jemandem ins Bett geht. Nur das Geld ist wichtig, an das andere denkt man nicht, nämlich daran, daß es auch schlechte Seiten haben könnte . . . Man kann nämlich nie wissen, wie es der Gast meint. Der eine sagt: ›Schau die Schiache an‹, der andere sagt: ›Das ist ein hübsches Mädchen.‹ Manche lassen einen das spüren, das ist schon irgendwie entwürdigend. Der Großteil denkt sich: ›Das ist eine Hur, was will sie? Ich kauf sie jetzt, weil ich mit ihr ins Bett gehen möchte.‹ Solche Männer sind ätzend und wollen für das Geld was weiß ich alles haben. Es gibt bei uns genauso Grenzen wie in einem Kaufhaus. Wenn man eine bessere Ware kauft, ist sie teurer. Je mehr der Gast haben möchte, desto mehr muß er zahlen. Es gibt sympathische und unsympathische Gäste. Die sogenannten Stammgäste, die sind oft in uns verliebt, sie kommen öfter und wissen auch, daß sie zahlen müssen. Man unterscheidet wohl unter den Gästen. Kommt ein Neger oder ein Chinese, so schlagen wir automatisch mehr an. Wenn einer betrunken ist, da wird es schwierig, ihn zu befriedigen. Mit einem Betrunkenen sollte man nicht ins Separée gehen.«*

Diese Darlegung macht deutlich, daß das Separée für viele Dirnen eng mit ihrer Karriere als Prostituierte verbunden ist. Hier bekommen sie den Geschmack für das Geld, hier lernen sie, die Gäste zu typisieren, und hier erhalten sie jenes Wissen, welches sie als Prostituierte brauchen.

6. KAPITEL

SEXUELLE PRAKTIKEN UND IHRE PREISE

Die Preise, die ich nun für die sexuellen Aktivitäten der Prostituierten angeben werden, beziehen sich auf den Zeitraum meiner Untersuchungen zwischen Ende 1981 und Sommer 1983.

Der Preis, den die Prostituierte verlangt und erhält, steht für sie, wie wir schon sahen, im Zentrum ihres Handelns. Für Geld geht sie auf den Strich und das erhaltene Geld legitimiert ihre Tätigkeit. Dem Mann als Kunden wird für Geld eine bestimmte Leistung innerhalb einer bestimmten Zeit angeboten. Die Prostituierte verrichtet dabei Tätigkeiten im Stil des Dienstleistungsgewerbes, die sie sich auch gut bezahlen läßt. Die Preise für die verschiedenen Formen von Sexualität pendeln sich am Markt der Prostitution ein und diejenigen Prostituierten, die durch einen niedrigen Preis den Preisstandard in Gefahr bringen, müssen entweder damit rechnen, durch andere Dirnen oder eben durch Zuhälter oder Zuhälterringe sanktioniert zu werden.

Es scheint jedoch, daß sich in letzter Zeit immer mehr, gerade junge Frauen an gewisse Preisdimensionen nicht halten. Dies ist wohl auf die zunehmende Konkurrenz auf diesem Markt der Prostitution, aber auch darauf zurückführbar, daß z. B. drogenabhängige Frauen den Straßenstrich vermehrt aufsuchen, was die anderen Dirnen beunruhigt, wie eine Dirne erzählte: »*In letzter Zeit tanzen Madln aus der Reihe. Es gibt keine fixen Preise mehr, es wird immer mehr heruntergegangen*« (siehe näher unten).

Trotz dieser erweiterten Konkurrenz hat sich in Wien ein Preis zwischen 300 und 500 Schilling für höchstens eine halbe Stunde Geschlechts- oder Oralverkehr eingependelt. Die von der Prostituierten verlangten Geldsummen gehen im wesentlichen von diesem Preis aus.

Dazu eine Straßendirne: »*Die eine schlagt mehr, die andere weniger an. 300 Schilling sind aber das Minimum. Weniger wird keine verlangen, da wäre sie ja deppert. Der Kunde, der zahlt*

223

gerne mehr, denn er weiß, um 300 Schilling ist nicht viel los. Überhaupt, wenn er mit der Hure auch etwas reden und bei ihr sitzen will ...«

Als ich eine Prostituierte auf die Zeitspanne von einer halben Stunde, für die der »Grundpreis« zu zahlen ist, ansprach, meinte sie: *»Im Durchschnitt dauert es gar keine halbe Stunde (bis der Kunde den Orgasmus hat). Wenn er aber da noch nicht befriedigt ist, sag ich: ›Komm, machen wir es mit der Hand.‹ Sagt er: ›Nein, ich habe fürs Pudern gezahlt.‹ Sag ich: ›Du kannst dann eh noch einmal, aber jetzt machen wir es mit der Hand.‹«*

Diesen Grundpreis von z. B. 500 Schilling versuchen viele Dirnen, um einige hundert Schilling zu vermehren, indem sie dem Kunden Zusätzliches anbieten oder versprechen, ihn länger als eine halbe Stunde zu versorgen.

Auf diesen Grundpreis stellt auch folgende Überlegung einer Straßendirne ab, für die es wichtig ist, daß der Kunde von ihr auch »gut bedient« wird, etwas, das nicht bei allen Dirnen, wie zu sehen war, unbedingt der Fall ist: *»Der Mann will was für sein Geld; ob er nun befriedigt wird oder nicht, ist egal. Es besteht ja ein Zeitlimit: für eine halbe Stunde 500 Schilling, für eine Stunde einen Tausender. An das muß sich der Gast halten. Und diese Zeit wird freilich voll ausgeschöpft. Ich versuche, ihn persönlich kennenzulernen, damit er ein bisserl aufmacht und damit ein bißl ein Kontakt besteht, das ist ja wichtig. Ich habe mich schon über die unmöglichsten Sachen unterhalten, also nicht nur über die sexuellen. Die Männer haben sich einfach bei mir wohlgefühlt, die waren gerne bei mir und zahlen dafür auch gerne ihr Geld, um mit einem richtigen Weib beisammen zu sein. Ich habe eigentlich schon immer von Männern geschwärmt.«*

Die intelligente Prostituierte versucht also, dem Kunden eine Atmosphäre zu verschaffen, in der er sich wohlfühlt und anerkannt sieht und so auch gerne zahlt. Eine Wohnungsprostituierte, die eine Vielzahl von Stammkundschaften besitzt, was auf ihre freundliche und taktvolle Art zurückzuführen ist, machte mir ihre Strategie ähnlich deutlich. Kommt ein Gast das erstemal, so läßt sie ihn in das Zimmer vorausgehen – dies ist auch eine Vorsichtsmaßnahme –, dort bittet sie ihn, sich zu setzen. Dann beginnt sie mit ihm zu plaudern, fragt ihn, wie er heißt. Sie erzählt weiter: »*Der Gast muß sich als Mensch vorkommen im Laufe des Gesprächs. Man muß ihm ein bißchen Wärme vermitteln, auch wenn man ihm nur ein Theater vorspielt. Er soll ja wiederkommen.*« Solche Eingangsstrategien, die noch nichts mit Sexualität zu tun haben, sollen den Gast in eine angenehme Stimmung versetzen, in der die Prostituierte auch den verlangten Preis erhält. »*Erst das Geld, dann die Ware*«, meint dazu eine Dirne zu mir, die für eine Viertelstunde 300 und auch 400 Schilling verlangt.

Bei der Straßendirne spielt sich jedoch die Preisabsprache und das Erledigen der Zahlung freilich in einer für den Kunden weniger ansprechenden Umgebung ab, wie es auch aus einem Gespräch mit einer auf der Straße »arbeitenden« Frau hervorgeht: »*Bleibt einer mit seinem Auto bei mir stehen, dann steige ich ein und sage meinen Preis. Er sagt dann entweder ja oder nein. Dann fahren wir . . . Auf der Felberstraße kostet es 300 bzw. 500 Schilling. Am Gürtel 300 bzw. 600 Schilling. Also: 300 ist der Grundtarif für das Auto und 500 oder 600 für das Hotel . . . je nachdem, ob wir es im Auto oder im Hotel machen, zahlt er einen anderen Preis. Unter 600 gehe ich in kein Hotel.*«

Dem fügt sie noch etwas hinzu, was für die Frage des Kontakts zwischen Gast und Prostituierter interessant und charakteristisch ist: »*Ich lasse mir vor allem die Zeit bezahlen. Der Gast muß das machen, was ich will. Wenn wir uns ausgemacht haben französisch und er greift mir an den Busen, so höre ich entweder auf oder er zahlt drauf.*« Der Preis richtet sich schließlich auch danach, wie die Prostituierte sich selbst einschätzt, d. h. die attraktive und junge Dirne kann sich höher bewerten als die ältere und unscheinbarere Kollegin. Eine Dirne, die sich sichtlich unter 500 Schilling »einschätzte«, vielleicht wegen ihrer eher sparsamen und kaum auffälligen Kleidung – ihr Geld verbrauchte sie für andere Dinge als für Kleidung – erzählte: »*Anschlagen tu ich mit 400 Schilling, das ist Standardpreis, wie ich mich einschätze. Eine alte Hur bekommt höchstens einen Fünfziger, wenn es gut geht. Wenn sie mehr verlangt, bekommt sie die Hand.*« Ein Zuhälter, der dem Gespräch mit dieser Frau beiwohnte, fügte hinzu: »*Es kommt darauf an, wie das Madl aussieht. Als Zuhälter investiere ich ja in das Madl (Kleidung usw.), ich ziehe sie an. Die kann nicht um 20 Schilling mit jeman-*

225

dem ins Bett gehen. Da bekomme ich ja nie mein Geld herein,
dann brauch ich mehr Geld beim Schöps, das ist ja nicht drin-
nen.« Schließlich unterstrich die Frau das vorher Gesagte: *»Ich*
mache es um 400 Schilling, das ist ficken oder blasen. Mehr
bekommt er nicht dafür. Will er mehr, muß er zahlen. Das Ganze
maximal eine Viertelstunde, will er länger bleiben, muß er drauf-
zahlen.«

Zu dem von der Dirne verlangten Lohn kommt bei der Straßendirne die Miete für das Hotelzimmer. Es gibt jedoch auch,
wie ich schon aufzeigte, Häuser, die vor allem von Zuhältern
bzw. ehemaligen Zuhältern eingerichtet wurden, in denen Prostituierte entweder auf Dauer Zimmer gemietet haben oder
diese jeweils mieten. Die Besitzer dieser Häuser versuchen,
Prostituierte bzw. ihre Zuhälter zu überreden, diese Räumlich-
keiten zu mieten. Über die Preise, die diese Hausbesitzer ein-
nehmen, konnte ich nur Widersprüchliches erfahren. Manche
sprachen von 6000 Schilling pro Monat und Zimmer, andere
wieder erzählten von 5000 Schilling pro Monat zuzüglich 100
Schilling je Gast.

Die traditionellen Stundenhotels am Gürtel verlangen für
jeden Gast, mit dem die Dirne auf ein Zimmer geht, zwischen
120 und 150 Schilling für eine halbe Stunde. Dazu eine Straßenprostituierte: *»Alle diese Stundenhotels sind ein großes*
Geschäft. Die verdienen sich dumm und dämlich.«

Die jeweilige Miete für das Hotelzimmer hat der Gast dem
Portier zu zahlen, nachdem er der Dirne den von ihr verlangten Preis entrichtet hat.

Der von einer Dirne verlangte Grundpreis von z. B. 500
Schilling für Geschlechtsverkehr oder Fellatio, bezieht sich auf
einen sexuellen Kontakt mit Präservativ. Grundsätzlich achten
die Prostituierten bzw. ihre Zuhälter darauf, daß nur »mit
Gummi geschustert« wird. Vom »Gummi« wird meist nur dann
abgesehen, wenn der Gast viel zahlt bzw. ein gutzahlender
Stammkunde ist.

Ist er jedoch bereit, entsprechend zu zahlen, so sind sehr
wohl viele Prostituierte geneigt, ohne Präservativ ihre Dienste
anzubieten, wie es auch aus folgender Feststellung einer in
einer Wohnung arbeitenden Dirne hervorgeht: *»Um 500 Schil-*
ling rede ich mit ihm fast nichts. Egal ob er mit mir etwas tut oder

nicht, für 20 Minuten muß er 500 Schilling und für eine halbe Stunde einen Tausender zahlen. Da mache ich es entweder französisch oder normal, dann sind wir fertig. Alles mit Gummi. Wenn es der Gast ohne Gummi haben will, muß er mindestens 1500 Schilling zahlen. Ich kenne zwei Madln, die haben es um 300 Schilling ohne Gummi gemacht und haben sich angesteckt.«

Viele Prostituierte gehen jedoch dieses Risiko nicht ein. Eine Dirne, die nur »mit Gummi« verkehrt, erzählte: »Bei uns am Strich gibt es sicher eine oder zwei, die es ohne Gummi machen. Die verlangen dafür aber nur ein paar Hunderter. Dabei hat man die Chance, daß der Kunde eine Drecksau ist, die ihn überall hineinsteckt. Ich mache es nicht ohne Gummi. Ich habe in meiner Laufbahn noch nie etwas gehabt. Bei der Visite sind immer nur dieselben geschmissen worden, wegen Tripper, weil sie es ohne Gummi gemacht haben.«

Vor allem in früheren Jahren war es verpönt, sich ohne Präservativ mit einem Kunden einzulassen. Zuhälter bzw. Zuhälterringe achteten sehr darauf, daß nur »mit Gummi« verkehrt wurde, wie es ein Zuhälter formulierte: »Macht es eine nicht mit Gummi, und kommt der Zuhälter drauf, dann bekommt sie ein paar auf die Goschn. Er hört dies ja von den anderen Weibern, die ihm sagen: ›Deine Alte ist ohne Gummi blasen gegangen usw.‹«

In letzter Zeit macht sich eine Tendenz bemerkbar, nach der von dieser Regel langsam aus Konkurrenzgründen abgegangen wird, da es schließlich für einen Gast interessanter ist, »ohne Gummi« zu verkehren. »Wenn jemand ein paar Tausender hinlegt, dann mach ich es ohne Gummi. Wenn viel Geld also, dann ohne Gummi. Wer fickt heute schon mit Gummi? Es gibt genug Huren, überhaupt wenn sie über 50 sind, die blasen dem Gast einen schon um 100 Schilling ohne Gummi«, meinte dazu ein Zuhälter.

Der mitunter sehr große Konkurrenzdruck unter den Dirnen führt dazu, daß von der Regel, es ohne Präservativ nicht, und wenn, dann nicht unter einem Mindestpreis zu tun, abgegangen wird. Diese Praktiken stoßen freilich auf deutlichen Widerspruch und vehemente Kritik von seiten jener Dirnen, die kein Interesse und keine Lust haben, sich »ohne Gummi« mit ihren Kunden einzulassen.

Eine Prostituierte charakterisierte diese Problematik so: »*Wenn man heutzutage die Annoncen in den Zeitungen* (dieses Interview wurde im Frühjahr 1983 geführt) *sieht, liest man bei jeder zweiten Annonce einen Spottpreis und was man um den alles haben kann. Die Hackn ist schon so zusammengehauen von den anderen; das sind die minderen, die sich so billig verkaufen. Was die alles schon machen um Geld. Wenn sie wenigstens einen ordentlichen Preis verlangen würden, würde ich es ja einsehen. Es gibt heute genug Mädchen, die machen es um den Normalpreis. Es gibt aber auch Mädchen, die hätten es nicht nötig, weil sie nicht häßlich sind, die machen solche Sachen* (wie: ohne Präservativ) *nur, damit sie Geld haben. Mir graust, wenn ich so zu meinem Geld kommen müßte. Die Mädchen, die alles machen, sind für mich die primitivsten, weil sie es machen, ohne einen richtigen Preis zu verlangen.*« Ähnlich drückt es auch eine andere Dirne aus: »*Es gibt Mädchen, die hauen uns die Hackn zusammen, weil sie alles für wenig Geld machen. Sie annoncieren: 200 Schilling und ohne Gummi. Die Gäste kommen dann auch zu den anderen Mädchen und wollen es ohne Gummi haben. Man geht eben dorthin, wo es billiger ist. Die mit dem Preis hinuntergehen, sind sowohl ältere als auch jüngere Dirnen. Sie verdienen kein ehrliches Geld mehr in dem Sinn, daß sie es ohne Gummi machen und billig. Die hauen die Hackn zusammen.*«

In dieser Feststellung klingt mit, daß die informelle Regel, bestimmte Dinge aus Konkurrenzgründen nicht »zu machen«, von einer Reihe von Dirnen nicht beachtet wird, wobei keine effiziente Möglichkeit besteht, diesen Normenbruch zu sanktionieren. Diese Problematik bezieht sich sowohl auf den Straßen-, als auch auf den Wohnungsstrich.

Besondern scheinen diejenigen Wohnungsprostituierten darunter zu leiden, die in Wohnungen arbeiten, in denen früher Frauen tätig waren, die sich unter dem Normalpreis und »ohne Gummi« prostituierten. Dies wird aus einer Passage eines Interviews mit einer Wohnungsprostituierten klar: »*Früher waren da Madln drinnen, die haben um 200 und 300 Schilling alles gemacht. Die haben das um 500 gemacht, was ich gewöhnlich nur um 1000 mache. Das heißt, sie haben die Wohnung heruntergearbeitet. Sie haben die Wohnung mies gemacht. Als wir hier eingezogen sind, sind Leute gekommen, denen haben wir unseren Preis, nämlich 500 Schilling, genannt, und die haben gesagt: ›Paß auf, da war vorher eine drinnen, die hat alles um 500 gemacht.‹ Das ist selbstverständlich nicht angenehm, da kommt ja keiner mehr, der ordentlich zahlen will. Denn jeder kennt die Adresse und denkt sich, da geh ich wieder hin, weil er glaubt, er bekommt um denselben Preis das, was er vorher bekommen hat.«*

Der Konkurrenzdruck zwischen den Dirnen scheint also ziemlich hart zu sein, was vielleicht auch damit zusammenhängen mag, daß die vermehrte Arbeitslosigkeit von Frauen der unteren sozialen Schicht die Prostitution fördert. Gerade die schon längere Zeit arbeitenden Dirnen stehen einer solchen Entwicklung, die die »Hackn zusammenhaut«, sehr aufgebracht gegenüber.

Da der Konkurrenzdruck als belastend empfunden wird und »gehobenere« Praktiken schon um relativ wenig Geld angeboten werden, wäre es durchaus im Sinne einer Reihe von Prostituierten, wenn ein stabiler Preis für alle Dirnen gleich gelten würde, was jedoch nicht möglich ist. So meinte eine Dirne: *»Es wäre gut, wenn ein einheitlicher Preis wäre, und wenn alle Huren, die es ohne Gummi machen, dasselbe verlangen würden. Ich kenne eine, die macht es ohne Gummi um 200 Schilling. Der müßte man den Schädel einschlagen, das ist eine Gemeinheit.«*

Eine alte Taktik von Prostituierten besteht darin, den Kunden während des Verkehrs anzuregen, mehr zu zahlen. So wird der Kunde zu einer finanziellen Mehrleistung angehalten, wenn die Dirne bestimmte Teile ihres Körpers zusätzlich entblößt oder der Verkehr länger dauern soll. Es scheint jedoch, daß von diesen Praktiken, gerade im Hinblick auf die Wohnungsprostitution und die »Hostessenbetriebe« abgegangen wird. In diesem Sinn ist die Äußerung des Inhabers eines »Hostessenbetriebes« zu verstehen: *»Wenn z. B. ein Madl auf der Straßen geht und zu einem sagt: ›Geh mit mir aufi, das kostet 300 Schilling‹, und der geht mit, dann kann ihm was blühen. Ist er mit ihr ins Zimmer gegangen, dann zieht er sich die Hose herunter und sie sagt: ›Schnell, schnell, wasch dich, aber tummle dich.‹ Nun zieht sie ihm das Präservativ drüber und wenn er ein bißl länger rumtut, sagt sie: ›Tummle dich, es wartet schon wie-*

der der nächste drauf. E Das ist natürlich nicht aufbauend. Oder
wenn der Gast sagt, er will zumindest die Brust sehen, dann
kostet es wieder mehr. Er wird gewurzt. Wenn sie sich dann aus-
zieht, kostet es wieder um 300 Schilling mehr. Wenn ohne
Gummi, dann um 500 Schilling mehr. Ursprünglich geht er mit
ihr aufs Zimmer um 300 Schilling, aber wenn er ein gepflegtes
Service haben will, kostet ihn das zwei Tausender. Der geht viel-
leicht nie wieder hin. Auch in manchen Wohnungen ist es so. Bei
uns ist es aber nicht so, bei uns kostet es mit Gummi 500 und
ohne Gummi 800 Schilling. Wenn Extras verlangt werden, muß
man das vorher ausmachen, dann zahlt der Gast mehr. Ein
Noch-drauf-zahlen gibt es bei uns nicht ... bei uns wird alles vor-
her ausgemacht, z. B. daß sie ihn ein bißl bläst, ohne daß er
spritzt, und daß er sie dann schustert bis er spritzt. Das Ganze,
sagen wir, um 1000 Schilling. In dem Moment, wo er gespritzt
hat, ist die Sache aus, ist das Geschäft vorbei. Das ist ein faires
Geschäft, das geht normal für eine Taxe: wenn sie sich an die
Regeln hält bis zum Orgasmus. Natürlich innerhalb einer
bestimmten Zeit. Klar, zwei Stunden um 800 Schilling, das geht
nicht.«

Mit dieser Deklarierung des Preises und einer gewissen Fair-
ness gegenüber dem Gast, der während des sexuellen Kontakts
nicht »gewurzt«, dessen Schwäche also nicht ausgenützt werden soll, will dieser Besitzer seinem »Hostessenbetrieb« den
Anstrich eines seriösen Dienstleistungsbetriebes geben. Er
stellt sich damit gegen jene bereits skizzierten, nicht ganz fai-
ren Praktiken von Prostituierten, von denen ich häufig reden
hörte, z. B. mit diesen Worten eines ehemaligen Zuhälters:
»Für 300 Schilling kannst du sie gleich durch den Schlüpfer, in
dem sie einen Ausschnitt hat, durchficken. Wenn du mehr zahlst,
sagen wir 500 Schilling oder 1000, gibt sie sich den Büstenhalter
herunter usw. Die Edelprostituierten fangen erst mit einem Tau-
sender an. Es kommt darauf an, wie eine aussieht. Wenn eine
eine große Oberweite und eine solche Figur hat, dann kann sie
schon mehr verlangen.«

Auch eine Prostituierte stellte mir gegenüber ihr Vorgehen,
um aus dem Kunden möglichst viel herauszulocken, ähnlich
dar: *»Ich verlange 400 Schilling, wenn er nur schustern will, da*
ziehe ich mich nur unten aus. Wenn er mich aber nackt sehen

will, so kostet das ihn wieder ein paar Hunderter mehr. Alles kostet einen Hunderter mehr, was er extra haben will.«

Tatsächlich scheint sich heute, was diese Praktiken anbelangt, ein Wandel zu vollziehen, insofern als man – ganz im Sinne des zitierten Inhabers eines Hostessenbetriebes – solche Praktiken als eher unfair interpretiert. In dieser Richtung verstehe ich auch die Äußerung einer sehr engagierten Wohnungsprostituierten: *»Es ist klar, daß manche Kunden narrisch werden, wenn Versprechungen der Huren nicht gehalten werden. Man kommt Gottseidank heute davon ab, für jedes Stück, das man sich auszieht, sich etwas zahlen zu lassen. Jetzt gibt es mehr oder weniger fixe Preise.«* Die Preise, die mir diese Frau nannte und die mir auch von anderen Prostituierten im wesentlichen bestätigt wurden, geben wegen ihrer Exaktheit einen guten Einblick in die jetzige Preisgestaltung in der Wiener Prostitution: *»500 Schilling für Französisch; 700 Schilling für normalen Geschlechtsverkehr oder für den Übergang von Französisch zum Verkehr; 700 Schilling zahlt man aber auch für beiderseitiges Französisch; 800 Schilling ist der Preis für beiderseitiges Französisch mit Übergang zum Verkehr. Und 1000 Schilling kostet der Fullservice* (Oralverkehr mit verschiedenen Stellungen u. ä.). *Zwischen 800 und 1000 Schilling muß man für Französisch mit Stellungswechsel hinlegen.«*

Auf eine Fixierung der Preise ist auch folgende Ausführung eines Zuhälters abgestellt: *»Um 300 Schilling haut sich eine Dirne ja weg. Heute ist der Grundtarif 500 Schilling für den Verkehr, aber natürlich mit Gummi. Hat der Kunde gespritzt, dann heißt es: Grüß Gott, auf Wiederschaun . . . Alles ist mit Gummi.«*

Der Eigentümer eines »Beherbergungs- und Barbetriebes« führte zum Preisgefüge aus: *»Die Mädchen* (in diesem Betrieb) *müssen mit jedem über den Preis reden. Mindestens 500 Schilling bekommt jede, das ist das Mindeste, darunter geht sie nicht. Hauptsächlich macht sie Französisch oder Verkehr. Um 500 Schilling gibt es entweder Französisch oder Verkehr, natürlich mit Schutz. Um 1000 oder 1200 Schilling macht sie beides. Nach oben gibt es keine Grenzen, überhaupt wenn es Sonderwünsche gibt. Es haben Männer schon 10, 20, 30tausend Schilling hier gelassen, das kommt auch vor. Aber im Durchschnitt gibt einer einen Tausender oder 1500 aus und sagt: O. k. ich bin zufrieden.*

Wenn er nicht großzügig ist und zahlt, liegt er in 20 bis 30 Minuten wieder draußen. Das Madl sagt: Um 500 Schilling ist nicht mehr drin. Das weiß er auch – für 500 ca. eine halbe Stunde, dann muß Schluß sein.«

Manchmal werden vom Gast geschlechtliche Kontakte zu mehreren Dirnen gleichzeitig gewünscht. Danach richtet sich auch der Preis, wie eine Dirne aus einem Bordell erzählt: *»Unter 500 gibt es nichts. Wenn er mehr will, beides, dann 1000 Schilling. Und wenn er zwei Mädchen haben will, muß er jeder 1000 zahlen. Da hat er Französisch und Verkehr mit Gummi. Die eine macht Französisch und die andere normal. Wenn er zweimal will, muß er das Doppelte zahlen.«*

Von Männern, die lediglich mit Dirnen sprechen wollen, um ihre Probleme loszuwerden o. ä., wird gewöhnlich 1000 Schilling für jede Stunde, die die Dirne mit ihm verbringt, verlangt. Über eine Prostituierte, die von Männern auch zum Abendessen mitgenommen wurde, erzählte ein Zuhälter: *»Sie hat lauter gepflegte Leute gehabt. Mit solchen ist sie auch Nachtmahl essen gegangen. Dann ist sie freilich mit in die Wohnung gegangen. Für maximal eineinhalb Stunden hat sie 2000 Schilling kassiert.«*

Perversionen

Die hier angegebenen Preise erhöhen sich freilich, wenn es um sexuelle Perversionen geht, die die Prostituierte anbietet oder mit sich geschehen läßt. Allerdings ist nicht jede Prostituierte daran interessiert, bei solchen »Sonderwünschen« mitzutun, wie z. B. eine Frau, die in einem »Bordell« tätig ist, und deren Kolleginnen gegen entsprechende Bezahlung »alles tun«: *»Außergewöhnliche Sachen habe ich noch nie gemacht. Ich weiß es von meiner Freundin, die hat mir gesagt, sie macht das erst ab 1000 Schilling. Z. B. soll sie bei einem Kunden eine Sklavin spielen, dabei muß sie sich den Hintern verhauen lassen. Also ich mache das nicht. Der Gast darf ihr ein paar draufklopfen und fertig, damit sie keine Spuren hat, keine blauen Flecken.«*

Aus der Sicht der unmittelbar und mittelbar Beteiligten wird zur Frage der Perversion stark einschränkend ausgeführt, daß die Dirne »nur die Sachen macht, die z. B. die Ehefrau nicht durchführen will« (so eine Prostituierte) und daß »man damit das meiste Geld verdienen kann« (so ein Zuhälter).

»*Meistens machen es Leute aus der Mittelklasse bis zu High-Society-Bürgern. So einer kommt inkognito zu der Hur, legt ihr ein paar Blaue auf den Tisch, peitscht sie aus oder läßt sich aus-peitschen. Das ist das beste Geschäft*«, meinte ein Zuhälter zu mir, der mir bei meinen ersten Schritten half, um die Perversi-täten, mit denen die Prostituierte konfrontiert ist, zu erfor-schen. Und er führte weiter aus: »*Es gibt ziemlich viele Pervers-ler. Der eine steht darauf, daß er sich auspeitschen läßt und der andere läßt sich anbrunzen.*«[*]

Zu den wohl klassischen Perversionen gehören jene, bei denen der Gast als Transvestit auftritt, wie es auch eine Dirne schildert: »*Oft kommen Männer mit einer schönen Unterwäsche wie eine Frau. Sie haben dabei ein Mieder an. Nur unter dem Gewand sind sie wie eine Frau angezogen. Einer kommt sogar mit Stöckelschuhen.*«

Die Durchführung von Perversitäten ist vor allem auf die Wohnungsprostitution beschränkt, aber auch bei der Straßen-prostitution spielt sie eine Rolle, vor allem was den Analver-kehr anbelangt. Nicht untypisch für die Prostitution der Straße scheint auch folgende Erzählung eines Zuhälters zu sein: »*Von einem Gogl allein hat meine Alte nur für das Hineinscheissen in sein Auto dreieinhalbtausend Schilling kassiert. Der Mann ist alle zwei, drei Monate gekommen und meist dann, wenn er einen neuen Wagen hatte. Er hat zu ihr da gesagt: ›Du mußt auf den hinteren Sitz scheißen, auf mein Kommando.‹ Ich habe den Wagen schon gekannt und ihn, den Gogl auch. Wenn ich geahnt habe, daß er heute kommt, habe ich zu ihr gesagt: ›Hörst, jetzt gehst einmal ein paar Stunden nicht aufs Häusl.‹ Man hat unge-fähr sagen können, wann er wieder kommt. Sie hat nur in das Auto hineingeschissen und hineingebrunzt. Das ist ungefähr ein Jahr lang so gegangen. Man muß sich vorstellen, was es da für Perversler gibt! Meine Alte ist mit 5000 Schilling heimgegangen.*«

Eine merkwürdige Sache erzählte mir eine Dirne, die sich in einem Bordell prostituiert: »*Das letzte Mal habe ich einen*

---

*) Siehe auch S. 162ff.

gehabt, der hat ganz normal ausgesehen, es war ein junger Mann mit vielleicht 23 Jahren, nicht älter. Er war irgendwie herzig. Und wie ich mit ihm am Zimmer war, fängt er auf einmal an, mich zu fragen, ob ich eine Windelhose habe. Ich frage ihn darauf, was er damit will. Sagt er, er macht das immer so. Früher nämlich war eine ältere Frau da, die ist schon weg, die hat es mit ihm immer so gemacht, wie er es wollte. Beide haben sich eine Windelhose angezogen und beide haben hineingemacht. Dann haben sie sich selbst befriedigt.«*

Eine ähnliche Geschichte hörte ich von einer anderen Dirne: »Bei meiner Freundin muß einer das Klo putzen. Wenn er 1000 Schilling zahlt, muß er das Klo mit der Zahnbürste putzen, und wenn er 2000 zahlt, darf er es mit der Zunge machen. Der sagt tausendmal Danke dafür, daß er es machen darf.«

Es ist typisch für diese sexuelle Abart, daß der Kunde bei der Dirne persönliche Erniedrigung sucht. Die »strenge Kammer« kommt den Wünschen diverser Kunden umfassend entgegen. Ich hatte Gelegenheit, mir einige solcher »strengen Kammern« anzusehen, deren Inventar mir die Dirnen auch bereitwillig erklärten. Die Marterwerkzeuge, mit denen diese »Kammern« ausgerüstet sind, werden auch durch entsprechende Literatur angeboten, in der sich die Prostituierte zudem über die verschiedenen Möglichkeiten des Marterns informiert.

In einer typischen »strengen Kammer« erwarten den Kunden ein Pranger, ein Käfig, in dem der Kunde über mehrere Stunden eingesperrt sein kann, eine Vorrichtung, über die sich der Kunde beugen »muß«, um geschlagen zu werden, eine Hängevorrichtung, an der der Kunde entweder an Füßen oder Händen aufgehängt wird, eine Art Galgen, manchmal auch ein elektrischer Stuhl u. ä. An den Wänden hängen Peitschen, Gewichte, die an die Hoden des Kunden gehängt werden, Manschetten, mit denen der Penis des Kunden »dressiert« wird u. a. m.

Die masochistisch orientierten Kunden suchen also Dirnen auf, um von ihnen erniedrigt und gemartert zu werden.*

Eine wichtige und die wohl einfachste Technik besteht darin,

---

*) An anderer Stelle bin ich bereits darauf eingegangen, hier will ich mehr auf die Techniken, die dabei verwendet werden, verweisen.

den Kunden zu schlagen. In folgender Erzählung wird von einer etwas heiteren Seite her die Auspeitschung eines Kunden ausgeführt: *»Einen habe ich gehauen, dazu mußte ich auf ihn einreden, wie z. B.: ›Ich schlage dich, weil du ungehorsam gewesen bist.‹ Ich habe ihn getrickert mit der Peitsche. Ich habe gesagt: ›Du sollst tagelang nicht sitzen können, du sollst an mich denken, du Schwein, du‹ ... Ruft mich das Arschloch am nächsten Tag an und sagt: ›Du hast gesagt, ich soll nicht mehr sitzen können, aber als ich nach Hause gekommen bin, hat es mir nicht mehr wehgetan.‹ Auf den Besten war ich heiß.«* Beim letzten Satz lächelte sie allerdings.

Einen kurzen, geradezu malerischen Hinweis auf ihre Tätigkeit in der »strengen Kammer« gab eine andere Dirne: *»Zu mir kommen alle möglichen Leute. Es war sogar ein 65jähriger hier, der hat sich an einem Fuß aufhängen lassen. Es gibt welche, die kommen und bitten mich, ich soll ihnen gegen Geld den Schwanz abschneiden. Das kann ich natürlich nicht. Ich muß sie wegschicken. Jetzt kaufe ich mir ein Brenneisen mit meinen Anfangsbuchstaben (einem B.), den brenne ich dem Kunden, wenn er es wünscht, auf seinen Schwanz. Wenn sich seine Alte darüber aufregt und ihn beschimpft, kann ich mit einem Blankobrenneisen darüber brennen, damit man nicht mehr meinen Buchstaben erkennen kann.«*

Um die Prostituierte gegen sich aufzubringen, damit sie in der Wahl der Mittel nicht zu zimperlich sei, greifen die Kunden zu Tricks. So erzählte eine Dirne: *»Ich war gerade beim Auto unten vorm Haus, da kommt einer zu mir und behauptet, er habe sein Geldtascherl verloren, ob ich es nicht gefunden hätte. Ich hatte ihn schon vorher beobachtet, wie er auf und ab gegangen ist. Ich bin dann wieder in meine Wohnung hinauf, und er ist mir nach und hat geläutet. Er hat gesagt, als ich aufmachte: ›Na, jetzt gib das Geldtascherl zurück!‹ Ich habe mich furchtbar aufgeregt und war zornig. Da sagt er: ›Du brauchst dich nicht aufregen, weil ich eh Geld habe, ich bleib eh da.‹ Der Mann hat mich künstlich zornig machen wollen, damit ich zu ihm grob werde, damit ich an ihm meinen Zorn auslasse. Sicherlich war ich etwas heißer als normal. Manche bauen einen richtig auf, daß man wirklich zornig ist. Meistens steige ich darauf nicht ein, weil ich weiß, das ist ein Schmäh.«*

Die Dirne muß, wie wir sehen, auch mit den ausgefallensten Wünschen ihrer Kunden rechnen. Dazu ist sie schließlich da und das weiß sie. Sie ist daher auch nicht so leicht aus der Fassung zu bringen, wenn ein Kunde sie um eine Sache bittet, die ihr seltsam vorkommt. Ist der Wunsch erfüllbar, d. h. ist seine Erfüllung nicht kriminell, wie z. B. eine körperliche Verletzung, so wird die »strenge« Dirne ihm auch entsprechen. In diesem Sinn versteht sich auch folgende eigenartige, längere Geschichte: *»Das beste Erlebnis, welches ich je hatte, war eines mit einem ziemlichen Volltrottel, dem größten, den ich kenne. Von Beruf ist er irgendein Aktenträger bei der Polizei. Er ist ein richtiger Schüttler. Der ruft mich an, ob er kommen kann. Sag ich: ›Wenn du Geld hast, kannst du kommen.‹ Fragt er: ›Ob ich ihm ein Zapferl gebe.‹ Sag ich: ›Ja.‹ Fragt er: ›Ob ich eine Salbe habe.‹ Sage ich: ›Ja, Grammelschmalz.‹ Hat er gesagt: ›Das zerreißt mir den Darm.‹ Wenn ich eine solche Aktion mache, schaue ich, daß mehrere Freunde bei mir in der Wohnung sind, damit sie etwas zum Lachen haben. Diesmal habe ich meine Freundin mit ihrem Freund eingeladen gehabt. Der Mann läutet, ich mache auf, er steht draußen im grünen Mantel, mit Steirerhut und Bergbremsern. Am Telefon hat er mich auch gefragt, ob er seine Unterhose mitbringen kann und ob ich sie probiere. Ich habe ja gesagt. Er ist mit einem angebissenen Schmalzbrot in der Hand gekommen und hat mich gefragt, ob ich das esse. Dann hat er gesagt, er hätte noch ein paar Dorli, ob ich sie nicht möchte, seine Arbeitskollegin hätte sie ihm geschenkt. ›Gib sie her‹, habe ich gesagt, und habe sie in den Mistkübel geworfen. Das alles hat sich noch im Vorzimmer abgespielt. Er hat mich schließlich gefragt: ›Probierst du jetzt die Unterhose?‹ Er hat eine flanellene mitgebracht. Er wollte von mir auch eine. Ich sage nun: ›Horch, probiere du zuerst eine von mir, dann probiere ich deine.‹ Ich mußte bereits innerlich lachen. Ich suchte nun eine Tanga heraus, die mir nicht mehr gepaßt hat. Der Mann zog sich nun sein ganzes Gewand aus und die Tanga an. Dazu trug er seine Goiserer und seinen Steirerhut. So stand er in der Unterhose im Vorzimmer und sagte: ›Schau ich eh gut aus?‹ Dabei besah er sich im Spiegel. Jetzt riß ich die Tür auf und er stand mitten in der Tür in der Tanga, dem Steirerhut und den Bergbremsern. Eigentlich hatte er ein Stuhlzapferl wollen. Doch als er jetzt meine Freundin* *und die anderen lachen sah, sagte er: ›Ich habe jetzt keine Zeit mehr für ein Stuhlzapferl, ich komme ein anderes Mal.‹ Sagte ich: ›Ja, gut.‹ Und er ging.*

Ich habe mir dann eine andere Telefonnummer zugelegt, weil ich wegen der vielen Anrufe mir ein ganzes Telefon nehmen mußte. Ich habe daher unter einer anderen Nummer inseriert. Eines Tages ruft dieser Mann mit dem Steirerhut wieder an. Ich habe ihn sofort erkannt, seine Stimme ist unverkennbar. Er fragte mich, wo ich wohne. Sag‹ ich: Auf der Hernalser Hauptstraße. Darauf sagt er, daß er da schon einmal in der Nähe gewesen sei, in der T.-gasse. ›Horch‹, sage ich, ›die dort hat mir erzählt, daß du dort warst. Sie hat Tripper und Syphilis. Du kannst das auch bekommen.‹ Sagt er: ›Ich habe mit ihr nichts gemacht.‹ Sag wieder ich: ›Du hast von ihr doch eine Hose angehabt, die ist ganz versypht gewesen, du mußt zum Arzt gehen.‹ ›Meinst du‹, hat er gesagt. Sag ich: ›Ja.‹ Am nächsten Tag hat er mich wieder angerufen und mir mitgeteilt, daß der Arzt gesagt hat, daß man davon nicht krank werden kann. Sag ich: ›Na ja, ich weiß nicht.‹ Er hat nun gesagt, er möchte mit mir in den Urlaub fahren, er hat aber kein Geld. Dann hat er mich gebeten, daß wir uns treffen. Er wollte gleich auf die Hernalser Hauptstraße kommen. Sag ich: ›Schau, treffen wir uns doch privat in einem Kaffeehaus.‹ Jetzt sagt er: ›Könntest du so gut sein und mir dort ein Stuhlzapferl einführen, auf der Toilette.‹ ›Freilich‹, habe ich gesagt, ›alles kann ich.‹ Wir haben uns nun im Z. auf der Mariahilferstraße getroffen. Dort schaut er mich an und sagt: ›Ah so, jetzt bist es doch wieder du!‹ ›Komm‹, sage ich, ›jetzt machen wir das Stuhlzapferl.‹ Ich hatte aber keines mit. Nun ist ein Freund von mir, der auch mit war, um ein Verhütungsmittel gerannt. Der ist mit dem Verhütungsmittel zurückgekommen. Nun forderte ich ihn auf, in das Extrazimmer zu gehen. Dort waren auch fremde Leute. Er hat trotzdem die Hose heruntergelassen und hat mir den Arsch hingehalten. Dann habe ich gesagt: ›Das Zapferl mußt du dir selbst hineingeben.‹ Das hat er gemacht. Als er sich niedergesetzt hat, fragte er ob er sich einen Tee bestellen darf. Sag ich: ›Ja, sauf den Tee.‹ Dann er: ›Es schäumt so (von dem Verhütungsmittel), *darf ich auf die Toilette gehen?‹ Sag ich: ›Ja‹ und habe ihm gleich einen Kübel und einen Fetzen mitgegeben, daß er das Häusl waschen kann. Und dann*

sag ich: ›*Du Arschloch, am 1. des nächsten Monats bist du bei*
mir mit 5 Kilo gestellt, zum Narren lasse ich mich nicht halten
von dir.‹ *Nun er:* ›*Bitte, darf ich jetzt gehen?*‹ *Dann ist er gegan-*
gen. Ich habe an ihn nicht mehr gedacht, auf einmal läutet es am
nächsten Ersten. Ich mache die Tür nur einen Spalt auf, da gibt
er mir die 5 Kilo herein. Sagt er: ›*Jetzt brauch ich aber nicht*
mehr kommen?‹ *Sag ich:* ›*Nein, geh scheißen!*‹«

Diese Geschichte zeigt, daß die Prostituierte als »strenge
Herrin« die ihr durch den Kunden zugedachte Rolle auch
spielt, obwohl sie selbst vielleicht eine Abneigung gegen dieses
Rollenspiel hat. Die Erwartung des Kunden, erniedrigt zu werden, ist sicher auch für die Prostituierte ein Problem, welches
sie schließlich dadurch zu lösen sucht, daß sie sich über den
Kunden und sein Handeln lustig macht.

Dazu noch eine andere Erzählung. Zu derselben Prostituierten kommt auch regelmäßig ein Herr aus einer höheren
sozialen Schicht, der sich selbst als Sklave O. bezeichnet. Über
ihn weiß sie zu berichten: »*Der Sklave O. ist ein höher gestelltes*
Vieh, der besucht mich regelmäßig. Ich sperr ihn in den Käfig
ein, in dem wartet er immer verbissen, ob noch ein anderer
Kunde kommt, bei dem er etwas ›*arbeiten*‹ *will. Der andere*
Kunde muß sich das gefallen lassen, was der Sklave O. macht.
Der bleibt eh nur stocksteif stehen. Wenn nun ein anderer
kommt, sag ich zum Sklaven O.: ›*Komm, knie dich nieder!*‹
Dann muß er dem neuen Kunden einen blasen. Der blast dann
eine Weile. Dann sage ich zu dem einen Besten: ›*Bläst er auch*
gut?‹ *Er:* ›*Ja, schöön ist das.*‹ *Wenn kein Gast da ist, ist ihm fad,*
da muß ich ihm Aufträge geben. So z. B. habe ich einen Mistkü-
bel mit den gebrauchten Gummis. Diesen Kübel habe ich im
Zimmer, in der Kammer brauche ich ja keinen Gummi, denn die
machen sich ja eh alles selbst, die spritzen in der Gegend herum.
Den Kübel leere ich nun im Zimmer aus und er muß nun mit der
Goschn das Papier von den Gummis teilen. Wenn er es richtig
macht, wird er gelobt. Der sagt dann: ›*Danke.*‹ *Er wäre sonst*
böse, wenn ich ihn das nicht machen lasse. Es gibt auch welche,
die betteln, damit sie einen gebrauchten Gummi aussaufen dür-
fen. Das sind meist Leute aus sozialen Oberschichten.«

In diesem Bereich von Perversitäten gehören auch die Praktiken, bei denen Prostituierte ihre Kunden auf deren Wunsch mit

ihrem Urin oder ihrem Stuhl beschmutzen. Dafür gibt es in den »strengen Kammern« Klosett-Sitze, unter die sich der Kunde legen kann, um den Urin der Dirne oder deren Kot in Empfang zu nehmen. Für diese wenig appetitlichen Sonderwünsche, die auch vielen Prostituierten zuwider sind, wurden spezifische Ausdrücke entwickelt. So wird Urin »Natursekt« und Kot »Kaviar« genannt.

Über die Männer unter ihren Kunden, die eine Vorliebe für solche Perversitäten haben, erzählte mir eine Dirne: *»Mir graust schon, wenn ich vor einem von denen stehe. Was manche Leute aus dem Mund stinken! Früher, als ich noch wenig Ahnung hatte von dem allen, teilte ich die Kunden in solche, die es ‚normal‹ wollen und solche, die es ›auf streng‹ wollen. Heute brauche ich nicht mehr so zu teilen. Ich gehe nach dem Mundgeruch. Ich weiß schon, ob einer streng will. Der stinkt nämlich aus dem Mund wie aus einem Kanal. Diese Leute machen alles, die knien und bedanken sich hundertmal, wenn man ihnen in den Mund pißt oder ihnen Kaviar serviert. Eine Freundin hatte einmal einen, dem mußte sie in einen Becher hineinmachen. Wehe es war zu wenig, dann war er böse. Sie mußte dann einen halben Liter Wasser trinken. Ich kann mir nicht vorstellen, daß das gesund ist. Manche Leute legen sich unter das Klo und ich pisch sie am ganzen Körper an.«*

Wesentlich für die Behandlung in der »strengen Kammer« ist, daß der Kunde, wenn er einmal bezahlt und seinen Wunsch geäußert hat, »englisch«, d. i. »streng« behandelt zu werden, keinen »freien Willen« mehr hat. In dieser Richtung meinte auch treffend eine Prostituierte: *»Auf streng behandelt zu werden, heißt, daß der Kunde der Untertan ist und ich die Herrin. Dieses Verhältnis ist wichtig dafür. Der Gast darf nur einmal einen ›freien Willen‹ haben, nämlich dann, wenn er zahlt und sagt, daß er es auf ›streng‹ haben will. Ist ein Gast, der es auf streng haben will, das erstemal hier, so führe ich mit ihm ein einleitendes Gespräch, damit ich weiß, was ihn interessiert. Ich glaube, ich bin eine gute Domina, die sich hineinleben kann. Ich komme dabei auch in Trance. Ich muß den Gast auf- und wieder abbauen.«*

Ähnlich äußerte sich eine andere Dirne: *»Gemacht wird, was ich will. Die Herrin bestimmt.«* Auf meine Frage, was denn

sei, wenn der Kunde es sich während der Aktion anders überlege und er nicht mehr an einem weiteren »strengen« Service
interessiert ist, antwortete die Dirne: »*Das hätte er sich vorher
überlegen müssen.*« Und über das Verhalten des so erniedrigten
Mannes am Ende der Prozedur setzte sie hinzu: »*Sobald er sein
Geschäft erledigt hat, sobald er also gespritzt hat, ist er ein ganz
anderer Mensch. Er geniert sich für seine Tat und zieht sich am
schnellsten Weg an und ist davon. Er will anscheinend von dem
Ganzen nichts mehr wissen. Vorher kann man von ihm verlangen, was man will, und er wird fast alles machen. Beim normalen
Verkehr ist es anders, wenn ich da Extras mache, bekomme ich
mehr bezahlt. Beim Strengen hingegen ist es von Anfang an ausgemacht und dann gibt es nichts mehr. Während der Aktion kann
man über das Geld nicht mehr reden. 1000 Schilling ist das Minimum, das ich verlange.*«

Der Unterschied zwischen dem »normalen« Geschlechtsverkehr und der »strengen« Behandlung wird in dieser Ausführung offenkundig. Während bei ersterem die Prostituierte im
Verlauf des sexuellen Kontakts den Gast zu überreden versucht, zum vereinbarten Preis noch etwas zuzulegen, ist es in
der »strengen Kammer« üblich, den Gast bloß um den ausgehandelten Betrag zu »behandeln«. Diese Regel hat ihren
Grund wohl darin, daß die Versuche einer Dirne, während der
»strengen« Aktionen aus dem Gast noch Geld herauszuholen,
als Erpressung angesehen werden könnten. Es entspricht demnach der Struktur eines »Service auf streng«, daß der Kunde
damit rechnen kann, um den von ihm vorher bezahlten Betrag
gepeitscht, gedemütigt und gemartert zu werden. Schließlich
liegt es auch im geschäftlichen Interesse der Prostituierten, daß
der an der »strengen« Behandlung interessierte Kunde das
Gefühl hat, nicht »gewurzt« zu werden.

Die Preise, die für die strengen Behandlungen zu zahlen
sind, liegen im Durchschnitt deutlich über denen des »normalen« Verkehrs. Der niedrigste Preis setzt bei 1000 Schilling an.
Der Kunde muß jedoch durchschnittlich mit 1500 bis 3000
Schilling für die »strenge Kammer« rechnen. Die einzelnen
Leistungen der Dirne haben dabei wohl ihren Preis, wie es mir
eine Prostituierte schilderte:

»*1000 Schilling ist das Minimum, das beinhaltet Analmassage,*

Schwanzdressur, Demütigung und Auspeitschung. Schwanzdressur bedeutet: der Schwanz wird abgebunden, er wird dann mit einem elektrischen Stab und mit Nadeln behandelt. Dann wird auf den Schwanz heißes Kerzenwachs gegossen. Der Hoden und der Schwanz können auch mit Gewichten beschwert werden, was sehr weh tut. 1500 Schilling verlange ich für das zusammen mit dem elektrischen Stuhl oder dem Französischbuffett, bei dem er es bei mir französisch machen muß, dazu wird er mit der Peitsche angetrieben. 2000 Schilling kostet das Vollservice, da ist alles dabei: Sekt (Urin – s. o.), *anscheißen usw. Die Hausbesuche kosten mindestens 1500 Schilling.«*

Eine andere Dirne machte es ihren gefesselten Kunden »französisch mit Gummi«. Ihren Gästen, die es »auf streng« wollen, trägt sie diverse Aufgaben, wie Staubwischen u. ä, auf. Sie sagt dann: *»Da ist noch Dreck!«* während sie mit dem Finger die Sauberkeit der Möbel nachprüft. Dabei schlägt sie ihren Kunden, der sich als Baby, als Hausmädchen, Schüler oder Sklave darstellt und bekleidet.

Es sind also mannigfaltige Arten, in denen sich die Gäste demütigen lassen. Zu den beliebtesten Formen der »strengen Behandlung« zählt die »Zofenbehandlung«, bei der der Gast, meist nur mit einem Korsett bekleidet, von der Dirne herumkommandiert und geschlagen wird.

Einem Lehrer trägt eine Prostituierte regelmäßig auf, sich nackt an einem Schreibtisch am offenen Fenster bei niedrigen Außentemperaturen zu setzen und »Hausaufgaben zu machen«. Bei solchen Auftritten ist auch die Prostituierte grundsätzlich »auf streng« gekleidet, d. h. ihre Kostümierung muß Brutalität signalisieren. Gewöhnlich tritt daher die Dirne dabei in hochhackigen Stiefeln, Lederkorseletts oder in Gummiwäsche auf, zu denen die Peitsche paßt, die sie bei den Aktionen schwingt.

Die Dirnen, die in der strengen Kammer arbeiten, achten sehr auf Hygiene; den Kunden ist zum Beispiel nicht gestattet, die Leder- und Gummiwäsche der Dirne anzuziehen. Ebenso sind die Nadel oder das Klistier steril gehalten.

Mitunter hat die Dirne in der »strengen Kammer« auch zwei Gäste – vor allem dann, wenn sich ein Gast im Käfig aufhält, um auf einen neuen Gast zu warten, an dem er sich sexuell zu betätigen wünscht. Auf meine Frage, ob sie keine Angst hätte, wenn sich gleich zwei Männer mit dieser perversen Disposition bei ihr aufhielten, antwortete eine Dirne: »*Ich habe da keine Angst. Einer ist immer aufgehängt, entweder am Kreuz oder am Galgen. Und den anderen habe ich an der Leine wie einen Hund.*« Eine andere Prostituierte, die nicht in der »strengen Kammer« arbeitet, meinte: »*Ich habe eine Freundin, die hat mir gesagt, wenn ich das machen sollte, so soll ich mir merken, daß der gefesselte Gast ungefährlich ist. Solange er noch keinen Orgasmus hat, sei er aggressiv. Ich weiß nicht, ob das wahr ist.*«

Diese Feststellung konnte durch meine Recherchen nicht bestätigt werden, zumal in vielen Fällen die Gäste der »strengen« Dirne nicht zum Orgasmus kommen.

Ein besonders drastisches Mittel, um Gästen den erwünschten Schmerz zuzufügen, besteht in den sogenannten »Nadelspielen«, deren Ausübung manche Prostituierten einige Überwindung kostet. Bei diesen »Spielen« sticht die Dirne ihrem Kunden Nadeln in Brust und Penis. Dazu paßt das Erlebnis einer Dirne mit zwei Männern, denen sie ihre »strenge Kammer« für eine Stunde überließ: »*Ich habe meine Kammer an zwei Warme vermietet gehabt. Mich hat interessiert, was die so treiben. Ich dachte mir, vielleicht kann ich noch etwas lernen. Daher habe ich sie gefragt, ob ich zuschauen darf. Sie haben nichts dagegen gehabt. Was ich da gesehen habe, da steigen einem die Grausbirnen auf. Wir Huren nehmen normal die Nadeln und stecken sie in die Brust und in den Schwanz. Die beiden aber – der eine war im mittleren Alter und der andere ein junger Bursch – trieben es arg. Der jüngere steckte dem älteren die Nadeln bis zum Kopf in die Brust und nicht, wie wir es machen, nur quer. Ich glaube, vier Finger tief ist die Nadel ins Fleisch gegangen. Der ältere war dabei geknebelt und an den Füßen aufgehängt.*«

Von einem »Perversler« dieser Art erzählte mir auch ein Zuhälter, den diese sexuellen Auswüchse offensichtlich amüsierten: »*Ich habe sogar einen erwischt, der hat sich einen Hosenknopf auf den Beutel nähen lassen. Ich habe gesagt, bei so etwas will ich dabei sein, weil ich in dieser Hinsicht auch ein Perversler bin. Das muß man sich einmal live geben. Der war befriedigt, daß sie ihm auf das Glied einen Knopf genäht hat. Und das sind alles Leute aus der Oberschicht.«* Hier spricht der Zuhälter auch etwas an, was in einem vorhergehenden Kapitel bereits erwähnt wurde, nämlich, daß die Kunden in der »strengen Kammer« eher Leute aus der sozialen Oberschicht und wahrscheinlich Menschen sind, die in ihrem Berufsleben über andere Menschen befinden können. Die »strenge Behandlung« bedeutet demnach für sie so etwas wie sexuelle Lust (eine psychologische oder psychoanalytische Deutung steht mir nicht zu).

Die Durchführung abartiger Praktiken ist allerdings nicht bloß auf die Wohnungsprostitution beschränkt. Dirnen, die am Straßenstrich arbeiten und dem Kunden »strenge« Perversitäten anbieten, besitzen ein sogenanntes »perverses Kisterl«: einen kleinen Kasten oder Koffer, in dem sich verschiedene Marterwerkzeuge, wie eine Peitsche, »ein Gummistück, das dem Gast in den Arsch eingeführt wird«, Ledersachen und anderes mehr befinden. Durch so ein »perverses Kisterl« ist die Dirne mobil und kann auch bei Hausbesuchen »strenge Behandlungen« durchführen.

Die hier geschilderten Perversitäten beziehen sich vorrangig auf masochistische Tendenzen und keinesfalls auf sadistische, denn nur wenige Prostituierte, mit denen ich sprach, waren damit einverstanden, selbst geschlagen oder gemartert zu werden. Ich hörte allerdings auch von Frauen, die gegen entsprechende Bezahlung Auspeitschungen über sich ergehen lassen. So hätte eine Dirne in einer Nacht 40.000 Schilling von einem Herrn verdient, der für jeden Peitschenhieb auf ihr Gesäß 1000 Schilling gezahlt habe.

Sadistische Neigungen anderer Art werden allerdings häufig an Dirnen herangetragen. Auf solche Neigungen deutet ein interessantes makabres Inventar in mancher »strengen Kammer« hin, nämlich ein dunkler Sarg mit Guckloch. Über einen Gast, für den der Sarg wichtig ist, wurde mir erzählt: *»In den Sarg legt sich das Weib und der Beste steht neben dem Sarg und spritzt neben dem Sarg ab. Im Sarg kann er sie auch pudern.«*

Von einer Dirne, die nach eigenen Aussagen die besteingerichtete »strenge Kammer« Wiens hat, weiß ich, daß ein regelmäßig sie aufsuchender Kunde es wünschte, eine mit einem Brautkleid angetane Dirne in den Sarg zu zwingen. Diese Frau spielt dabei dem Mann vor, sie würde dies nicht wollen, und wehrt sich.

Den Gast erfüllt es mit Befriedigung, wenn er die »Braut« schließlich überwältigt und im Sarg liegen hat, auf den er dann den Sargdeckel nagelt. Im Deckel sind allerdings bereits vorgefertigte Nagellöcher für diese Prozedur vorgesehen. Der Kunde erhält so seine sexuelle Erlösung. Die Eigentümerin der »strengen Kammer« ist allerdings während einer solchen Aktion anwesend, wahrscheinlich, um darauf zu achten, daß der Gast nicht „übertreibt". Schließlich ist es ja auch sie, die die betreffende, als »Braut« sich darstellende Dirne dem Gast besorgt hat.

Ein anderer Kunde dieser, die »strenge Kammer« besitzenden Dirne bot ihr an, ihr 25.000 Schilling zahlen zu wollen, wenn sie in seiner Gegenwart ein Pferd quäle. Das Pferd würde er auftreiben. Die Frau lehnte dieses Ansinnen ab, wie sie mir erzählte, denn ein Tier martern, das wäre nichts für sie, da gäbe es Grenzen. Übrigens ist die Dirne darauf stolz, daß es ihrem Freund, der die »Kammer« eingerichtet hat, gelungen ist, einen spezifischen Gruftduft über den Wandanstrich in die »Kammer« zu bringen. Etwas, das einige Gäste mit großer Freude registrieren würden.

Kunden mit sadistischen Wünschen dürften – im Gegensatz zu den anderen »perversen« Gästen – eher Männer sein, die im Alltag nicht »viel zu reden haben« oder von anderen »getreten« werden.

Charakteristisch für all diese sexuellen Praktiken ist, daß für jede einzelne von ihnen besondere sprachliche Begriffe gebildet wurden, die offensichtlich die tatsächliche, eher unappetitliche Eigenart dieser Tätigkeiten verschlüsseln sollen, so daß nur der Eingeweihte die wahre Bedeutung weiß. Besondere Wichtigkeit erhielten diese Ausdrücke in den Anzeigen, die bis zum August 1983 in bestimmten österreichischen Tageszeitungen erschienen. Für die Kultur der Prostitution in Wien haben diese Worte also ein ganz spezifisches Gewicht, da sie mit den Handlungsweisen von Prostituierten und ihren Kunden wesentlich verbunden sind. Die Kenntnis dieser Ausdrücke sichert geradezu die Zugehörigkeit zu dieser Welt und ein entsprechendes Handeln in ihr. Daher will ich nun die wichtigsten

Worte, die mit sexuellen Perversionen verbunden sind anführen:*

Französisch: Fellatio bzw. Oralverkehr
Französisch bis zum Ende: Fellatio bis zum Orgasmus
Algierfranzösisch: (Beschreibung einer Dirne: »den Mann im Arsch lecken und ihn nachher mit dem Gummistab ficken«.)
Englisch: »strenge« Behandlung (s. o.)
Griechisch: Analverkehr
Russisch: Analverkehr mit Seife
Kaviar: menschlicher Kot
Natursekt: Urin

Der Monatsverdienst – das Problem der Menstruation

Dieses Kapitel abschließend ist noch die Frage zu behandeln, wieviel eine Prostituierte im Durchschnitt pro Monat verdient. Ich fragte in dieser Richtung Prostituierte und Zuhälter. Es ist ungemein schwierig, dazu der Wahrheit entsprechende Antworten – wenn überhaupt eine Antwort – zu erhalten. Einige Frauen meinten, über Geld spreche man nicht oder so etwas dürfe man eine Dirne nicht fragen o. ä. Und bei anderen hatte ich den Eindruck, sie würden mit ihren Angaben gewaltig übertreiben. Dies hat offensichtlich den Sinn, zu zeigen, daß man eine »gute« Dirne sei, man also einiges zu bieten hätte, und daß Geld die Prostitution in all ihren Formen rechtfertige.

Auf das Problem, daß Prostituierte nicht selten über die Höhe ihres Verdienstes aufschneiden, ging auch eine Dirne ein: »*Es gibt nur wenige, die um die 100.000 Schilling im Monat verdienen. Die, die nichts sagen, verdienen eher viel, mehr als die, die so einifetzen.*«

Trotz der Schwierigkeit, zu relevanten Angaben über die Höhe des Verdienstes zu gelangen, glaube ich, mir ein Bild von den Einkommensverhältnissen der Dirnen machen zu können.

Die Straßenprostituierte, die einigermaßen attraktiv und geschickt im Umgang mit Männern ist, wird bei normalen Ver-

---

*) Siehe auch den Anhang.

hältnissen und täglichem Einsatz im Monat als Untergrenze 30.000 bis 40.000 Schilling verdienen. Manche Frauen meinten, gute Straßenprostituierte würden bis zu 100.000 Schilling erwerben können, was nicht unwahrscheinlich klingt. Man kann also sagen, daß Prostituierte am Straßenstrich zwischen 30.000 und 100.000 Schilling verdienen. Wohnungsprostituierte sind ebenso einzuschätzen. Allerdings dürften Dirnen mit einer »strengen Kammer« am meisten verdienen.

Ich lernte eine gutaussehende und intelligente, noch junge Frau kennen, die mir erzählte, sie würde »mehr als der Bundeskanzler« verdienen, was gar nicht so unglaubwürdig klang, da diese Frau ihrem Zuhälter zuliebe Tag und Nacht tätig war: am Tag als Wohnungsprostituierte und am Abend bzw. in der Nacht am Straßenstrich.

Auch von Frauen in Bordellen oder in Animierlokalen weiß ich, daß sie noch nebenher auf der Straße Kunden kontaktieren. Ein großes Problem ergibt sich dabei für die Prostituierte: nämlich das Problem der Menstruation, welche eine erhebliche Geldeinbuße bedeuten kann.

Um nun doch keinen Verdienstausfall, der ja auch für einen eventuellen Zuhälter unangenehm ist, zu haben, gibt es eine anscheinend sehr alte Methode, die es der Prostituierten gestattet, trotz der Monatsblutung mit Kunden zu verkehren. Dazu nimmt man, nach Aussagen von Prostituierten, z.B. einen »normalen Badeschwamm« aus Plastik, der in die Scheide eingeführt wird und sich vollsaugt, Ich fragte eine Dirne, ob ein solches Verfahren, wie es auch von Zuhältern gewünscht wird, nicht zu brutal sei. Sie bestritt dies und verwies darauf, daß es sogar »angenehm« sei, auch während der Regel auf den Strich zu gehen. Da für die Prostitution bzw. den Strich nur der hohe Verdienst zählt, bedeutet die Menstruation also so etwas wie eine Geschäftsstörung, die man beheben müsse.

7. KAPITEL

ABSCHLIESSENDE THEORETISCHE UND ZUSAMMENFASSENDE GEDANKEN

In dieser qualitativen Studie, bei der es vorrangig weniger um Zahlen als um das wirkliche Handeln und Denken der mit der Prostitution in Beziehung stehenden Menschen ging, wurde versucht, einen Einblick in diese spezielle Randkultur zu geben.

Wir haben gesehen, daß es sich hier um ein sehr kompliziertes System handelt, mit einer Vielzahl von Verhaltensregeln und Denkmustern. Bestimmt ist diese Kultur grundsätzlich durch das Geld. Es ist das Geld, das die Prostituierte lockt und einen Mann anregt, als Zuhälter zu leben. Das Geld übt schließlich eine derartige Faszination auf Prostituierte aus, daß viele meinten, wegen des Geldes könnten sie nicht aufhören. Das »freie« Leben als Dirne und die Möglichkeit, mit Geld alles erwerben zu können, was man wolle, hindere sie daran, auszusteigen oder in einen »anderen Beruf« überzuwechseln. Allerdings, dies habe ich herauszuarbeiten versucht, bedarf es eines spezifischen Wissens und diverser Kontakte, um überhaupt in das Geschäft mit der Prostitution einsteigen zu können. Durch Freunde und Freundinnen wird die künftige Prostituierte am Strich eingeführt und sie erfährt, wie man mit Kunden umgehen muß, um zu gutem Geld zu kommen.

Ich vertrete daher die Ansicht, daß allein die Milieutheorie zur Erklärung für den Werdegang einer Dirne heranzuziehen ist. Es sind also ökonomische Faktoren – nämlich das Wissen, leicht zu Geld zu kommen – und die milieubedingten Kontakte (durch Gefängnis, Heim, Freunde usw.), die eine Frau zur Prostituierten werden lassen.*

Damit widerspreche ich der klassischen Anlagetheorie, nach der es auf eine entsprechende »negative« Veranlagung der Frau

---

*) Eine ähnliche Position vertreten Bebel 1962, S. 229; Bloch 1925, S. 443 ff.

zurückzuführen ist, wenn sie zur Prostituierten wird,* aber auch den diversen psychoanalytischen o. ä. Theorien, die die Prostitution aus irgendwelchen Persönlichkeitsfaktoren u. ä. erklären.**

Allerdings fällt auf, daß eine Reihe von Prostituierten eher problematische Familienverhältnisse aufweisen, was offensichtlich den Zugang zur Prostitution erleichtert. Nämlich insofern, als dadurch wahrscheinlich bestimmte Instanzen fehlen, die die angehende Prostituierte im Sinne des »bürgerlichen« Wertsystems von der Prostitution abzuhalten versuchen.***

Schließlich, dies konnte auch gezeigt werden, läßt sich die typische Prostituierte, aber auch deren Eltern und ihr Zuhälter, nicht einer bestimmten sozialen Schicht zuordnen. Zu einem ähnlichen Ergebnis kommt auch Röhr, der feststellt, daß »die Berufe der Väter (von Prostituierten) in allen Schichten angesiedelt sind und relativ keine Schicht dominiert«. Und weiter meint diese Autorin: »Die Prostitution läßt sich nicht in die allgemeine Berufshierarchie eingliedern. Man sollte daher auch nicht von einem ›Absinken‹ in die Prostitution sprechen, da es ein Schritt nach ›draußen‹ ist, dessen Entfernung von allen Schichten nahezu gleich weit ist«.****

Die Prostituierte nimmt in Kauf, sexuelle Perversionen zu befriedigen, auch wenn diese für sie z. T. unverständlich und unangenehm sind. Wichtig ist das Geld, denn dieses legitimiert sie als Prostituierte und rechtfertigt ihre Tätigkeit. Der immer wieder gehörte Verweis auf das Geld als Grund für das Prostituieren hat offensichtlich auch den Sinn, Diskussionen um ein sexuelles Interesse der Dirne an ihrem Beruf von vornherein auszuschalten. Der Kunde wird demnach nicht als Sexualobjekt gesehen, das der Prostituierten Befriedigung verschafft, sondern er ist lediglich das Objekt des Gelderwerbs. Für die typische Prostituierte hat also sexuelle Lust grundsätzlich bei ihrer Tätigkeit keine Bedeutung. Übereinstimmend damit

---

* So Lombroso und Ferraro, 1894.
** Vgl. Röhr, 1972, S. 66ff.
*** Vgl. Röhr, 1972, S. 74.
**** Röhr, 1972, S. 103.

spricht auch Röhr von der »Mär vom grenzenlosen Sexualhunger der Prostituierten«.[*]

Sexueller Genuß verbindet sich für die Prostituierte nicht mit dem Kunden, sie trennt daher auch streng zwischen dem Kunden und dem Freund, obwohl sie mit beiden sexuell verkehrt. Dies geht sogar so weit, daß mir eine Prostituierte erzählte, sie sei ihrem Freund schon seit ihrem 17. Lebensjahr treu und sie würde nicht »herumflattern«. Die Prostituierte sieht sich somit nicht als »Ware«, die der Kunde einfach kaufen kann, vielmehr versteht sie sich, dies läßt sich als typisch festhalten, als eine Frau, die etwas anbietet, für das eben gezahlt wird. Der Unterschied zum sonstigen Dienstleistungsgewerbe ist somit nur ein gradueller.

Deutlich auf die Tätigkeit der Prostituierten als Beruf »wie jeder andere« stellt folgende Aussage einer Dirne ab: *»Wir sind Frauen wie andere auch, der Unterschied zu den anderen liegt darin, daß die ins Büro gehen und wir auf den Strich.«*

Die Prostituierte bietet also die Ware Sexualität – nicht jedoch sich selbst – an. Sie verschafft dem Kunden die sexuelle Befriedigung, die er gekauft hat. Sie ist es, die sich über Sexualtabus wegen des Geldes hinwegsetzt, und sie hat damit eine durchaus positive Funktion. Für den Kunden ist die Prostitution in diesem Sinn das wohl bequemste Mittel der Triebbefriedigung. Für ihn ergeben sich damit keine verpflichtenden o. ä. Konsequenzen. Er zahlt bzw. er erhält sexuellen Genuß und kann sich von der Frau zurückziehen, ohne sich weiter um sie kümmern zu müssen. Mit der Bezahlung erlischt jede sonstige Verpflichtung gegenüber der Prostituierten.[**]

Es handelt sich also bei der Prostitution vor allem um ein »Sachverhältnis«, da zwischen den Beteiligten grundsätzlich keine innere Beziehung aufkommt. Damit gleicht die Prostitution einem Leistungskontrakt, der keine persönliche Verbindung, sondern eine Aktion, eine Leistung zum Gegenstand hat. Bernsdorf meint allerdings, daß es sich bei der Prostitution häufig um eine Mischung von »Sozial«- und »Sachverhältnis«

---

[*] Röhr 1972, S. 120.
[**] Vgl. dazu auch Röhr 1972, S. 45.

handle, da sie sich einer erotischen Verbindung, wie wir gesehen haben, nähern könne, bei der soziale Beziehungen deutlich hervortreten. Wie z. B. in dem Fall, daß sich der Kunde in die Prostituierte verliebt.*

Wichtig war für mich bei dieser Forschung die Erfahrung, daß es keineswegs richtig ist, den Zuhälter generalisierend als Gewalttäter o. ä. zu bezeichnen. In Übereinstimmung damit meint auch Amelunxen, daß der Zuhälter, der sein Mädchen bei Wind und Wetter auf die Straße prügelt und ihr dann den mühsam verdienten Lohn bis auf den letzten Pfennig abnimmt, eine »kriminalpsychologische Märchenfigur« sei.** Vielmehr gibt es verschiedene Typen von Zuhältern, wobei der partnerschaftlich orientierte Zuhälter, der zu der Dirne einen sehr positiven Kontakt hat, keineswegs die Seltenheit ist. Unter Zuhältern genießt jener Zuhälter das geringste Prestige, der seine Beziehung zu seiner Prostituierten auf bloßer Gewalt aufbaut. Er wird daher auch mit dem abwertenden Terminus »Burenhäutlstrizzi« belegt.

Für die Prostituierte hat der Zuhälter einige wesentlichen Funktionen, wie ich zu analysieren versucht habe. So ist der Zuhälter – für den Fall, daß die Dirne überhaupt einen Zuhälter hat – für die Dirne eine wichtige Bezugsperson, die sie »als Frau« anerkennt und ihr jene Liebe gibt, die sie bei der Ausübung der Prostitution vermissen muß und auch nicht verlangen darf, denn der Kontakt zum Kunden ist lediglich durch den ökonomischen Wert des Geldes bestimmt.

Grundsätzlich scheint es mir so zu sein, daß der Zuhälter für die Dirne auch insofern sehr wichtig ist, als er ihre Einsamkeit bewältigt und ihr das Gefühl gibt, eine »normale« Frau zu sein, die sich von einer Ehefrau nicht charakteristisch unterscheidet. Ähnliches stellt auch Röhr fest, die u. a. meint: »Die Existenz des Zuhälters ermöglicht der Prostituierten, den Schein der Bürgerlichkeit zu wahren und ein bürgerliches Leben vorzutäuschen«.*** Diese »Bürgerlichkeit« drückt sich in einer gera-

---

*)   Vgl. Bernsdorf 1968.
**)   Anmelunxen 1967, S. 41.
***)   Röhr 1972, S. 136.

dezu spießerischen Lebensweise außerhalb ihrer Tätigkeit als Dirne aus. Sie zeigt sich in der Einrichtung der Wohnung, den Urlaubsinteressen, der Freude am Auto u. ä.

Der Zuhälter wird schließlich zum »Aushängeschild« der Prostituierten. Er übernimmt jene Position, die ansonsten in unserer Kultur die Frau innehat, welche den Mann repräsentieren soll, ähnlich dem livrierten Diener in der aristokratischen Gesellschaft, dessen Aufgabe es ist, durch sein Prunkgewand darauf hinzuweisen, wie mächtig und reich sein Herr ist. Diese Funktion hat nun der Zuhälter. Ein gut gekleideter und mit einem schönen Auto bestückter Zuhälter ist für die Dirne ein wichtiges Prestigeobjekt, mit dem sie vor ihren Kolleginnen protzen kann. Wie aus meinen Interviews hervorgeht, kann ein wenig gepflegter Zuhälter zum Problem werden. Gute Kleidung, die sich grundsätzlich an der Kleidung unserer sozialen Oberschicht orientiert, ist für die Welt der Prostituierten und Zuhälter ungemein wichtig. Schlecht gekleidete Menschen werden vorab als eher negativ und als »Sandler« definiert. Der Zuhälter verschafft nun der Prostituierten das Gefühl, nicht nur als Frau akzeptiert zu werden, sondern er ist auch ein Symbol dafür, daß sie »etwas leistet«, also über Geld verfügt. Geld und Geldeswert wird somit zum Gradmesser der Dirne, die eben im Zuhälter die vielleicht beste Möglichkeit sieht, ihre Leistung zu demonstrieren. Denn schließlich ist es der ökonomische Erfolg, der die Dirne vor sich und nach außen in ihrer Tätigkeit rechtfertigt: *»Für gutes Geld kann und darf man alles machen.«*

Trotzdem ist die Prostituierte darauf bedacht, daß ihre Verwandtschaft, Kinder und frühere Freunde von ihrer jetzigen Tätigkeit nichts erfahren. Auf deren Fragen antwortet man meist mit dem Hinweis, als Serviererin o. ä. zu arbeiten. Dies zeigt, daß die Prostituierte die übliche Alltagsmeinung von der »Schlechtigkeit der Dirnen« grundsätzlich übernommen hat.[*] Die Prostituierte sieht sich nämlich diffamiert und stigmatisiert. Gerade durch die auf die Dirnen bezogenen Polizeiaktionen wird ihnen deutlich gemacht, daß sie ziemlich machtlos

---

[*] Vgl. auch Röhr 1972, S. 145.

und minderwertig sind, was ich auch bei meiner Polizeiuntersuchung** festhalten konnte. Der Polizist hat die Möglichkeit, Dirnen – vor allem Straßendirnen, wenn er meint, irgend etwas sei »nicht in Ordnung« – auf das Kommissariat mitzunehmen und dort in Gewahrsam zu halten. Die Dirne steht somit unter einem deutlichen Druck seitens der Polizei, die es ihr nicht leicht macht.

Obwohl die Wut der Prostituierten gegenüber der Polizei manchmal groß ist, eben weil sie als mindere Menschenkategorie behandelt und gesehen werden, versuchen Dirnen, Polizisten mit einem koketten und oft scherzhaften Verhalten zu begegnen. Als ich mit einem Streifenwagen unterwegs war und der Fahrer bei einer Straßendirne anhielt, wurden wir von ihr auf ein Gläschen Schnaps, den sie bei sich hatte, eingeladen. Die Kommunikation zwischen den Polizisten und ihr war eine denkbar freundliche. Man versucht also, eventuellen Aggressionen von seiten der Polizei vorzubeugen, was oft auch gelingt. Andererseits ist die Polizei daran interessiert, einen guten Kontakt zu Prostituierten zu haben, um zu »guten« Informationen zu gelangen. Dadurch jedoch, daß Polizisten jederzeit in irgendeiner Weise über Dirnen verfügen können, ist der Kontakt zur Polizei von seiten der Dirne ein äußerst gespannter.

Der Zuhälter wird von der Polizei grundsätzlich ignoriert und toleriert, denn schließlich kann ein zu hartes Eingreifen auch für den Polizisten zum Problem werden. Ich selbst wurde Zeuge, als vor einem Lokal im Wiener Prater zwei Männer auf einen dritten einschlugen. Es handelte sich bei diesen Herren offensichtlich um Angehörige der Wiener »Unterwelt«. Ich versuchte, zunächst schlichtend auf die drei einzuwirken, mit dem Erfolg, daß man nun auf mich losging und ich nur durch den heldenhaften Einsatz meiner Frau halbwegs heil davonkam. Ich machte daraufhin die in einem Streifenwagen in der Nähe vorbeifahrenden Polizisten auf diese Schlägerei, die nun schon zu Ende war, aufmerksam. Die beiden reagierten jedoch anders, als ich erwartet hatte. Statt sich an den Ort des Gesche-

*) Girtler, 1980, S. 64f.

hens zu begeben, meinten sie zu mir, daß man sich »in solche Sachen« nicht einmischen solle.

Diese Handlungsweise bestärkte in mir den Eindruck, daß Polizisten sich bei bestimmten, eher kleineren Fehden, wie sie auch unter Zuhältern möglich sind, kaum einschalten. Vor diesem Hintergrund ist auch verständlich, daß der Wiener Zuhälter von seiten der Polizei relativ unbehelligt bleibt. Schließlich ist die Dirne nicht bereit, ihren »Freund« aufzugeben.

Diese kurz angerissene Überlegung verdeutlicht, daß die Dirne in höherem Maße stigmatisiert ist als der Zuhälter.

Ihrer Stigmatisierung ist sich die Prostituierte sehr wohl bewußt, denn sie weiß, daß ihre Tätigkeit als Dirne aktenmäßig belegt bleibt.

Die Polizei übt eine weitgehende Kontrolle über die Prostituierte aus, die von ihr als psychisch belastend empfunden wird. Zu dieser Überlegung kommt auch Lehmann, die eine Prostituierte zitiert: *»Wir werden als kriminell eingestuft. Man muß alles melden. Wenn man auf Urlaub fährt, muß man sich vorher abmelden, dann wieder anmelden. Das Privatleben, Partner, Kinder – alles wird überwacht. Hilfe kriegen wir keine, wenn wirklich einmal was passiert. Man sollte mit der Polizei nichts zu tun haben müssen . . .«*[*]

Die Stigmatisierung der Prostituierten, die sie in ihren gesellschaftlichen Beziehungen spürt, wird für sie also zu einer totalen. Daher meinte auch eine Dirne: *»Wenn ich ein Mädchen hätte, würde ich nicht wollen, daß sie Prostituierte wird. Das hängt einem ja ein Leben lang nach. Im Akt liegt das auf. Wenn ich eine Tochter hätte, würde ich schauen, daß sie nicht in ein solches Milieu hineinkommt.«*

Die beinahe täglich deutlich werdende Stigmatisierung der Prostituierten wird von ihr als unangenehm empfunden, wodurch sich in ihr das Gefühl zu verstärken scheint, eine »minderwertige« Frau zu sein. Allerdings zu Unrecht, wie gerade in dieser vorliegenden Studie deutlich werden soll. Die Prostituierte ist eine Frau wie jede andere auch, die eben eine besondere Art der Dienstleistung anzubieten hat, welche

---

[*] Lehmann 1982, S. 43.

jedoch in unserer Kultur geringschätzig als schlimm und niedrig bewertet wird, im Gegensatz zu anderen Kulturen und früheren Gesellschaften.

Einige Gedanken möchte ich noch zum Thema »Subkultur« einbringen. Wie ich oben aufgezeigt habe, bedarf es eines spezifischen Wissens und auch wirkungsvoller Kontakte in diese Welt der Prostitution, um eine Frau zur Prostituierten und einen Mann zum Zuhälter werden zu lassen.

Insofern kann man daher auch von einer »Subkultur« mit ihren eigenen Regeln, ihrem typischen Alltagswissen, ihren eigenen Symbolen, die sich bisweilen etwas übertrieben an der Oberschicht orientieren, und zu der auch eine charakteristische Sprache zählt, sprechen.

Wesentlich für diese Subkultur ist es, daß sie dieselben Ziele wie die Gesamtgesellschaft hat, nämlich: viel Geld und ein gutes, luxuriöses Leben. Sie bedient sich jedoch anderer Mittel, als sie eine »bürgerliche« Kultur anbietet, um diese Ziele zu erreichen.

8. ZUM SCHLUSS

GEDANKEN ZU DER EIGENTÜMLICHEN BEZIEHUNG VON SEXUALITÄT UND TOD

Besonders die masochistische Form des Quälens und der Gewalt, wie sie in einem Kapitel vorher geschildert wurde, steigert sich gerade in der heutigen kulturellen Situation. Dies meinen zumindest Dirnen, die mit Männern dieser Art zu tun haben.

Körperliche Qual, so scheint es, bietet sich somit als letzte Chance an, sexuelle Lust zu erleben, nachdem eventuelle andere Versuche zur Befriedigung des sexuellen Triebes versagt haben. Vor diesem Hintergrund wird die Nähe zum Tod, die sich im Sarg, im Galgen u. ä. als Zubehöre der »strengen Kammer« andeutet, verständlich. Das Spiel mit dem Tod wird als letzter Weg gesehen, sexuelle Befriedigung zu erhalten. Drastisch wurde mir dies in einem Gespräch mit einer Dirne klar, die erzählte, sie würde einzelne ihrer Kunden auf ihren Wunsch hin an einen Galgen mit einem Strick um den Hals hängen, allerdings nur so, daß sie letztlich doch überleben, nachdem sie einen Orgasmus hatten. Eine Dirne in Holland soll, so ergänzte meine Interviewpartnerin, sogar einen Arzt beschäftigen, um die Qual und das Spiel mit dem Tod zum Äußersten treiben zu können.

Dies alles wird vor einem modernen kulturellen Hintergrund offenbar, vor dem die Käuflichkeit und die dauernde Präsenz der Sexualität nach neuen Wegen sexueller Lust suchen läßt. Die Dirne weiß, besser als jeder andere Mensch, daß das Geschäft mit der Sexualität das beste Geschäft ist, denn sexueller Trieb ist letztlich nie endgültig zu befriedigen, wodurch dieses Geschäft in das Zentrum modernen kaufmännischen Denkens rückte. Eine ganze Industrie hat sich dessen bemächtigt, mit Peepshows, Literatur, Videofilmen u. a.

Auffallend ist nun – vor allem für die Dirne –, daß das sexuelle Handeln, welches sehr eng mit dem Persönlichen des Menschen verknüpft ist, in Koalition zum Tod tritt, der vielleicht das Persönlichste des Menschen überhaupt ist. So treffen sich beide, Sexus und Tod, und mancher Mensch erhofft sich, durch die Verbindung beider, seine Glückseligkeit, die er aber so nie erreichen kann.

ANHANG

Erklärung im Text vorkommender Begriffe des Wiener Dialekts bzw. von Wörtern aus der Gaunersprache.

abfotzen: ohrfeigen
abpaschen: sich verdrücken
absandeln: verkommen
abstieren: ausnehmen, jemandem alles Geld herauslocken
Animierhütten: Animierlokal
anschlagen: Nennen des Preises durch die Prostituierte am Beginn des Kontakts mit dem Kunden
anzahn (anziehen): sich bemühen
Arsch, in den - hauen: hinauswerfen
arschpudern: hier: mit einer Frau anal verkehren (s. auch *griechisch*)
aufi: hinauf
Aufstoß: Auseinandersetzung
ausgebraten: schlau

Bandl: hier: Anrufbeantworter (von »Tonband«)
belinken: hineinlegen, täuschen
Bergbremser: Bergschuhe
Beutel: männliches Genital
Blasban: fellationierende Frau
blasen: oral verkehren, Fellatio
Blutzer: Kopf
Bock (die): Schuhe
brunzen: urinieren
Büchse: Vagina
bügeln: in Ordnung bringen, vermitteln
Burenhäutlstrizzi: untere Qualität von Zuhältern (von »Burenwurst«)
Burli: Koseform für Bub

Deckel: Gesundheitskarte der Dirne
Depperter: Dummkopf, hier: Zuhälter
Dorli: Lutschbonbon
drüberlassen: den Koitus erlauben

eingetrankelt: betrunken
einifetzen: hier: angeben
einiraunzen: werben (um eine Frau)
einrauchen: Haschisch rauchen
eintrankln: betrinken
Englisch: »strenger« Verkehr

Fahrer: Geschlechtsverkehr
Flasche: hier: Ohrfeige
frank: ehrlich, nicht kriminell, außerhalb der Prostitution
Französisch: Oralverkehr
Fut: Vagina

gesackelt: (gut) gekleidet
geschalnt: gut gekleidet (von »Schale«)
GM: Abteilung der Polizei für »Geschlechtskrankheiten und
    Mädchenhandel« (= heute: Referat für Prostitutionswe-
    sen)
Gogl: Kunde der Dirne
Goiserer: Bergschuhe
Goschen: Maul, Mund
goschert: großmäulig, viel redend
goustieren: aussuchen (eine Prostituierte goustiert – sie sucht
    sich am Strich einen Freund aus)
Goustierkatz: Prostituierte, die keinen Zuhälter hat und auf
    der Suche nach einem Freund ist, bzw. die sich für
    bestimmte Kunden als Intimpartner interessiert
grean: hinterlistig, falsch
Griechisch: Analverkehr
G'scherter: Provinzler, einfältiger Mensch
Gummi: Präservativ

Haberer: Freund, Kumpan
Hackn (die): allgemein: Arbeit, hier: Tätigkeit am Strich

Hacknbock: (hochhackige) Schuhe der Prostituierten am
  Strich
Hackngwand: Kleidung der Prostituierten am Strich
Häfn (der): Gefängnis
Hahn: Laufpaß
Heh: Polizei
heiß rennen: sich ärgern
Hütte(n): Lokal, Bar, in denen Dirnen verkehren

Jenische: (oft für) Zigeuner

Katz: Mädchen
Kaviar: menschlicher Kot
Kelch (Kölch): Streit, Ärger
Keller: Genitalzone
Kiberei: Polizei
Kiberer: Polizist
Kilo: hundert Schilling
Knödel bekommen: sich ärgern
Krachen: Pistole, Revolver

leiwand: gut, großartig
Liesl: Polizeigefängnis in Wien (an der Elisabethpromenade,
  daher der Name)
Linke: krumme Tour

Mamsch: Mama
Masn (die): Glück
meier gehen: eingesperrt, verhaftet werden

Natursekt: Urin
neger sein: ohne Geld, arm sein

Ohne-Service: Verkehr ohne Präservativ

Packel: auf ein - hauen: zusammenarbeiten
pischen: urinieren

pudern: geschlechtlich verkehren
Puffer: Pistole, Revolver
Pülchen: Gauner
putzen: davonlaufen

querbraten: jemanden eine Frau (Dirne) ausspannen

salzen (jemanden): verprügeln
sandeln: verkommen
Schädel: auf den - hauen: Geld ausgeben
Schatzerl: (von Schatz) Kosebezeichnung
Scheißban: Schimpfname für Dirne
schiach: häßlich
schleichen (sich): abhauen, sich davonmachen
Schmäh führen: plaudern, das große Wort führen, angeben
Schmalz: Gefängnis
schmalzfeig: Gefängnisstrafe fürchten
Schmier: Polizei
Schöps: Kleiderhaus in Wien
schustern: geschlechtlich verkehren
Schüttler: komischer Mensch
Solide: nicht registrierte Dirne
stanzen (jemanden): vertreiben
Stecken geben: wegjagen, verlassen (z. B. »er gibt ihr den Stek-
    ken«: er verläßt sie, will nichts mehr mit ihr zu tun haben)
Strizzi: Gauner, Herumtreiber; hier: Zuhälter

Tango machen: jemanden einen Ärger bereiten
Tetschen: (die): Ohrfeige
trickern: prügeln
Tschapperl: unerfahrener, harmloser Mensch
Tschecherant(in): Trinker(in)
tummeln (sich): sich beeilen

überreißen: (etwas): begreifen, verstehen
ungustiös: unappetitlich

versyft sein: Syphilis haben
Virginia, Virginier: Zigarrensorte, hier: Klitoris

Wichser: einer, der masturbiert
Wickel: Ärger
Wurzen: ausnehmen

Zapferl: Zäpfchen, meist Suppositorium
zerwutzeln: vor Lachen sich drehen
Zumpferl: Penis
zuwi: hinzu

AUSGEWÄHLTE LITERATUR

Amelunxen, C., 1967, *Der Zuhälter. Wandlungen eines Täter-typs,* Hamburg.

Andreski, St., 1977, *Hexenmeister der Sozialwissenschaften,* München.

Bebel, A., 1962, *Die Frau und der Sozialismus,* Berlin (DDR).

Bernsdorf, W., 1968, Soziologie der Prostitution, in: *Die Sexualität des Menschen, Handbuch der medizinischen Sozialforschung,* 2. Aufl. Stuttgart.

Biermann, P., 1980, *»Wir sind Frauen wie andere auch!« – Prostituierte und ihre Kämpfe,* Stuttgart.

Bloch, I., 1912 u. 1925, *Die Prostitution,* 2 Bde., Berlin.

Blumer, H., 1973, Der methodologische Standort des symbolischen Interaktionismus, in: Arbeitsgruppe Bielefelder Soziologen (Hg.), *Alltagswissen, Interaktion und gesellschaftliche Wirklichkeit,* Bd. 1 Reinbek, S. 80ff.

Borneman, E., 1978, Prostitution, in: *Lexikon der Liebe,* Bd. 3, Berlin, S. 1143–1150.

Davis, K., 1937, The Sociological of Prostitution, in: *American Sociological Review 2,* S. 746–755.
Ders., 1966, Sexual Behavior, in: R. K. Merton u. R A. Nisbet (Hg.), *Contemporary Social Problems,* New York, S. 322–372.

Davis, N. J., 1971, The Prostitute: Developing a Deviant Identity, in: J. M. Henslin (Hg.), *Studies in the Sociology of Sex*, New York, S. 179–190.

Dora, 1980, *Nichts geht mehr, Stationen einer Frau aus dem Milieu*, Zürich.

Eisenbach-Stangel, I., 1983, Lust-Laster und Laster-Lust. Von Ehrlosen und Ehrbaren Frauen, in: *Kriminalsoziologische Biografie*, Heft 38/39, S. 107 ff.

Erler, U., 1974, Prostitution – ein Randgruppenproblem? in: *Vorgänge 13*, S. 98–107.

Girtler, R., 1980, *Polizei-Alltag, Strategien, Ziele und Strukturen polizeilichen Handelns*, Opladen.
Ders., 1983, Frankisten, Teilhaber und Burenhäutlstrizzis: Stellung und Funktion des Zuhälters im Wiener Milieu, in: *Kriminalsoziologische Bibliografie*, Heft 38/39, S. 1 ff.
Ders., 1983, *Der Adler und die drei Punkte,* ein Bild aus der Wiener Szene der Kriminalität, des verbotenen Glücksspiels und der Prostitution, Wien.
Ders., 1984, *Die Methoden der qualitativen Sozialforschung,* Wien.

Gödl, W., 1983, Zur Strafbarkeit der Prostitution und der Zuhälterei, in: *Kriminalsoziologische Bibliografie*, Heft 38/39, S. 17 ff.

Heid, H., 1977, *Pornografie – Prostitution*, Opladen.

Henriques, F., 1966, *Prostitution and Society*, New York.

Hollander, X., 1977, *Xaviera, die Frau der Vergangenheit*, München.

Kohoutek, R., 1979, Die Prostitution und ihr Preis. Gespräche mit Straßenprostituierten, in: *Kriminalsoziologische Bibliografie 6*, S. 112–162.

Kopecny,A., 1980, *Fahrende und Vagabunden – Ihre Geschichte, Überlebenskünste, Zeichen und Straßen*, Berlin.

Lehmann, B., 1982, Wiener Prostituierte – Bericht aus einem Altwiener Stundenhotel, in: *Stadtbuch Wien – ein Almanach*.

Lombroso, C. und G. Ferrero, 1894, *Das Weib als Verbrecherin und Prostituierte*, Hamburg.

Malinowski, B., 1983, *Magie, Wissenschaft und Religion*, Frankfurt.

Merton, R. K., 1959, *Social Theory and Social Structure*, Glencoe.

Polsky, N., 1973, Forschungsmethode, Moral und Kriminologie, in: Friedrichs, J. (Hg.), *Teilnehmende Beobachtung abweichenden Verhaltens*, Stuttgart.

Röhr, D., 1972, *Prostitution. Eine empirische Untersuchung über abweichendes Sexualverhalten und soziale Diskriminierung*, Frankfurt/M.

Schelsky, H., 1960, *Soziologie der Sexualität*, Hamburg.

Schulte, R., 1979, Strukturzwänge der Prostitution, in: E. Borneman (Hg.), *Sexualität, Materialien zur Sexualforschung*, Weinheim-Basel, S. 179–190.

Simmel, G., 1900, *Philosophie des Geldes*, Berlin, Kap. 5, I.

Steinert, H., 1983, Nachtleben: oder: Fragmente über die allgemeinste Erniedrigung des Liebenlebens, in: *Kriminalsoziologische Bibliografie*, Heft 38/39, S. 35 ff.

Stallberg, F. W., 1979, Prostitution als soziales Problem, in: *Literatur-Rundschau 2*, S. 105–113.
Ders., 1980, Zum Bemühen, Prostitution zu begreifen, in: *Kriminalsoziologische Bibliografie 7*, S. 162–168.

Ders., 1983, Prostitution – ein Problem staatlicher Kontrolle, in: *Kriminalsoziologische Bibliografie 10.*

Ders., o. J., Bibliographie zur Soziologie der Prostitution, *Arbeitspapiere des Forschungsschwerpunktes Soziale Probleme:* Kontrolle und Kompensation – Nr. 7, Hg. Universität Bremen.

Ders., u. a., 1982, Prostitution als Mißstand: Zur Analyse kommunaler Problemkonstitution und -kontrolle, in: G. Albrecht u. M. Brusten (Hg.), *Soziale Probleme und soziale Kontrolle,* Opladen.

Whyte, W. F., 1955, *Street Corner Society,* Chicago.

HEYNE BÜCHER

Heyne Report...

*»Heyne Report«
informiert über
unser Leben
und unsere Zeit:
Thematisch
konzentriert sie
sich auf
– Personen –
– Perspektiven –
– Probleme –*

10/1 - DM 6,80

10/2 - DM 7,80

10/3 - DM 7,80

10/4 - DM 7,80

10/6 - DM 7,80

10/9 - DM 7,80

10/10 - DM 7,80

10/17 - DM 7,80

Heyne Report...

Frauen und Sucht – ein Leben zwischen Euphorie und Verzweiflung, zwischen Rebellion und Resignation.

Mädchen und Frauen berichten, wie sie süchtig geworden sind, warum sie sich mit Drogen zuknallen, mit Tabletten stimulieren, mit Alkohol vollkippen, magersüchtig oder eßsüchtig sind. Und was sie tun, um herauszukommen aus der Sucht. Sie denken offen über ihr Leben nach, ohne Scham, ohne Scheu.

Wenn dieses Buch zum Verständnis für die Gründe, die Frauen in die Sucht führen können, zum Abbau von Vorurteilen, zum Mitfühlen und Mutmachen beiträgt, den Weg heraus aus der Sucht zu suchen, dann hätte es seinen Sinn erfüllt.

Gudrun Lukasz-Aden

Gudrun Lukasz-Aden:
Tiefer kannst du nicht fallen
Frauen und Sucht
Originalausgabe
10/12 - DM 7,80

Wilhelm Heyne Verlag München

HEYNE
TASCHENBÜCHER

BÜCHER

Liebe und
Partnerschaft

**Zwischen-
menschliche
Beziehungen
heute:
Probleme,
Analysen,
Lebenshilfe.**

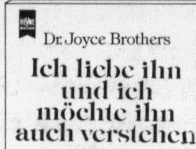

Dr. Joyce Brothers

**Ich liebe ihn
und ich
möchte ihn
auch verstehen**

Was jede Frau über
die Männer wissen muß

01/6640 - DM 6,80

Constanze Eisner

**„Wie man einen
Mann aufreißt"**

**Tricks, die
Sie garantiert
noch nicht
kennen!**

01/6116 - DM 6,80

Jerry Gillies

**Transzen-
denter
SEX**

01/7206 - DM 7,80

Dr. IRENE KASSORLA

*Auch
anständige
Frauen
tun es*

*...und ich sage
Ihnen, wie*

01/6508 - DM 6,80

ALICE KAHN LADAS
BEVERLY WHIPPLE / JOHN D. PERRY

Eine revolutionäre
Entdeckung
der Sexualwissenschaften:

**Der
G-punkt**

das stärkste
erotische Zentrum
der Frauen

01/7221 - DM 7,80

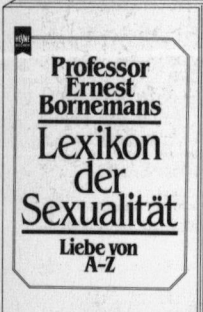

**Professor
Ernest
Bornemans

Lexikon
der
Sexualität**

Liebe von
A-Z

01/7280 - DM 12,80

**ERIKA
BERGER**

**Der
Bett-
Knigge**

Vom Umgang
mit dem geliebten
anderen Geschlecht

ORIGINAL-
AUSGABE

01/6757 - DM 6,80

ALEXANDRA
PENNEY

**How
to make
LOVE
to each other**

*So macht man Liebe
miteinander*

Der Bestseller,
der Frauen und Männern den Weg zu
mehr Freude am Sex zeigt

01/6354 - DM 5,80